目 录 CONTENTS

序　言 / 1

第一章　活的生物 / 1

第二章　活的生物和“以太物” / 22

第三章　拥有经验 / 40

第四章　表现行为 / 66

第五章　表现对象 / 93

第六章　实质与形式 / 120

第七章　形式的自然史 / 152

第八章　能量的组织 / 185

第九章　各门艺术的共同实质 / 214

第十章　各门艺术的不同实质 / 248

第十一章　人的贡献 / 288

第十二章　对哲学的挑战 / 319

第十三章　批评与感知 / 351

第十四章　艺术与文明 / 385

第一章

活的生物

世间万物在发展进程中时有反常之事。颇具讽刺意味的是，美学理论脱胎于艺术作品，而理论自身又无法解释艺术作品。原因之一：艺术作品是产品，既客观存在，又具物质形态。人们往往将其等视为实存的建筑、书籍、绘画或雕塑，而非人类经验。事实上，艺术作品总是与经验息息相关，离开经验，艺术作品难以让人理解 。此外，有些艺术作品完美无瑕，历来备受人们的一致钦慕，借此享有美誉，这反而有碍于形成崭新且深入的见解。一件艺术作品一旦荣获经典之位，不知为何它就与其诞生的人文环境相隔离，不知为何它就与现实生活中所带来的人文影响相分离。

如果把艺术作品从其源起的环境和人类赋予的经验中剥离出来，就等同于在其四周筑起围墙，几乎抹杀了艺术作品的普遍意义，作品的意义正是美学理论的关注所在。艺术不自觉地流向一个单独的领域，失去与其他素材和目标的联系，而这些都体现了人类的努力、遭遇和成就。如此一来，根据艺术的哲学去创作的人就肩负起了一项基本任务，修复艺术作品与日常事件、行为和遭遇之间的连续性，前者实际上是精炼和强化的经验，后者是公认的组成经验的方方面面。山之峰峦必有根基，虽然远离地面而高耸浮立；山峰也并非只是依托土地，顶峰本是土地状态的一种表现形式。关注土地理论的人士、地理学家和地质学家需通过各种方式阐释这一事实的意义。艺术哲学家也肩负同样的使命。

从这一立场进行哪怕只是短暂的尝试性观察，也会得出乍看便令人惊讶的结论。想要理解艺术作品的含义，须将其“冷落”，暂时“搁置一边”，转而探求创作的原动力以及经验条件，人们往往认为这些不具美感。只有绕艺术作品而行，直抵创作源泉和经验条件，方可构建艺术理论。理论注重对作品的诠释和深刻剖析，常怀倾慕惊叹之意，激发人们对艺术作品欣赏赞美之情。即使对植物理论一无所知，人们依然可以赏花的绚丽、享花的馨香。但若决意探究花卉绽放的根本，须着力洞悉土壤、空气、水分和阳光之间相互作用的原理，它们是植物生长的必备条件。

任谁都不会否认帕特农神庙代表着艺术作品中的杰作。然而，帕特农神庙的美学意义只有在对人类有意义、人能从中获得体验时才成立。而且，若你想超越个人享受，去构建根据单体建筑物所组成的宏观建筑群的理论时，此时最好停下来，想一想，带着市民宗教下的公民意识，我们要看到除了建筑物，还有繁忙的、争辩的、敏感的雅典市民，在这些情感和经历下，神庙即是人类的一种表达方式，建造者创造的不仅仅是艺术作品，更是一种“公民纪念”的象征。怎么理解透过现象看深层含义？就比如说人类一开始的需求是建筑物本身，随后建筑物能够满足更多的人类需求；这不是社会学家为了找到相关研究资料而进行的测试。对帕特农神庙的美学体验下定义的人要意识到受该神庙影响的人都有什么共同点，要意识到神庙的造物者也好，因帕特农神庙而收获满足的人们也好，他们和你的邻里，和路人一样都是不同的个体。

要想理解美学被人们认可的最终形态，那就必须从美最初的状态开始。我们的眼睛追随带给我们愉悦的场景，我们的耳朵聆听让我们快乐的声音：比如消防车呼啸而过的时候；钻孔机在地面作业的时候；有人如飞一般攀登塔尖的时候；工人在高空搭建的横梁上投接闪着火花的螺钉的时候。艺术源自人类的经验，而只有意识到球员如何用自身张力去感染观众的人，只有观察到家庭主妇在照料植被时悠然自在的人，只有看到丈夫在整理门前草坪时认真仔细的人，还有注意到围坐火炉周围饶有兴致地拨弄木头，盯着因拨动而跳跃出壁炉的小火花，看着煤炭忽明忽暗的人。看到这，你要是问为什么会有这些行为，为什么有人会做这些事情时，你听到的都将是确认无疑的回答。拨弄火炉里木头的人会说是“为了让火烧得更旺”，但是想必还是被跳动的火焰夺取了目光，仿佛自己置身其中。这时的他不再是冷酷的旁观者。柯勒律治这么评价过诗歌读者，说他们“是能够被鼓舞和感染着继续前行的，不仅仅是因为或偶尔或经常的好奇，不仅仅是由于想要到达最终彼岸的坚持，最主要还是在于这段旅程，这个本身的过程”，而这也恰恰符合沉迷于自身身体和心灵活动的这些人。

熟练的技工如同艺术家进行艺术创作一般全身心投入工作、乐于做好工作并从中找到乐趣获得满足，并珍视自己的手头材料和工具。熟练的技工和不知长进、粗心大意的工人之间的差别倒是经常在一般的小店和工作室中出现。通常，产品的使用者往往看不到其中的美学意义，自然也不会被其吸引。然而，这一般并不是产品制作工人的错，往往是针对市场环境而设计特定产品的错。如果环境和机遇有所改变，以前手工艺匠人曾做出过的精品就能被重新创造出来，让更多人看到其中的差异。

一直以来，在普通人的眼中，“艺术”离自己非常遥远，要是被告知自己平常享受的娱乐活动在某种程度上是建立在审美水平的质量之上的话，比起欣然接受，反而更易排斥。在当今人们看来，最具活力的艺术往往不被他们认为是艺术，比如：电影、爵士乐、连环漫画，尤其是那些花边新闻、凶杀故事、绑架犯等。因为现代人概念中的艺术就是博物馆和画廊，而现代人自己心中又总有一种不可抗拒的愉悦体验，为此要找到某些情绪出口或发泄方式，就比如日常环境提供给现代人每天都能感受到快乐的情绪出口、发泄方式一样。还有不少人反对艺术即是博物馆的概念，但他们却依旧相信这个产生该错误概念的初始主张，即所谓的理论学家和批评家们大力维护、四处宣扬的错误概念：艺术和大众体验的对象与场景是分离的。然而，在挑选出的艺术精品与普通作品紧密联系在一起的时候，人们才能更加生动且深刻地认识艺术品。这时，倘若艺术依旧离大众很遥远，有教养人眼中的艺术精品无异于一般人眼中的无味料理，对美丽的追求堕入低级、庸俗也不无可能了。

把艺术架到远离大众的圣坛上，再赋予艺术崇高感的因素既不是来自艺术领域，也不是艺术能够带来的影响。于大众看来，“精神”和“理念”自带一圈融合了崇拜和神秘的光环，而“物质”则相反，身价不断贬值，需要不断地去解释和谅解。这些力量在发挥着作用，它们把宗教和艺术品从大众社区生活中剥落下来。这些力量已经历史性地形成了大量的错位和隔断状态，艺术也难逃其影响。如果只是为了见证强化当下生活的事物其实是强化人们的喜爱之情的话，我们没必要走到世界的尽头，没必要穿越时空回到过去。只看身体伤痕、摇曳的羽毛、华丽的礼服、由金银珠宝做成的饰品，就知道它们都是审美艺术品，而且据推测，这些物品并不是今天我们看到的粗俗和过分裸露。家庭用具、房屋和帐篷、装饰、地毯、毛垫、瓦、罐、弓和矛等物品被我们搜索出来，极其小心地保存在代表尊贵的艺术博物馆里。然而，在过去，在那个时代和场合，这些物品无非就是每天生活过程的强化罢了，其代表了杰出的手艺，象征着群体和部落生活、神明和崇拜、宴席与斋戒、战斗、捕猎等，平常得就仿佛生活之河流淌而过时听到的潺潺水流声，而并不是上供到壁龛上的贵重物品。

舞蹈和哑剧是戏剧艺术的源泉，且持续作为宗教仪式与庆祝活动的一部分而繁荣下去。音乐艺术大多的表现形式为：指尖拨动的紧绷琴弦，不断承受击打的兽皮，以及悠然响起的芦笛。

甚至在遥远的穴居时代，人类的居所就已经装饰有彩色的画作了，其生动描绘出了人和动物之间的关系。供奉神明的建筑物，以及方便人们与神明交流的工具，均是精巧的艺术品。但是戏剧、音乐、绘画和建筑物等所列举的艺术形式与剧院、画廊和博物馆并没有特定的联系，它们无非是一个有序社区里组成生活的重要部分。

那些在战争中、在祭祀中、在集会中强化过的集体生活，并不知道不同场所和活动的性质，以及艺术给不同场景和活动带去的色彩、优雅和庄重感之间的明确区别。绘画和雕塑是建筑物的有机组成部分，都承载着建筑物理应具有的社会功能。音乐和歌曲是仪式与纪念的内在组成部分，它们完善了群体生活的意义。戏剧重新演绎了群体生活曾流传的故事和历史。即便是在雅典，这种艺术也不能在与直接经验割裂开来后，却又依旧保持艺术特质。体育运动其实和戏剧一样，庆祝并强化了族群和团体间的传统：指导人类行为，歌颂赞美，强化公民自豪感。

依照此情况，雅典的希腊人在思考艺术时认为艺术其实是一种再现或是模仿行为也就不足为奇了。反对这种理念的人非常多。但是这个理念的流行恰也证明了精妙艺术和每日生活密切联系在一起；要是有人觉得艺术和生活间的距离是不可跨越的，那么他们也不会认可这种理念。不要教条式地认为艺术就是实物的单纯复制，艺术其实和社会生活中的实体机构紧密联系在一起，折射出人类的情感和观念。柏拉图对两者之间的联系有着深刻的体会，自然而然地认为有必要设立与诗人、戏剧家和音乐家等有关的审查机构。他在描述音乐从多利安风格转变为吕底亚风格的时候，明确表示这是公民精神失落的先兆，当然这有点言过其实了。但是不论任何时代，我们都不会怀疑音乐是社会思潮和社区机构的完整组成部分，所谓“为了艺术而艺术”的概念是无法为人所理解的。

艺术分区化的概念想必一定有它的历史原因。我们现在的博物馆和画廊里面流动收集的艺术品则可阐述部分原因，在收藏的艺术品身上，我们看到了艺术和生活的隔离，而不是艺术与构成神庙、论坛以及其他生活中多种形式的结合。一本指导性质的当代艺术史可根据不同博物馆和画廊的形成轨迹进行编纂。我可以给你们举出若干明显的实例。大部分的欧洲博物馆都是为了纪念民族主义和帝国主义而建的。每一个欧洲国家的首都，都必须要有自己的绘画博物馆、雕塑博物馆等，一方面是为了展示过去艺术家的伟大杰作，另一方面就是为了炫耀曾经的君主侵略别国时聚敛的财物。你看，法国的卢浮宫里就展示着拿破仑的战利品。这些艺术品代表着现代艺术隔离与民族主义和军事主义间的联系。毫无疑问，这种联系在某些时候的存在有着正当的理由，比如日本，在西化的过程中，通过国有化神庙，将自己的民族文化瑰宝保存了下来。

资本主义的发展对于博物馆的进程影响深远，在资本主义的作用下，我们认为博物馆是存放艺术品的理想场所，我们也逐渐地认为图书馆和大众生活渐行渐远。社会新贵就是资本主义制度下的衍生品，他们倾向于在自己周围摆满稀有且珍贵的精妙艺术品。可以说，典型的收藏家就是典型的资本家。最确凿的证据就是他们不断地收集画作、雕塑和艺术小摆件以彰显自己的教养和文化底蕴，就像他们热衷于买卖股票和债券以证明自己的财力一样。

非但个人，群体和国家也会为了表现、证明自己的文化品位而建造歌剧院、画廊和博物馆。这些建筑物证明一个社群并不只是沉迷于物质财富，而是愿意将资金投入艺术领域的象征。拔地而起的艺术建筑物和收集其中的各式艺术作品就跟现在如雨后春笋般的大教堂一样。这一类建筑展现和建立了优越的文化地位，然而它们同现实生活中的区分证明了自身与当地自发文化的隔阂。它们刚好对应的是“比你更神圣”的一种态度，展示的对象不是公众，而是占用了社群大部分时间和精力的兴趣与职业。

现代产业和商业已经发展至全球化。画廊和博物馆里的藏品证明了世界同化在往经济的方向上不断发展。贸易和人口之所以能够流动，就是因为现有的经济体系，但这一流动性却又弱化或摧毁了艺术品和艺术品所禀赋的地方特色间的联系。而正是由于艺术品本地化特质的流失，才从中诞生了新的特质——艺术的标本，除此之外并不再具有其他特性。这进一步说明，艺术品和众多物品一样：生产出来并拿到市场上去销售。掌握财富和权力的那些人往往能够促进艺术品的生产，或许一些落后地区也有它们自己的梅塞纳斯（梅塞纳斯是古罗马皇帝屋大维的朋友和支持者，著名的文学赞助人，在现代西方已经成为文学和艺术赞助人的代名词——编者注）。但是现在看来，更多更紧密的社会联系已经陷落在冷淡的世界市场中了。过去，因为在社群生活中占据一定地位而具备功效且重要的物品已经风光不再，它们被从产生的源泉中剥离了出来。也因为这一点，它们也不再具有普遍经验，逐渐变为品位和证明特殊文化的一种标识。

因为工业环境的变化，艺术家们被迫从活跃兴趣的主流中剥离了出去。工业已经机械化，艺术家不可能进行大规模的机械生产。比起以往，他们离正常的社会服务更远了。结果就是出现了一种奇特的美学“个人主义”。艺术家们认为他们完全有责任以一种“自我表述”的分离状态去从事自己的工作。为了不迎合大经济趋势，他们总会觉得自己有义务将分离状态夸大到怪异的程度。

这样一来，艺术产品就变得更加独立和神秘了。把所有力量的作用集合起来，再加上现代社会中存在生产者和消费者间的鸿沟，就形成了一条摆在普通经验和审美经验之间的裂痕。最终，为了记录这条裂痕，我们就像没事人似的接受了一些艺术哲学，它们的周围没有别的生物，它们仅有的意义得以强化。混淆的价值观加剧了这种分离。额外的事物：收集、展览、拥有与展示的乐趣都仿佛具有了审美意义。批评也因此受到影响。那些对艺术精品的欣赏，对艺术超然之美的赞颂，已经没有了具体产生审美直觉能力的参与。

但是，我不想用经济学去解释艺术史，更别说去讨论经济状况了（何况经济状况总是抑或偶尔与知觉和欣赏相关），甚至去解释单个艺术品了。应该认识到，将艺术与对它们的欣赏孤立起来，使之与其他各种形式的经验割裂开来，其整个理论不仅不包含所研究对象内在的物质属性，反而是由特别的外在环境所形成的。这些仿佛被嵌入到制度和生活习惯中的条件，因为不为人知而获得了更强的功效。自然，理论家们会把这些条件假设到物体的本性上。但是，这些受影响的状况并不仅仅在于理论。我先前已经说过，这会对生活实践施加深远的影响，降低驱散有了审美知觉才有幸福感的审美力，或者降低审美知觉，使之成为仅仅是作为短暂快乐刺激的补偿。

就算读者对前面所说的表示异议，我在这里做出的陈述中所包含的意义也是有益于确定问题性质的：恢复审美经验与生活的正常过程间的连续性。想要理解艺术以及艺术的文明作用，光靠唱颂歌是不够的，全程关注公认的知名艺术品也不能完全理解。理论只能迂回去理解；绕到普通大众化的东西形成的经验，再从中发现审美特质。当艺术已经被区分，或艺术品已被置于独特地位，而非普通的经验物品时，理论才开始从公认知名的艺术品身上发芽，进而继续发展。如果真的是经验，即便这份经验是粗俗的，也能更好地提示我们认识到审美经验的内生性，远比一个已从其他方式的经验中分离出来的物体更合适。根据这条线索，我们便能够发现艺术作品是如何发展的，艺术作品是如何在每天愉悦的事物中找到并突出其中最明显、最重要的那个事物的。于是，我们便会发现，在普通经验的意义被很好地传达之后，艺术作品源于日常事务，就跟煤焦油经过特殊处理变成燃料一样。

关于艺术的众多理论已经存在。如果想用另一种审美哲学去证明合理性，这一套哲学必须配有相应的新的方法论。将现有理论予以融合或变换，对于想这样做的人而言是很容易的。但是，在我看来，现有理论的毛病在于他们一开始就是互相区分的，或是源自于一种联系具体经验对象、赋予其“精神化”的艺术观念。然而，代替原先理论的，并非精美艺术品的退化，抑或是庸俗的物质化，而是一种概念，这个概念揭示了艺术品将普通经验中形成的特质进行理想化的方式。如果把艺术品直接放到人们中间，放到人人都尊崇的场景中，它们会收获更多的关注，比当初鸽笼式艺术所收获的关注还要多。

艺术品的概念要是起源自普通经验中已经发现的特质和现有艺术品间的关系，这个概念便能够解释，为什么有些因素和动力会乐于把普通人类活动的正常发展转为具有艺术价值的事物。这个概念也可以指明限制正常增长的条件。美学理论的作者总会问：审美哲学是否能够帮助培养审美能力？这个问题是一般批评理论的一个分支，我认为，如果没说明要寻找什么，没说明要在具体的审美对象中找什么的话，就没有完美地实现它的所有功能。但是，这还是可以让人接受的，即只要艺术哲学能够让我们意识到艺术的功能和其他经验模式相关，只要艺术哲学能够说明为什么那些功能没有完全实现，只要艺术哲学能够说明在何种情况下一些状态可以实现，那我们就可以说这套艺术哲学是经过彻底分析的。

如果没有切实地尝试过将艺术品降格为一般商品的话，在从普通经验中创造出的艺术品与从一般的原料中生产出来的贵重商品之间进行比较是没有意义的。然而，关键的一点是：无论对于已经创造出的成品进行多狂热的赞颂，这种行为本身是没有办法帮助人们理解或是生产这类成品的。不明白土壤、空气、湿度和种子之间的相互作用原理和基于此产出的结果，依然可以欣赏花。但是，如果不考虑相互作用，就无法真正理解花——理论就是这个理解的过程。理论意味着发现艺术品产生的本质，发现它们能被认知和欣赏的特质。每天都在创造的这些事物是怎样拥有了艺术要素呢？每天喜欢看的场景又是怎样发展成为强调审美特质的经验、让我们从中获得满足的呢？这些是理论常会面临的问题。问题的答案你是找不到的，除非我们重新去看先前不被我们认为是美的事物，重新找到那些经验的根源。在找到这些活着的种子之后，我们便能够跟着它们生长的足迹，一路探索艺术品的最高形式。

难道这不是常识么？如果不理解植被的生存环境，无论这些植被有多可爱，我们也不能直接干涉植物的生长和开花。这和审美是一个道理——区别于单纯的个人享受——要从土壤、空气、光照这些组成美的条件开始。这些条件、这些因素完善了一个普通的经验。我们若能更透彻地认识这一点，我们便能够更加认清充斥在眼前的是一个问题，而非一个最终方案。如果艺术和美学的特质潜伏在每一个普通的经验中，我们如何解释，又怎么解释它们是没办法说清的呢？为什么在大多数人看来，艺术似乎是从外面引入到经验中的，而美学被认为是人工创造的呢？

要想回答上述问题，我们首先要弄清自己是否清楚且连贯地明白自己口中的“正常经验”的含义，不然我们也无法追踪根据每日经验而创造出的艺术品的发展轨迹。幸运的是，通往答案的道路已为我们打通并指明。基本生活条件决定了经验的本质。虽然人与鸟兽有别，二者有着相同的基本生命需求，也会为了继续生存进行基础的调整。既然有着相同的基本生命需求，人类从我们的祖先继承了呼吸、移动、看与听、用大脑调节感官和活动的功能。这些人类用来维持自我生存的器官并不是他们独创的，而是经过动物祖先长期的抗争而演变的。

幸运的是，如果一个关于美学在经验中位置的理论，是从经验的基本形式开始的话，这个理论不会受太多琐碎细节的影响，大致的轮廓已经足够了。第一思考要素为，生命在环境中进行：生命不仅仅在环境中，还通过与环境的互动而受环境的影响，因为环境而存在。任何生物都不仅仅是展示给外界的那层表皮；皮下的器官与生物体内的所有系统进行着相互作用，并且，为了让生命继续进行，还要不断地通过适应、抵抗和征服来完成自我调节。任一时刻，生物都有可能遭遇来自四周的不测；任一时刻，生物都要从四周获得满足自我需求的身外之物。生物的经历和命运可以说由与周围环境间的交换所决定，这种互动不都是外在的，更多是内在的。

一只狗会在吃饭前低嚎，会在慌张或孤独时惊叫，会在人类朋友回来时摇尾巴，这都是生活在自然条件下的生物的表现形式，这种自然条件既包括人类也包括家养的动物。每一种需要，比如说渴望获得新鲜空气与食物，都表现出了暂时缺少与周围环境的和谐互动。但这也是一种要求，一种深入到环境之中，补偿缺乏的物品，通过构建手段去调整，至少要求实现短暂的平衡。生活自身便是由不同的阶段组成的，有机体与周围事物失去平衡，又再次达到平衡——不分方式，或者通过努力，或者依靠运气。再者，生命发展的过程中，这种恢复不仅仅是回到初始状态，而是呈现出经历了差异与抵抗后的更加丰富的状态。如果有机体与环境之间的间距太大，生物会死亡。如果生物的活动没有被暂时异化，就没有被强化，仅仅是维持。在一个暂时的冲突恰好就是过渡期的时候，跨过这段过渡期，就能达到一个有机体与其生存环境之间更为广泛的平衡，生命将持续发展。

这些生物学的常识远不止如此；它们触及经验中美学的根源。世界上充满了对生命冷漠甚至是敌视的事物；生命为了维持自身的过程会脱离生命所在的环境。然而，倘若生命不断维持且在维持中继续发展，则会突破发展维持过程中的对立冲突等因素，转化为更自由、更有力、更有意义的被区分出来的生活。通过扩展（而不是通过对抗和被动适应）进行有机的、重要的扩张已经开始了，就像是一个奇迹。这里，通过节奏实现平衡与和谐逐渐显现。均衡因为张力，而非机械作用或无作用而实现。

在自然界，甚至是在生命水平之下，也还是有不仅仅是流动和变化的东西。只要保持稳定的均衡，抑或是运动的均衡，形式就出现了。变化则互相环绕，互相支撑。只要保持连贯，就能不断坚持。秩序不是外界赋予的，而是在能量间相互和谐作用下产生的。因为秩序是活跃积极的（并不是说与发生的事情无关就意味着静止），所以秩序能够自行发展，它能够将各种变化通过平衡的运动方式纳入自身。

秩序在混乱的、不断被威胁的世界——活着的生物仅靠剩余的秩序，并将这种秩序结合进自身时，才会真正为人所敬仰。我们现在所处的世界，每一个活着的生物拥有了感性，只要发现自己的感受出自适当的秩序，就会给予一个和谐的回馈。

只有一个有机体在所处的环境中享有有序的关系时，才能保证这个有机体能够继续生活下去。并且，在有机体经历一段时间的扰乱和冲突之后，它才能真正地发现自己开始离美学近了，才真正逐渐显露出完美的姿态。

与环境的剥离和再次统一这种重复性的节奏只会发生在人身上，而且会成为人的意识；出现这种节奏的条件在于人订立目标的材料。情感是暂停、实际发生或是暂停的意识信号。不协调这种场合反而会激发人的思考。作为实现和谐的条件，恢复和谐的欲望把单纯的情感转化为对物体的兴趣。在和谐实现之后，思考的材料会被融入物体中，成为物体的意义。因为艺术家与众不同，且以一种很特殊的方式在关心着能够促成统一的经验的各个阶段，艺术家不会抗拒抵抗或者是紧张的时刻，宁愿就让这种时刻随它而去。此举自然不是为了这些时刻，而是这些时刻可以带来潜力，为生动的意识带来一个统一和完整的经验。相较而言，和单纯为了美的人不同，喜欢思考的科学研究者更希望发现所观察的事物，并和所思考的事物处在紧张的关系中。自然，科学研究者关心如何解决问题，但是这离满足还很远；他会把已经有解决方案的问题作为研究下一个问题的踏板，从这出发去不断地研究更深刻的问题。

审美活动和智力活动的区别就能够说明：在活着的生物和周围环境的互动中，强调不同的重复节奏或经验就会产生不同的脑部活动。两者在经验中所强调的最终物质是一样的，经验也是一样的一般形式。那种认为艺术家什么也不想而科学家不断在想的奇怪观念，是因为把不同的节拍和关注点转换为种类的不同所造成的。思想家也会进行审美，这时他的思绪不仅仅是想法，而是已经为物体赋予了含义的思考。艺术家在创作时也会面临问题，但是，他的思想会更直接与对象关联得更多。但是，因为科学家为了远离最终方案，他们则会使用更多的符号、词语和代数。艺术家在工作时通过定制定性的媒介去思考，而且他们制作的东西和制作条件非常接近，两者则融合起来。

有生命的动物无需将情感投给经验的对象。自然是友善又可憎的、温和也乖戾、烦躁与怡然，早在自然被证明具有数学的性质之前，或是在色彩和图案等“第二”属性汇集之前就是这样了。就连像长短、结实、空洞这种词都能给除了理性主义之外的人带去道德或情感上的波动。词典将告诉所有查字典的人，类似甜与苦这种词的早期用法不是指感觉，而是指情感——喜欢与不喜欢。难道还有别的可能性？直接经验来源于自然和人的相互作用。在这种相互作用下，人的能量汇聚、释放、压抑、克制。实现、欲望和成功，行动的渴望和被压抑的渴望，不断重复固定循环的周期。

在旋风般的变化中影响稳定性和秩序的所有互动都是有节奏的。潮起潮落，心脏收缩与舒张：这些都是有节奏和秩序的变化。变化都在一定范围内。超出界限，就是毁灭与死亡，但是新秩序从这里产生。在固定的比例范围内建立一个空间的，不仅仅是时间的模式去控制变化：海上的波浪，沙滩在浪潮作用下起的波痕，清淡与浓墨的云。缺与满、奋斗与成就、越界前后的行为调整，形成了在其中行动、感受和意义三合一的戏剧场景。最终结果是平衡与抗衡。它们不属于静态，也不是机械。它们表明了力量会在克服抵抗之后的衡量值而变强。用有利和不利的力量包围对象。

有两种可能的世界，在这里，审美经验是不存在的。在一个仅仅是流动的世界中，变化无法累积，永远也没有终点，没有稳定，没有休止。另一种世界，所有事情都已完成，寂静结束，没有停止和危机的征兆，永远无法做出决定。在一个一切都是完满的世界里是不需要再去填充的。我们带着愉悦的涅槃去想象，我们带着一致的狂喜去想象，皆在于它们的背景是我们处在压力和对抗下的投影。因为我们现在生活的世界已经融合了运动和顶峰，中断与团圆，以及活着的生物具有审美特质。活的生物不断重复与周围事物失去联系又重构联系的过程。从混乱过渡到和谐的时刻是最具生命力的。在一个已经完成了的世界，睡与醒没有区别。在一个完全混乱的世界，一切努力都是徒劳的。在一个按我们理想构建的世界，收获满足感的那一刻，时间仿佛有了节奏，收获了愉悦，完成了经验的强化。

内在的和谐要在通过特定手段与环境达成妥协后才能实现。倘若这种和谐没有“客观的”基础，它就是虚幻的——在极端状况下甚至是疯狂的。幸运的是，经验的多样性可借由多种条件实现——这些条件最终由选择兴趣决定。愉悦可以凭借偶然接触和刺激实现；在一个充满痛苦的世界里，愉悦不该被蔑视。但是，幸福和快乐不同。它们能够被填充和满足，进而触及我们的最深处——在这里，我们借助存在的条件调整自我的全部存在。随着生命演化，获得了均衡的那一刻便是开始于环境构建新联系的时候，这段时期内，我们很有可能通过斗争完善自身调整。登上顶点之时便是重新开始之时。任何想延长完满与和谐时间、超过期限的企图，组成了从世界隐退的想法。因此，这说明了活力的降低和丢失。但是，跨过动乱与冲突之后，对和谐的深层记忆便被勾了出来，感觉就像是大海中的石头，在生活中萦绕不散。

绝大多数人都意识到，他们现在的生活、过去的生活和未来的生活间将常出现裂痕。过去的负担重压在他们身上：带着悔恨，过去侵入了现在，悔恨为何没有利用机会，悔恨时光不能重来。过去就是压在现在上面的一座山，而不是能不断填充的资源宝库。但是，活的生物会顺势而为，接受过去；这还能够让曾犯过傻的人正视过去的愚蠢行为，在现时少犯错。不要生活在过去所获得的成就之上，过去的成就应该提示未来的行动。每一个活着的经验都该把自身的丰富性看作是桑塔耶拿概括的“静静的回想”。

对于具有充分活力的物种而言，未来不是不祥预兆，而是一个承诺：像一个光环包围着现在。它由不同的可能性组成，不分时间和地点。在真正的生活中，一切都会重叠并融合。但是，在通常情况下，我们活在对未来的期待满怀顾虑的心情中，并会产生多种意见。即便是在没有顾虑之时，我们也不会赞赏现在，因为我们依旧会屈服于未知物品。因为经常性地放弃现在而投向未来的期待和经验，这就形成了一个审美理想。只有过去不再烦扰，未来的期许不再落空，一个独特的物种才能融合周围的环境、具有充分的活力。艺术有股独特的激情赞美时刻，这种赞美发现，过去加强了现在，而未来刚好激发了当下。

所以，为了掌握审美经验的源头，就有必要也参考低于人的生活水平的动物生活。在认为工作就是劳动，思想可以带领我们从世界隐退时，狐狸、狗与画眉鸟的活动可以至少是我们分类的部分经验整体的提示与象征。活的动物完全是眼前的，全部展示为警醒的目光、灵敏的嗅觉、突然立起的耳朵。所有的感官均保持同一警觉度。你能够发现，你眼中的它们的活动融入感觉，而感觉融进活动——构成了人不可与它们相比较的优雅。活的生物从过去留下来的，对未来所期望的，都为我们的现在指明了未来的方向。狗不会死板，也不会过分学术。这种性质只有过去在意识中与当下分隔开，过去被确定为模仿的模式，抑或经验的借鉴时才成立。过去能够被现在吸收，保持前进的态势。

大部分野蛮人的生活都是停滞的。但是，在野蛮人最活跃的时候，他能够最敏锐地观察周围的世界，能够保持精力最集中的状态。在他发现那些让心里产生波动的事时，他自己也会产生波动。他的观察既是准备行动也是预见未来。他全心全意地去看和听，就跟专心地打探敌人内部再悄悄折返一样。此感官非彼感官，他们的感官是当即的思想与行为的哨兵，而我们只是一种通道，可以储存东西，能够为了潜在的未来做准备。

因而，如果认为艺术和审美知觉同经验之间的联系降低了它们的重要和高贵程度，大抵都是无知的言论。经验如果处于一定的程度当中，它自然会提高活力。不是个人感觉和感受的封闭，而是代表了同世界积极和活跃的交流；最高程度就是证明了完全的自我同世界物体和事件的渗透。不是臣服于任意无序的变化，而是向有节奏、不断发展的、非停滞的方向发展，为我们提供象征唯一一般的稳定性。又因为经验是一个有机体在物的世界中争斗与成就的最终体现，它成了发展艺术的萌芽。尽管是在最初级的状态，经验也已经能够做出让人体会到愉悦，也就是拥有审美经验的承诺了。

第二章

活的生物和“以太物”*

* 太阳、月亮、 地球及地球上的万物是缔造更伟大事物的素材，这些更伟大的事物就是以太物——比造物主所创之物更伟大之物。——约翰·济慈

经验有其产生的重要根源，带给人高端、完美的体验，为何把经验与其根源联系起来被认为是背叛其本性、否定其价值？为何将艺术高成就与普通生活——我们与所有生物共享的生活相联系，会引起人们反感？为何将生活与低级趣味联系在一起，或者总体感觉尚可，但随时会沦落到色情及粗恶残酷这样的境地？若要完整地回答这一问题，需书写一部道德史，就各种引起对身体的蔑视、对感官的恐惧以及肉体与精神的对抗情况做出阐述。

这部道德史中的一部分与我们探讨的问题甚为相关，必须予以关注。人类的制度化生活以无序为标志。这种无序往往被变相的事实掩盖，采取静态分裂的形式划分等级。只要这种静态分裂的状态保持恒定不变、深受认可而不会引发公开的冲突，它就被认为是秩序的本质。生活是条块分割的，制度化的划分使生活有了高低之分；价值观也各不相同，既世俗又灵性，既物质又理想。通过体系间的制衡，各种利益外在相关、机械相连。既然宗教、道德、政治、商业各有其分化区，位处各自区间之内则为适宜并应保持这种状态。艺术也必须有其独特的领地。

职业和兴趣的划分带来了这种活动模式的分离，通常称为实践与观察的分离、想象与执行的分离、重要目标与工作的分离以及情感、思考与行动的分离。它们各自独有一隅、守在其中。那些著述解剖经验的人认为种种分离固存于人性构建之中。

我们的大部分经验，是在现有的经济和法律制度条件下孕育形成的，确实存在种种分离的情况。许多人在其生命中，只有偶尔通过充满感情的种种感官，才有机会感受到内在的深层次的意义实现所带来的一切。在机械刺激或是愤懑刺激之下，我们经历各种感受，全然不知个中或背后的现实。我们许多经验说明，我们的各种感官没有联结起来讲述一个共同的、完整丰富的故事。我们看，却无动于衷；我们听，但听到的是二手报告，之所以称其为二手是因为没有得到视觉强化；我们触摸，但仅为浅至表面的接触，并未与触及表皮以下的感觉相融合。我们借助感官触发激情，而不是满足观察的兴趣，并非在感官参与之时这种兴趣尚不存在，而是因为我们受制于生活环境，迫使感官仅仅停留在表面兴奋的层面。如此一来，那些只劳心而不劳力的人、那些通过控制他人身体和劳动而间接行动的人当受尊崇。

在这种情况下，感官和肉体得一恶名。然而，相比专业的心理学家和哲学家，道德家对于感官之间的亲密结合有更加真实的感受，尽管他们对于感官结合的认识有悖于实际中我们的生活与环境的关系。近年来，心理学家和哲学家一直沉迷于知识的问题，他们把“感觉”仅当作知识的要素。道德家知道感觉与情感、冲动、嗜好之间彼此相连。因此，公开指责好色是精神败给肉体的部分体现。道德家将美感等同性感，性感等同于淫欲。虽然他们的道德理论是歪曲的，但至少他们意识到，眼睛并不是一副完美的望远镜，接收材料以形成对远处物体的认识。

“感觉”包含的内容十分丰富：感受、兴奋、敏感、理智、感性及感官，几乎囊括了从身体、情感冲击到感觉自身的一切——直接经验中所呈现的事物之意义。每一词语都代表着有机生命的真实阶段和方面，因为感观与感觉器官赋予它生命。由于意义如此直接地蕴含于经验之中，竟成为自身的阐明意义。种种感官充分发挥作用时，感觉成为能够传达感官功能的唯一意义载体。感觉正是通过这些器官直接参与到与其相关的不断变化的世界之中。在参与的过程中，世界的种种奇妙之处与灿烂辉煌使得它的质性经验变得真实。这种材料不能与行为背道而驰，因为发动装置与“意志”本身，是参与得以持续进行和得到引导的手段。这种材料也不能与“理智”相互对立，因为思想是让这种活动经由感官而变得富有成效的手段；也是提炼、保存价值并且进一步服务于活的生物与其周围事物互动的手段。

经验是有机体与环境相互作用的结果、标志及回报，当这种相互作用发挥到极致时，互动便转化为参与与交流。既然感觉器官连同相互联结的发动装置是参与的手段，那么对其持有的任何贬低，无论是实践上的还是理论上的，都会导致互为因果的狭隘的、黯然无趣的人生经验的产生。心灵和肉体、灵魂和物质、精神和肉体的对立有其根源，究其根源在于对生命可能带来什么样的恐惧。它们是收缩和撤退的标记。因此，充分承认人类与其祖先在器官、需求和基本冲动方面的连续性，并不一定意味着人类向兽性的倒退，反倒使我们有望绘制出人类经验的地基蓝图，在此之上建构人类奇妙的、与众不同的经验上层建筑。人之为人的特性有可能让人变得禽兽不如；也能够将感觉与冲动、脑眼手的相互融合带至前所未有的新高度。这些在动物生活中已得到佐证，这种融合在沟通和有意的交流之中产生了明确的意义。

人类擅长复杂和微细的区分，这就致使人必须与各要素之间建立起全面和精确的关系。区别固然重要，建立彼此间的关系也因此成为可能，但故事尚未到此为止。导致抵制与紧张的机会愈来愈多，关于实验与发明的提议不断增加，因此引发更新颖的行动，范围更广、更深入的洞察及愈发强烈的情感。随着有机体复杂性的增加，在与环境相处的过程中，其挣扎和完善的节奏变得既多样又长久，渐渐自身也内含无尽的亚节奏，生命的建构因此变得更宽广、更丰富，所缔造的成就更巨大、更微妙。

空间因此不仅仅只是可以闲庭信步的地方，处处皆有危险的事物或是满足人欲望的东西，变成一个全面而又封闭的舞台，人各种各样的行为和遭遇得以整秩。时间不再川流不息、恒定流逝，也不再像有些哲学家所断言的那样，由瞬间的点连接而成；而是有机和有组织力的媒介，这一媒介由期待冲动而引起节奏起落、向前和撤退运动、阻力和悬念不断得到实现和完善组合而成。正如詹姆斯所言，这就是成长与成熟的顺序，我们在冬季开始学习滑冰，在夏季继续学习。作为变化中的组织，时间就是增长，增长就意味着在停顿和休息的间隔中一系列变化随之而来；一件件圆满完成的事情成为新的发展进程的起点。如同泥土一样，心灵在休耕之时变得丰实，直到新花随之绽放。

当闪电照亮黑暗的景物时，人瞬间便可识别万物。但是，识别本身并不是一个简单的时间点的问题，是长期、缓慢的迈向成熟过程中的巅峰时刻的行为。在突然爆发的并不相关的瞬间里，它显示前后相继而又短暂的经验的持续性。如同将戏剧《哈姆雷特》仅仅局限于一句没有上下文的台词，单独而言它就毫无意义，但是“余下的，只有沉默”这句剧尾台词，在剧本不断上演的过程中变得意蕴丰富，对自然景物的瞬间感知亦是如此。正如美的艺术所呈现的，形式是清晰地表达出潜伏在每一个生活经验的时空因素如何组织起来的艺术。

时间与地点，尽管存在地理和空间限制，却汇聚了长久以来集结而储存起来的能量。重返离开数年的童年故地，释放压抑的记忆和希望，它们如洪水决堤般淹没那个地方。在异国他乡偶遇故知，令人倍感愉悦，甚至激动不已。只有我们专注于其他事物而非所需识别的人与物时，真正的识别才会发生。它标志着识别出现中断，或者有意将已识别的事物当作识别他物的手段。看与认知远远不只是识别。人们无法识别当前一个与过去不相关的事物，因此将过去带入现在是为扩充和加深现有的内容。这些佐证了外在时间的连续性转化为非常重要的有序、有组织的经验。识别时点点头之后继续前行，或者表明孤立存在的时刻，标志着经验中的死角得以填补。任何一天或任何一个小时的生活都缩减为带有标签的情景、事件和连续出现的某人某物等组成的片段，这就标志着生活的中断，它是有意识的经验。在个体、离散、形式中实现的连续性是后者的本质。

艺术因此贯穿于生活的始终。当内部的有机压力与外部材料相互作用时，前者得以实现，后者在极其满意状态下发生转化，鸟儿筑巢和海狸筑坝就是这一过程的体现。因为怀疑有指导性意图的存在，所以使用“艺术”一词时，我们会犹豫不决。事实上，所有的深思熟虑和有意识的目的，都源自通过自然能量相互作用而有机运行的事物。若非如此，那就等同于在流沙之上和涌动的气流之中建构艺术。人类的杰出贡献在于发现并意识到自然界中存在的种种关系。通过意识，他将自然界中发现的因果关系转化为手段和后果的关系。准确来讲，意识本身就是这种转化的开端。令人震惊的事物变成诱人的事物；阻力成为改变现有事件安排的一种方法；顺畅的设施成为执行一个想法的机构。有机刺激成为意义的承载者，发动装置变为表达和沟通的工具；它们不再是运动和直接反应的手段。同时，有机刺激不断加快，不断深化，保持其根本作用。没有自然界的因果关系，概念和发明可能不复存在。若没有动物生活中有节奏的冲突和实现过程之间的关系，经验便不会有建构和模式。若没有从动物祖先继承而来的感官，便没有实现想法和目的的机制。大自然和动物生活的原始艺术为人们提供诸多素材，同时也是人类通过有意识的努力取得艺术成就的典范。神学思想将有意识的意图归于自然之中，因为人与猿在许多活动上有共同之处，人们常常认为后者是在模仿自己的行为。

艺术的存在切实证明抽象论述的合理性，同时证明人借助自然界的物质和能量有意地扩充自身生活。这些做法符合有机体——大脑、感官和肌肉系统的结构。艺术生动而具体地证明，人有意识恢复的能力，能够有效恢复感觉、需要、冲动和行动的统一。意识的介入增加了调控力，加强了选择和重置的力量，因此以无穷无尽的方式改变着艺术。它的介入也及时促成有意识的艺术思想的诞生——人文历史上最伟大的智慧成就。

希腊艺术既丰富多样又完美无瑕，推动思想家们勾画出一种广义的艺术概念，推动他们提出人类组织活动艺术的理想，即苏格拉底和柏拉图所设想的政治和道德艺术。他们所采用的素材既相互区别，又相互联系，显露出各自的设计、规划、秩序、模式和目的。将人定义为利用艺术的生物，该概念从根本上将人类与除人类之外的自然界的一切区别开来，同时也指出人类与自然之间的纽带。懂艺术是人类的特质，当这一点变得清晰明了之时，可以确信的是人类残暴性不可能复发，继续创造新艺术和应用旧艺术将成为人类的完美指导思想。尽管对这一事实的认可仍处于停滞阶段，在艺术的力量得到充分认识之前，传统观念已经建立，而科学本身就是核心艺术，辅助其他各门艺术的产生与应用。*

按照习惯，同时从必要性角度而言，需要对美的艺术与有用或技术性艺术进行区分。值得一提的是，艺术是艺术作品以外的存在。惯常的区分都是基于对于某些社会条件的认可之上而形成的。我认为黑人雕刻家的作品是对其部落而言最有用的，其作用甚至超过矛和衣服。而在 20 世纪的今天，它们却成为美的艺术，用以激发对传统艺术的革新。它们之所以是美的艺术的唯一原因是，那些不知名的艺术家在生活和生产过程中有了丰富的经验。垂钓者可以吃掉所钓之物，同时不会因此失去掷网和钓玩时所感受到的美好与满足。是否完整地亲历了经验的生成、感知经验的过程，形成了是否是美的艺术的区分。无论所造之物，例如碗、毯子、衣服、武器，是否投入使用，从本质上讲，无关紧要。可能大多数当下制造和使用的物品和器皿都不是真正意义上的美学产物，不幸的是，事实的确如此。之所以属实的原因与“美丽的”和“有用的”无关。无论在哪儿，如果周围的条件阻碍生产行为成为经验，置身该经验之中的整个生物鲜活有力，愉悦之中拥有自己的生活，那么该产品会缺乏美感。无论其用处多么独特，对于特定事物如何有用，从终极角度而言——对于丰富生活、充实生活做出直接而又全面的

* 我在《经验与自然》一书的第九章，关于经验、自然与艺术的关系中提出了这一观点。就目前的观点而言，结论包含在这一陈述之中，即“艺术是一种充满意义、能够让人直接拥有愉悦感受的活动，是极致的自然体验，而科学助推自然事件向快乐事件转变”。（第 358 页）

贡献，它没有用处。有用的与精美的之间分离、尖锐对立的故事亦是一部工业发展史，借此生产演变为迟来的生活方式，消费更多成为极度依附他人劳动成果而以此享乐的行为。

活的生活在其自身所处的环境之中展开活动，将艺术与它们联系在一起的观念，往往引起人们不友好的反应。将美的艺术与普通生活联系在一起引发敌意反应，这真是可悲，甚至是悲惨的，在他们看来，生活太过平常普通。仅仅当生命常常遭遇发育迟缓、流产、松懈或负载沉重之时，认为正常生活过程与创造和欣赏美的艺术之间天生对立的观点才会被欣然接受。毕竟，即使“精神”和“物质”相互分离，彼此对立，也必须有条件使理想能够体现和实现——从根本上说，这是所有“问题”的意义所在。对立观点得到认可，因此恰恰证明有股力量起着广泛的作用，它可以把实行自由思想的手段转化为压迫性的负担，把理念变为不确定、无根基的氛围下的松散抱负。

尽管艺术本身最有力地证明了已实现和可实现关系的存在，即物质与理想的结合，但总体而言，这一观点得到了支持。即使有时大自然摇身变为人类严苛的继母、成为不友善的家园，可它依然是人类的母亲、栖息地。文明持久流长，文化绵延前行——有时是进步的，事实证明人类的希望和目标以自然为基，获取其支持。正如个体从胚胎到成熟期的发展壮大是生物体与环境相互作用的结果一样，文化则是人类与环境长期日积月累的互动下的产物，而不是凭空与单靠自己的努力而造就的。艺术作品所激起的深度反应证明，在经久不衰的经验作用下其连续性存在。它们唤起的作用、引起的反应在生活过程中持续绵延，因为他们给人们带来了意想不到的快乐。

关于人类沉浸于自然之美，在此我举一例。沉浸于自然之美的行为在成千上万人身上有了不同程度的体现。但赫德森这位一流的艺术家所表达的思想引起了人们的关注。“当我目无生活，看不见茁壮成长的小草，听不到鸟鸣和乡间的吟唱时，我感到我就不是活着。”他接着说，“……当我听见人们说他们并没有发现世界和生活竟如此惬意、如此有趣，也没因此爱上生活，或者他们自始至终无动于衷地对待生活，我自然地认为他们从来都没活过，或者他从未看清世界，他们如此轻视世界，轻视世上万物——他们甚至都未看清一片草叶。”赫德森回忆起童年的生活，完全被敏锐的美感折服，其神秘之处令他膜拜，这样的经历就如同宗教词语“欣喜若狂地领受圣体”所描述的那般如出一辙。他诉说看到相思树的感受：“月光洒脱在松软的羽毛状的叶子上，银光闪闪，产生奇特的效果，似乎这棵树比其他树更富生机与活力，更清醒地意识到我和我的存在……这与一个被超自然的精灵所造访的人的感受类似，假如他完全确信它就在他面前，尽管默默无语，不见踪影，凝视着他，却能看穿他脑海里的每一个想法。”爱默生常被人认为是一位严肃的思想家。成年之后的爱默生说：“穿过一片光秃秃的土地，脚泥泞，雪落成衣。黄昏时分，在一片乌云密布的天空下，未曾想到会有特别的好运降临。我感到无比开心，兴奋到令人恐惧的地步。”

我没有看到任何方式用以解释这类经验的重复性（从极其自然自发的各种审美反映中发现的共同品质），但这一根据却证明经验的重复性，即活动之中出现性情共鸣，该性情是从原始生物与其所处环境的交互中习得，在独特的、智力意识中无法挽回。上面提及的这类经验让我们进一步思考以证明这种自然连续性。直接感情体验能力无穷，可将意义与价值吸纳进来，融入自身。意义与价值——那是抽象的——分为“理想的和精神的”。万物有灵的宗教经验，体现在哈德森对于童年时光的记忆之中，是关于经验层面的一个例证。任何媒介中的诗歌都体现着万物有灵。如果我们转向另一门艺术——建筑，从多个角度而言，它是迥然不同的艺术，我们了解到思想是如何直接与感观融为一体，这些构思起初是以像数学一样高度技术性的想法制作出来的。理智事物的表面绝非只是表面。人可以仅仅通过表层将岩石与柔软的纸巾区别开来，完全不需要触觉，不需要测坚固度，因为整个肌肉体系对此的应力是可视的。这一过程并未因为其他感观特性的化身而停止，感观特性给予表面深层次的含义。一个人通过高级思维所企及的或通过深入理解所知晓的一切，不会因为获取的方式而不能成为感觉的核心。

“符号”词既可用来表达抽象的思想，如在数学中使用的符号一样，还可用来代表诸如旗子、十字架之类的东西，体现了深厚的社会价值、历史信念与神学信条的含义，熏香、彩绘玻璃、看不见铃铛的钟声，引人进入人们认为神圣的地方。许多艺术的起源与原始的仪式之间的关系变得更加明显。只有那些远离早期经验的人才会认为，仪式与典礼只不过是求雨、求子、求丰收和求打胜仗的技术手段。很明显，他们意图借助神力。我们可以确信，尽管实际上从未成功，但这些活动一如既往地举行着，因为这些典礼和仪式直接强化生活经验。神话并不只是原始人在科学方面的唯智论的尝试。面对陌生事实的不安毫无疑问地促成了神话的诞生。但故事、一个好的传奇线索的发展和演绎使人产生的兴奋在当时起了主导性作用，正如这种乐趣当今在盛行的民间故事发展过程中所起的主导性作用一样。直接的感知元素与情感是一种感官模式，往往不仅吸收概念性的内容，除了物理设备执行的特殊戒律以外，它征服和领会了一切纯粹需要智力的内容。我不知道还有什么能令艺术表演的观众和听众更加心碎不已、顶礼膜拜，除了让他们坚信，他们已经获得通往永恒光荣与无上幸福的必备途径。

将超自然引入到信仰与极具人性化地轻易回归超自然，这一事情更多的是关于艺术品产生的心理学事件，而非努力用科学和哲学进行阐释的事件。它加剧激动的情绪，加强打破常规的兴趣。超自然力量对人类思想的掌控纯粹是——或主要是——理智事件，相比之下就微不足道了。神学与创世说之所以能够掌控人的想象力，是因为它们配有庄严的游行队伍、熏香、刺绣长袍、音乐、发光的彩灯以及激起好奇和诱发催眠般钦佩的故事。也就是说，它们通过直接吸引感官和感知想象力打动人们，从而进驻心灵。大多数宗教视圣事为最高的艺术，最权威的信仰已披上华丽和壮观的外衣，令人眼耳立即感到愉悦，唤起人们诸多如悬念、惊奇与敬畏的情绪。物理学家和天文学家的思想，应声了对想象力满足的审美需求，而非回应一切用理性证据支撑的合理阐释。

亨利·亚当斯明确指出，中世纪神学的创建与大教堂的建造有相同的意图。一般说来，中世纪普遍被认为是彰显了西方世界基督信仰的鼎盛时期，证明感官吸收了最高层次的圣化了的想法的力量。音乐、绘画、雕塑、建筑学、戏剧、浪漫都是为宗教服务的，人文科学与社会科学亦是如此。教堂之外几乎没有艺术，教堂的仪式与典礼是艺术，它们得以举行的条件是必须引发最大限度的情感和想象力。在此关联之下，佩特下面的话值得引述：“中世纪的基督教部分地借助富有美感的事物为其铺就道路。拉丁语赞美诗人们对这一点感受颇为深刻，他们为了表现一种道德或精神情怀而拥有百种感观形象。激情的发泄口被封存，这招致神经紧张，在这种状况下，人的脑海里想起辉煌而令人如释重负的理性世界。所有红色成了血液，所有水成了眼泪。因此，所有中世纪的诗歌中出现了一种疯狂剧烈的感官状态，自然界的事物都扮演着感到荒诞、精神错乱的角色。中世纪的心灵对自然界事物有着深刻的感觉；但这一感觉并不客观，未能逃脱我们的世界。”

在自传体散文《屋里的孩子》中，佩特概括了这篇文章的隐含意义。他说：“在后来的岁月里，他与哲学不期而遇，他沉浸于估算感官与理想元素在人类知识中的比例，它们在人类知识中所承担的相关部分。在他的知识体系中，知识很少被转化为抽象的思想，更多被转化为富有感知的媒介或场合。”后者“成为认知事物必不可少的要素，非常真实，因此在他的思想之屋中占据举足轻重的作用。他渐渐地不关心或不会想起灵魂，除非它是附在真身之中；也不会想起任何世界，除非其中流水潺潺、林木葱葱，那里的男女执眼相望、紧握双手，如此等等”。将理想拔高至或超出感观的水平，结果理想变得苍白无力、毫无生机，但它就像一位满脑装着肉欲的阴谋家一样，使给人带来直接经验的事物变得贫乏、退化。

在本文的标题中，我冒昧地借用济慈的“以太物”一词以表达含义与价值，因为它具有精神性、永恒性和普遍性，从而体现了自然和精神的二元性。让我再次引用他的话。艺术家或许看着“太阳、月亮、地球及地球上的万物是缔造更伟大事物的素材，这些更伟大的事物就是以太物——比造物主所创之物更伟大之物”。再次引用济慈这一名言时，我很清楚他把艺术家与活的生物两者的态度等同起来这一事实，他不仅在他的诗歌中，而且在反思时都明确表达这一想法。正如他在写给他弟弟的信中所言：“如老鹰目不转睛地盯着它们的猎物一样，大部分人在同样的本能驱使下，迈向他的目标。老鹰想要个配偶，人也是——看看他们双方，他们以同样的方式开始行动、收获目标。”双方都想要个巢，他们以同样的方式筑巢——他们以同样的方式获取食物。人这一高贵的动物以口衔烟斗、喷云吐雾为乐，鹰则以在云层中保持平衡为乐，这是他们消遣方面唯一不同之处。就是这点使生活的乐趣能够进入理性的头脑。我走在田野间，瞥见一只白鼬和一只田鼠匆匆路过——跑往何处？生物有了目标，眼睛因此冒着亮光。我行走在城市的大楼间，看着一个人匆匆而过——去往何处？

“即便在这里，我以十足的动物本能继续自己的征程，无论我多么年轻，我依然随意进行创作，想抓住极度黑暗中的点点光明，浑然不知任何断言、任何观点带来的影响。然而，难道身处这种状况的我，不可以被免除原罪？难道没有被高等生物本能但优雅的态度而逗得开心吗？我认为它们的行为出于本能，但很优雅，其他人难道不觉得好玩吗？因为白鼬的警惕与鹿的焦虑都让我乐不可支。尽管当街争吵令人厌恶，所展现的能量却很好，最普通的人争吵时都保持风度。我们既是超自然的生物，也有自己的理性。我们对吵架的态度如出一辙——尽管不对，但可能很好。诗歌正是由此而构成。可能有推理，但当它们采用本能的形式如动物形式运行时，推理就是诗歌，美妙且优雅。”

在另一封信中，济慈说莎士比亚是一个具有巨大的“消极能力”的人；是一个能够“在毫无把握、谜团重重、疑点多的状况下也不急于寻求事实与理由的人”。济慈把莎士比亚与他同时代的柯勒律治在这方面的做法做了比较，当诗意理解遭遇费解的团团围攻时，柯勒律治便不会再去求得这样的诗意理解，因为他不会进行理智的辩解；用济慈的话说，就是满足于“一知半解”。我认为济慈在一封写给贝利的信中包含同样的想法，“他”从来没有能够察觉到什么东西可以通过连续的推理来变成真相，甚至最伟大的哲学家不也是将无数的异议搁置一边达成自己的目标吗？问题是实际上推理者也必须相信他的“直觉”，相信他在直接的感情和情感经验中所感到的，甚至于深思熟虑时认为应该反对的事物。他接着说：“简单而充满想象力的头脑在反复的无声运行中突然获得回报，思想突然间不断地触动心灵。”——这句话包含丰富思想的心理层面，在这一点上超过许多专著论文。

尽管济慈的陈述晦涩难懂，但其中两点随之显现。一是他坚信如同野兽奔跑着追逐自己的目标一样，“推理”有其根源，并且变成自发的、本能的，变成本能的也就自然而然富有感觉而且直接、富有诗性；二是他认为没有“推理”即是推理，即没有想象力和理性，可以获得真理。甚至“最伟大的哲学家”也会运用动物般的偏好，以指导他的思考得出结论。当他的情绪起作用时，他进行选择与舍弃。顶级的思考能力也不会带来充分理解与十足的自信。它必须依靠想象力——依靠情绪驱动的感观而产生的思想。

关于济慈在下列诗句中所表达的意思，人们有颇多争议：

“美即真，真即美——那是你在世间所知的一切，须知的一切。”

人们对他在散文中所做的同类陈述所表达的意思也持有争议——“想象所捕捉到的美一定是真的”。许多争论都忽视了济慈创作时所处的特定传统，以及传统赋予“真”一词的意义。这一传统思维中的“真”从未用来表示关于事物智性表述的正确性，或者说“真”的含义现在受到科学的影响。它指人们生活的智慧，特别是“善恶的学问”。而且在济慈看来，“真”与这一问题尤其相关，即为善辩护，并依赖其不管各式各样的邪恶与毁灭的存在。哲学试图理性地解答这一问题。济慈坚信如果不依赖想象力直觉，就连哲学家都无法应对这一问题。他指明“美”与“真”的关系时，给出独立而又肯定的陈述——这一特别真理解决令人困扰的关于毁灭与死亡的问题——一直以来困扰济慈的问题。人类生活在一个惊奇、神奇、充满不确定的世界里。“推理”让人必败无疑——这一定是教条，是那些信守必须获取神的启示的人们一直以来所传授的。济慈不接受这样的补充，也不接受以此代替理性。对于想象力的理解必需足够充分。“这是你在世间所知的一切和须知的一切。”“在世间”是至关重要的词语——在那样的场景中，人们迫不及待地追求事情与理性，这一行为非但没有带人走向光明，反而让人困惑不已，心灵扭曲。正是在强烈地感觉到美的时刻时，济慈找到了他最大的安慰和最深切的信念。这是在他的颂歌里所记载的事实。归根结底只有两种哲学。其中之一接受生活与经验的各种不确定、神秘、疑问以及一知半解，并将经验运用于自身，以加深加强自身素养——转向想象与艺术。这便是莎士比亚和济慈的哲学。

第三章

拥有经验

经验源源不断，原因在于活的生物与环境的交互贯穿于生活始终。当发生抵制和冲突时，关乎自我和世界的方方面面和种种因素在交互的过程中，赋予经验以情绪与思想，有意识的意图随之出现。然而，通常情况下，获取的经验尚不成熟。经受过的事物不会借此而形成经验。分散和分离的情况同时存在；我们所观察的与所思考的、我们所期望得到的和实际得到的往往不相一致。我们把手放在犁上又转身；我们刚刚开始又停下，并非因为该结束这一经验，而是因为外部的干扰或内部的惰性。

与此类经验不同的是，当我们所经验到的物质行至圆满时，我们才真正收获了经验。紧接着，这一经验汇入经验的溪流之中，同时保持自身的独特性。圆满完成一份工作，成功解决一个问题，游戏顺利通关，抑或其他情形，无论是用餐、下棋、聊天、写书，还是参加竞选，这些活动有始有终地完整进行、圆满结束，而不是戛然而止。这样的经验完整，同时保持自身的特性和自我充足的特征。这才是真正的经验。

哲学家，甚至实践主义哲学家，都站出来为大部分经验据理力争。然而，只有那些独立存在、有始有终的经验才堪称经验。

生活旅程并非千篇一律，而是走走停停，丰富多彩。生活里装满各种历史故事，情节各异，开端不同，过程不一，结局多样，每一故事都有各自独特的节奏；每一故事都有各自的特性，贯穿始终，不可重复。一段本是机械呆滞的楼梯，因众人迈着各自而非整齐划一的步伐前行经过而与其他的楼梯有所不同；斜向飞行的飞机因偏离航线而与其他飞机截然不同。

这一点至关重要，经验是指我们自然而然地称之为“真实经历”的情景和事件；经验是那些我们每每想起，都会感言“那是一次真正的经历”的事情。它们或许是一些颇为重要的事情——和亲密无间的人的一次争吵，一次九死一生般的险里逃生的经历，抑或是一些相比之下微不足道的事情。——恰恰因为不值一提，却最有力地证明什么才是真正的经验。一次在法国巴黎的餐厅用餐的经历，给人留下了关于美味的恒久记忆，人们才说：“那才是真正的经历。”一个人在横跨大西洋时遭遇暴风雨——狂风怒吼、暴雨肆行，经受这一切之后，对于暴风雨有了全面又完整的认识。这场暴风雨史无前例、后无来者，完全有别于任何其他的暴风雨。

此类经验的各个部分前后相继，流畅自如地前行，各个部分严丝合缝、不留空。各个部分并未丧失其各自特征。与池塘迥然不同的是，河流蜿蜒流淌，其流动不息的特性赋予各个前后相继的组成部分更多的确定性和乐趣。在这一点上，由相同部分组成的池塘相比之下，相去甚远。经验中的流动是指从一件事物流向另一件事物。从这一部分进入下一部分，每一部分继续上一部分，各个部分因此形成各自特性。前后相继的各个部分一同组成了永恒不息的整体，并赋予它多样性，令整体多姿多彩。

因为各个部分不断融合，没有了空洞、机械的结合及正中心，我们才拥有了经验。过程中会有暂停和休止，它们使整个运动过程有了自己的节奏和特性。它们将所经受的一切汇聚一堂，以防其消散殆尽、荡然无存。持续的加速会喘不过气来，妨碍各部分形成自己的特性。不同的行为、情节、事件融为一体，形成了一件艺术品，但依然保持各自的特性——正如在一次亲切的谈话之中，有连续的交流与混合，但每位说话的人保持各自的特色，还会表达得比他一贯更清楚。

一个个经验就是一个个统一体，也因此各得其名，例如那次用餐、那场暴风雨、那次绝交。尽管各个经验的组成不尽相同，但统一体自始至终都保持其单一的性质。这一统一体既不是感性的，也非实用的和理性的。但凡用这些词来命名时，我们需要进行反省。在探讨经验的时候，我们需要使用这些形容词来进行阐释。在脑海里回想已经发生的一次经历，我们会发现一个占绝对主导地位的性质，它使整个经验别具特色。科学人士和哲学家会郑重其事地把其中一些有趣的询问和推理当作“经历”来回想。从根本上而言，这些经验是理性的。而在其真正的发展过程中，亦是感性的；目标明确、意志坚定。然而，经验并非这些特点的简单叠加；并非各个部分融为一体之后，失去各自的特性。没有哪位思想家能够继续自己的职业，除非整个经验深深吸引他，令他深受鼓舞，这些是这份职业本身所固有的整体经验，值得人去追求。没有了它们，思想家便不知如何展开真正意义上的思考，全然不知如何分辨真知与谬论。思考在各种想法之间穿梭前行，各种想法组合起来形成某一系列的想法，只因为它们不单单是分析心理学说中所称的想法。按照感性和实用进行划分，它们是潜存的性质形成过程中的不同阶段；他们是不断前行、不断变化，不像洛克和休谟所说的那样彼此分离、互不依赖，而是很巧妙地保护着贯穿始终、日渐形成的特性。

我们来谈一谈从思考性经验中得出的结论。用理论阐述这一思考过程，往往很好地掩盖了结论与整个经验的完结阶段之间的相似之处。显然，这些阐述以分离的见解为前提，并且以刊印出来的观点为结论。这就给人造成一种印象，即先是存在两个孤立、现成的事物，在外界操控之下，于是出现第三个事物。实际上，在思考性经验形成的过程中，前提只在结论变得清晰的时候才显现出来。就像目睹一场暴风雨发展到最猛烈的程度然后逐渐退去的经验所显示的一样，经验是相关事物在持续进展的过程中形成的。这就如同暴风雨中的大海，海面卷起层层波浪；微波再起，巨浪拍打而来，后浪卷起碎波，前后相继。如果得出结论，那也是经过不断推测、积累而得出的。可见结论并非不相关或孤立的事件，它是事物发展的终结。

因此，思考性经验有其自身的美学性质。它与那些公认的具有美学性质的经验有所不同，但也只是在材料方面。艺术材料构成艺术性质；有理性结论的经验材料都是些自身没有内在性质的标记或符号，但表明可在其他经验中感受到其性质。两者千差万别，这是成为严格的理性艺术不像音乐那么受欢迎的原因之一。尽管如此，经验本身的情感性质就可令人满足，因为它通过有条不紊的活动，便可达到内部的融合，实现圆满。即刻感受到艺术框架的形成。此时，美感已经诞生。更重要的是，这种审美性质不仅是展开理性研究、保持研究真诚性的重要推动力，而且没有理性活动是完整的事件（即经验），除非理性活动已经完结并具备审美性质。没有审美性质，思考就不完整。简言之，不能将审美与理性经验截然分开，因为理性经验必须打上审美的印记方可实现自身的完整。

这一观点同样适用实用主导性的行动，即由明显的行动组成。行动或许有效，但未形成有意识的经验。活动太过无意识以至于无从知晓活动本身是什么，会如何发展。活动虽已结束，但意识，并未达到圆满。使用精明的技能，可以排除阻碍，却不能丰实经验。行动过程中还存在那些摇摆不定的人，他们就像是古典文学中的鬼魂一样反复无常、飘忽不定。在漫无目的与机械高效两者之间还有一类行动，通过连续的动作，行动的意义得以保存、不断丰富，向着终结迈进，整个过程富有成就感。成功的政治家和军事家，就是那些成为像恺撒和拿破仑一样的政治家，他们身上拥有引人关注的才能。就其本身而言，这并非艺术，我认为它表明兴趣并不具有排他性，或者说并不完全受后果左右（就如同单就效率的情况一样），而是它将整个过程带向一个结果。这里有完成一个经验的兴趣。这样的经验或许于世界有害，结果也非人所愿，但它依然具有美学性质。

古希腊通过行为的相称度、优雅度、和谐度来判断行为美善与否，美善更凸显了道德行为的审美性。人们眼中的道德行为最大不足在其麻木不仁的性质。这样的道德行为处于职责所需，一点点伪装成道德行为，根本无法体现出于真心的美德作为。

一个概括性的例证或许如此，我们想象一块石头从山上滚下来并拥有了经验。这项活动的确足够“实践性”。石头从某处开始滚动，并且只要条件允许，它会一直向着某个可以停歇的地方、向着结束的状态滚动，直至滚向终点。让我们想象一些外部的事实，例如想着石头一心奔着终点；想着石头着迷于路途中遇到的事物，这些都会加速或减缓石头冲向终点的进程；想着石头根据它们所起的阻碍或助推作用而采取不同的行动，产生不同的感受；想着最终的结果与之前的经历都息息相关，是连续运动所至的顶峰。如此一来，石头会获得经验，一个具有审美性质的经验。

如果把目光从这一想象的事例转向我们自身的经验，我们会发现，我们自身的经验与真正的石头所经历的更为接近，而与满足无稽之谈条件的事物相去甚远。在大多数经验过程中，我们并未关注某一个事件前后所发生的事情。我们也没有兴趣去控制该摒弃什么或该选择什么。一切就这么发生，既不会被断然拒绝在外，也不会被毅然吸纳在内；我们顺其自然，漫无目的。我们屈服于外界的压力，或者逃避和妥协。虽然有开始亦有休止，但都非真正意义上的开始行动与圆满结束。一事物代替另一事物，而非一物吸收另一物而后继续前行。这也是经验，但这种经验太过懒散随意而不成经验。无须多言，此类经验不具审美性。

如此一来，非审美经验就是两种极端的经验：一极为松散的连续，不知从何地开始、何地结束，就停顿而言，不知在何处停顿；另一极则是控制、压缩，各部分之间机械相连。这两类经验大量存在、不胜枚举，结果人们潜意识地认为，它们是所有经验的范式。然后，当具有审美性质的经验出现时，与人们已经形成的对经验的认识形成鲜明对比，结果导致其独特的性质与已经形成的经验特点的认识无从结合，结果具有审美性质的经验落得个“没名没分”的下场。在此论述理性经验和时间经验旨在表明，在拥有经验的过程中，根本不会出现这样非此即彼的情况；相反，只要是具有审美性质的经验，一定是二者的统一。

审美的敌人既非实用的也非理智的。它们是单调无味；是漫无目的；是屈从于实践中和理智程序中的常规。一方面是严苛的禁欲、被迫服从、牢牢控制；另一方面则是浪荡不羁、不着边际、漫无目的放纵，这些都与经验的整合统一背道而驰。诸如此类的种种思考促使亚里士多德援引“等比中项”一词，以恰如其分地表明美德和审美各自的独特之处。形式上他是正确的，然而“平均”与“比例”并非浅显易懂的词，不应在此使用两个具有数学意义的词，但它们体现经验自身的特性，经验向着自身的圆满持续动作。

我一直强调这样的事实：每一完整的经验总是向着终点前行，因为只有当其积极活跃的能量发挥应有的作用时，它才会停止。这种能量循环的闭合与中止、停滞截然不同。成熟与发育固结之间千差万别。经受斗争与冲突并将其作为发展经验的手段时，尽管痛楚万分，但会乐在其中；它们是经验的组成部分，因为它们推动经验继续动作，而不是仅仅因为它们就在那里。正如后来所显示一样，在每一经验中，很大程度上都会有经受与遭遇，否则就无法吸纳以前所发生的一切。在任何至关重要的经验之中，吸纳绝不只是把某事置于已知晓的意识之上。要吸纳就必须进行痛苦万分的重建。无论这一必经的阶段是欢心愉悦的还是充满痛楚，都是形成经验的特定条件。除了为数不多的强烈而又完全愉悦的审美经历以外，对于整个审美性质而言，它都冷酷无情。它们肯定毫无乐趣可言，但当它们降临在我们身上时，它们带来的痛苦与认知带来的愉悦几近一致，痛苦实际上是认知的一部分。

我已表明，审美性质成就了经验的完整与统一，它是感性的。这种提法可能费解。我们一贯认为情感是单一而又密集的，一如我们给其取的名字一样。快乐、悲伤、希望、恐惧、愤怒、好奇，每一个都如同准备充分、即刻入境的独立实体一般，每个独立实体持续时间或长或短，但其持续时间、成长与经历与其性质难道不无相关吗？事实上，情感具有促进复杂经验动作和变化的特性，它们非常重要。我说它们重要，否则的话，它们与惊醒的婴儿突然号啕大哭有何两样。一切情感都可成为戏剧，而且随着剧情的发展而变化。听闻有人一见钟情，但他们钟情的并不是那瞬间本身。把爱情压缩为一个既无珍惜又无关怀的瞬间，爱情还是爱情吗？情感的亲密本性在看舞台剧或读小说时表露出来。情绪始终与情节为伴；情节需要舞台和空间，一个延续和展开情节的时空。经验是感性的，但经验之中并不存在所谓孤立的情感。

同样，情感依附于动态的事件和物体。除病理情况外，情感皆不会凭空而生。甚至“无对象物”的情感也需要自身以外的事物来依附，否则，很快会因为缺少真实感而产生一种妄想。情感具有自我确定性。它参与事件向着结局发展的过程，结局或如人所愿，或令人生厌。惊吓时，我们会马上跳起来；羞愧时，我们即刻脸红。但这种情况下的害怕与处于谦逊的害羞并非情感状态，只不过是条件反射而已。要想情感化，就必须融入一个具有包容性的持久的情形之中，需要关注事物及其结局。发现或认为身边存在令人恐惧的物体，不得不应对或逃避，因而吓得跳起来，此为恐惧感。一想到自己的举止会让他人产生不好的看法时，羞愧脸红，此为羞愧感。

遥远的来自地球边际的实物，经过实体运输，合在一起建造一个新的物体，发生物理反应，相互作用。而理性的奇妙之处就在于，无须实体运输与组装，类似的事情会在经验之中发生。情感具有助推和黏合作用。它甄选合适之物，给其着色，因而赋予外在既不相同也不相似的材料统一的质性，于是组成经验的各不相同的部分有了统一性。具备了先前描述的统一性，即使该经验并不是审美占主导地位的经验，它也具备审美特性。

两人会面，一位是职位应聘者，另一位则是掌控整个事件的面试人。整场面试可能机械进行，一方就固定问题进行提问，另一方敷衍作答，面试结束。这两个人的会面没有经验可言，一切皆是重复，接受也罢，拒绝也罢，不知道发生过多少次。这种情形如同记账一样，随时可被清理。有相互作用方可有新经验的诞生。我们该去哪儿找寻此类经验的描述呢？不在账目中，不在有关经济、社会学或人事心理学的论文里，而在戏剧或小说之中。仅有艺术才能表现经验的性质和意义，因为经验的统一只能通过经验来表达。经验是由充满悬念的材料组成，并通过一系列相互联结而又各不相同的事件向着自身的圆满动作。求职方的主要情绪可能是开始时的希望或失望，结束时的兴高采烈或失望沮丧，这些情绪成就了经验的统一。随着面试的进展，次要情绪演化为不同于主要情绪的情绪。每一个态度与手势、每句话，甚至每个字都可能牵动情绪强度的波动，而且造成的结果不至于此，即引发色彩与色调的性质变化。雇主根据自身的情绪反应来判断应聘者的性格。他想象承担工作任务时对方的样子，把这一幕的各种元素进行组合，根据它们是相互冲突还是彼此和谐，并以此来判断应聘者是否适合。应聘者的仪态与行为或与面试者的心态和期望一致，或与其相冲突、不和谐。这些因素是审美固有的特性，它们形成多股力量，推动面试向着具有决定意义的结局进发。它们融入每一个情况不定、令人不安的情形之中，无论其主导性质是什么。

因此，在各种各样的经验当中都有共同模式，无论它们彼此的主题在细节上有多么的不同，都必须满足一些条件，否则不可能形成经验。共同模式的轮廓是由这样一个事实决定的：每一种经验都是活的生物与其生存在其中的世界的某个方面相互作用的结果。一个人做了一些事情，比如说，他举起了一块石头。因此，他经历、遭受了某种东西——被举起的石头的重量、张力和质地。因此，他所经历的这些事情的性质决定了下一步的行动。这块石头太重或太过有棱角，或者不是足够坚硬；或者经受的其他性质表明它符合预期用途。这个过程会持续下去，直到自我和对象相互适应的出现，这样特殊的经验才会终止。这个简单例子与经验的形式是一个道理。在他研究中的这种活动的生物可能是一个思想者，与它相互作用的环境可能由思想而非石头构成。但是，两者的相互作用构成了总体经验，使它完满的是一种能感觉到的和谐的制度。

经验有自己的模式和结构，因为它不仅仅是做与经受的交替，而是在关系中包含它们。把一个人的手放在烧坏手的火上不一定需要有经验。这一行动及其后果必须与知觉结合起来。这种关系是赋予意义的，把握这种关系是所有智慧的目标。这种关系的范围和内容衡量着经验内容的重要性。一个孩子的经验也许是强烈的，但是，因为缺乏过去经验的背景，很少把握经受和做之间的关系，因此经验就没有了深度和宽度。没有人曾达到如此的成熟以至于他能感知所涉及的所有关系。辛顿先生曾撰写了一篇浪漫作品《无知的人》，描述了一个人死后在整个无止境的生活中，对在地球上短暂生命中发生的所有事情的回顾，对它们之间所涉及的关系的不断发现。

经验被所有妨碍感知经受和做关系的因素限制。经验都可能会干扰，因为无论在做的一边过度，或者在感受性的一边过度。任何一边的不平衡都会模糊对它们关系的认知，使这段经历片面、扭曲、空洞或者虚假。尤其在我们生活的匆忙而又缺乏耐心的人类环境中，对做的热衷，对行动的渴望，以至于许多人难以置信的缺乏经验。没有哪种经验有机会完成自身，因为别的一些东西很快就会进入。被称为经验的东西变得如此分散和混杂以至于几乎不配这个名字。抵抗被视为需要被击败的障碍，而不是一种反思的邀请。一个人无意识甚至故意选择和寻找能在短时间内完成最多事情的环境。

因为过度的接受性，经验在走向成熟时会出现中断。最重要的仅仅是经历了这一切，无论任何意义的感知。将尽可能多的印象聚在一起，那样被认为是“生活”，即使他们当中没有一个人是轻快的。感伤主义者和做白日梦的人也许会比那些渴望行动的人拥有更多的想象和印象闪过他们的意识。但是，他的经历同样被扭曲了，因为当做和经受之间失去平衡时，任何事物都没能深植心里。为了建立与世界的现实的联系，从而使它们的价值得到检验和组织，某种决定性的行动是需要的。

因为对做什么和经受什么的关系的认知组成了智慧的工作，因为在创作的过程中，艺术家为他所掌握的关于他已经做的和他接下来准备做的之间的联系所控制，那种认为艺术家不像科学研究者那样专注、透彻的想法是荒谬的。一个画家必须有意识地经历每一笔的效果，否则他就意识不到他正在做什么以及他的作品将往哪里发展。而且，他必须明白：他期望产生的整体效果与做和经受之间的特殊关系。要理解这样的关系需要思考，而且是最严格的思考方式。不同画家所创作的画之间的不同，不仅是进行思考的能力不同，也是对色彩敏感度和处理技巧的不同。至于画的基本品质，区别确实更多依赖于影响关系感知的智力的性质而非其他——当然，理智思考与直接的敏感性不能区分，思想是更外在的方式与技巧相联系。

在艺术品创作过程中，任何忽视智力必要作用的想法都基于：思想与使用某种特殊的材料的确认、言语标记和词语。关于性质关系的有效思考有着对思考一样严格的要求，就同思考符号、语言、数学一样。确实，因为词语更容易用机械的方式处理，一件真正的艺术品的生产可能会要求更多智慧而非那些夸耀他们自己的“知识分子”所谓的思考。

在前几章中，我努力说明，审美不是从无入侵到经验中的，不管是通过徒劳的奢华还是超验的理想主义，但是属于每个正常、完全的经验特征的清晰、强烈的发展。我举这一事实当作美学理论建造在其上的唯一安全的基础。这些潜在事实的一些含义还有待进一步说明。

在英语中，我们没有一个词可以明确地包含“艺术的”和“审美的”这两词意味着什么。因为“艺术的”主要指生产的行为，

"审美的"指的是感知和享受，缺少一个术语来指明被放在一起的过程是不幸的。有时候，效果区分了两者，将艺术视为附加在美学材料之上的东西，或者将美学材料认为附加在艺术之上的东西，因为艺术是创作、感知和享受的过程，与创造行为没有相似之处。无论如何，一定的言语笨拙是存在的，因为我们被迫使用术语"审美的"来涵盖整个领域，有时候将它局限在接受整体操作的知觉方面。我引用这些明显的事实，初步尝试展示有意识经历的概念如何作为做和经受之间可感知的关系让我们明白这种联系：艺术作为产品，正如感知和欣赏作为享受，维持着彼此。

艺术表示做或造的过程。对于美的艺术和对于技术的艺术，这都是真的。艺术涉及铸模、凿大理石、浇铸铜器、刷颜色、建房子、唱歌、演奏乐器、在舞台表演角色、合着节拍跳舞。每一种艺术通过某种物质材料、身体或者身体之外的东西，使用或者不使用介入工具，做一些事情，从而生产出一些能够看到、听到或者可触摸的东西。活跃或者"做"艺术的过程是如此显著，以至于很多词典经常根据实施过程中的熟练的行动和能力给艺术下定义。《牛津词典》引用约翰·斯图尔特·穆勒的话："艺术是实施过程中对完美的努力。"而马修·阿诺德称艺术为"纯粹、无瑕的手艺"。

正如我们已经指出的，"审美"这个词指欣赏、感知、享受的经验。它暗含了消费者而非生产者的立场。它是嗜好、味道。正如烹饪，明显熟练的行动是在厨师这边，厨师需要准备，而味道则在消费者这一边。在园艺上，种植与耕种的园丁与欣赏成果的户主之间的区别也一样。

然而，这些例子以及存在在拥有一个经验的做和经受之间的关系，表明审美学和艺术学之间的差别不能被压迫着区分开来。在实施中的完美不能根据实施来衡量和定义，它暗示着感知和享受被实施的作品。厨师为消费者准备食物，在消费中发现衡量所准备的食物的价值标准。实施中纯粹的完美，独立地从自身的特点判断，也许通过机器而非人的艺术会更完美。通过它自己，它最多就是机械的，一些伟大的艺术家作为技术人员不是一流的塞尚就是一例，就像一些伟大的钢琴演奏家并不是在审美意义上伟大，就像萨金特不是一位伟大的画家一样。

归根结底，艺术若想具有“艺术美”就必须有“爱”，它必须深深地热爱能运用技巧在上面的主题。雕塑家会相当精确地想到那些半身像。区分半身像的照片与半身像所再现的人的照片也许很难。因为这些半身像在技巧上是如此令人惊叹。但是有人怀疑半身像的制作者是否与看他作品的那些人有一样的经验。要成为真正“艺术的”，作品必须具有审美的——也就是说，适合欣赏的接受性的感知。当然，不断的观察对于从事创作的制作者来说是必需的。但是如果他的感知在本质上不具有审美特点，它将是对他自己所做的苍白的、冷漠的认知，本质上成为机械过程中下一步的刺激物。

总之，艺术在形式上结合了关于做和经受之间的相同关系。关于出来的和进来的能量的关系，这样使得一个经验成为一个经验。因为去除所有对行为和接受的因素相互组织不起作用的事物，也因为选择对解读彼此有贡献的方面和特征，产品成了审美的艺术品。人类削、刻、唱、跳、做手势、铸模、绘画和上色。当感知的结果是当所感知的特性控制了生产问题本质时，做和造才具有艺术性。在直接感知经验中被欣赏的物品为意图的生产行为，拥有自发或者不受控制的活动所不具有的特性。艺术家在创作中把接受者的态度体现在自己身上。

为了说明，假设一个精心制作而成的作品，它的组织和比例在感知上都受到高度的称赞。被认为是某个原始民族的作品。但后来发现的证据证明它是偶然的、自然的产物。作为一个外在的事物，它现在和过去一样。然而，它却立刻不是一件艺术品了,变成了一件自然的“好奇心”。它现在属于自然历史博物馆，而非艺术博物馆。特别的是，这种形成的区分并非仅仅是一种智力上的区分。这种区分以直接的方式在鉴赏性的认知上形成。审美经验——在限制意义上——因此被视为天生与经验的形成相联系。

当眼和耳的感官满足成为审美时就是这样，因为它并不是独立存在，而是与活动的结果相联系。甚至是味觉的愉悦，对一位美食家而言和对于那些仅仅在吃时对于食物“喜欢”的人而言，在品质上也是不同的。差别并非仅仅是强度。美食家意识到比食物味道更多的东西，然而，作为直接经验进入味觉，依赖于参照其来源和与卓越标准相联系的生产方式的品质。由于产品必须吸收自己产品所感受的性质，并受它们的支配；因此，从另一方面来说，看、听、尝与所感知的活动性质的独特方式联系在一起，他们就成了审美的。

在所有的审美感受中都有一种激情的因素。然而，当我们完全被激情压倒时，如在极端的愤怒、恐惧、嫉妒时，经验肯定就是非审美的。在产生激情的活动的品质里，没有感知到的关系。因此，经验的材料缺少平衡和比例的元素。

因为，就像在行动中的优雅或高贵，仅仅当行动被靠行动支撑的关系的精致感知控制——它适合场合和环境，它们才会被呈现。

艺术的生产过程和感知中的审美有机结合——就像上帝在创世纪观察他的作品并发现它是好的一样。艺术家不断地制作再制作，直到艺术家在感知中满足了他在做的事情为止。当结果被体验为好的时候，制作就结束了——这种经验不是仅仅来自智力和外部的评价，而是来自直接中的感知。一个艺术家，与他的同行相比，不仅仅具有在执行上的特殊天赋，而且在于对事物性质的不寻常的敏锐。这种敏感也指导着他的做和制造。

当我们操作时，我们触摸、感觉；当我们观看时，我们就看到；当我们聆听时，我们就听到。手拿着蚀刻针或者毛笔移动。眼睛注视并报告所做的结果。因为这密切的联系，做事累积的而不是反复无常或者例行公事。在同情的美学艺术经验中，这种关系是如此密切以至于它同时控制做和经受。如果仅仅是手和眼的参与的话，如此重要密切的关系是不可能存在的。当它们两者不是作为整体的器官行动时，就会有感知和行动的机械后果，就像在自动行走时一样。当这种经验是审美的时候，手和眼仅仅是工具，通过手和眼，整个活的生物自始至终都主动积极地活动着。因此表现是情感的并且被目的引导。

因为做了什么和经受了什么的关系，在做之中存在直接的感觉，这是当它们归属在一起或者冲突时，当加强或者干涉时。做这一行为的结果正如所报道的那样，在感觉中呈现是否做了什么会将要实施的想法向前推或者标志着偏差和破裂。在经验形成过程中，通过参考这些立即感受的顺序和完成的关系来控制，这样经验在本质上就成了主要的审美。对于行动的冲动成了一种行动的冲动，这种冲动将导致一个满足于直接感知的对象。陶瓷工用黏土塑成一个可以盛谷物的碗，但他的制作在某种程度上受到了一系列制作动作的感知的控制，因此这个碗就具有长久的优雅和魅力。在画一幅画或者铸半身像的模时，大致情况是一样的，而且，在每个阶段，都有成为什么的预知。这个预知和下一步要做的以及它所为感知产生的结果联系在一起。做了什么和经受了什么因此相互作用，不断积累，持续不断地彼此互为工具。

做也许精力充沛，经受也许激烈并强烈。但是除非它们彼此联系在感知中形成一个整体，否则所做的事情不是完全审美的。例如，制作也许展示了技术性的精湛技巧，经受也许是一股情感或者遐想。如果艺术家在他制作过程中不能完善一个新的美景，那么他机械的行动就像是重复着他脑中蓝图一样的某一古老固定的模式。大量观察以及一种实施在感知艺术中创新性作品质量关系特征的智力，是创造性艺术作品的特征。这些关系不仅被看作关于一个与另一个，两个的，而且与正在建构的整体相联系。它们不仅在观察中，而且在想象中起作用。不相关的出现是受到令人分心的事物的诱惑，偏离主题是由于它们以丰富为幌子。有时候当主导思想变弱时，艺术家就无意识地移动来填补直到他的思想重新变强。一位艺术家的真正工作在做建立在做之中的连续性，以及在它发展中不断变化前进的经验。

当一个在纸上写下他已经清楚地构思好、连贯地排列好的想法时，真正的作品在之前就已经完成了。或者，他也许依赖于活动以及他的感性报告指导他完成作品的伟大的感受能力。改写动作本身在审美上就是无关紧要的，除了它在整体上进入了通向完成一个经验的构建中，即使这个构想在头脑中酝酿。因此，物质上私人的，在重要内容上是公众的，因为它是参照了可感知的，所以属于公共世界的艺术品处理而构想出的。否则，它就是心理错乱或者是遗失的梦。通过绘画感知风景的特性呈现出来的冲动是按铅笔或者毛笔的要求而持续进行的。没有外在的体现。一个经验就是不完整的，从生理和功能上，感官器官是运动器官，通过人体中而非解剖上的能量的分配相联系。“建造”“构建”“工作”不仅指一个过程，而且指完成的产物，这不是一种语言的巧合。没有这些动词的意义，那么名词的意义将是空白。

作家、作曲家、雕刻家，或者画家能够在创作过程中回顾他们之前已经做的事情。当他们在经受经验或者感受经验阶段没有满足，在某种程度上，他们会重新开始。但对建筑商而言，这种回顾不容易完成——这也许就是为什么有如此多丑陋的建筑的原因。在想法转变成一件完成感知的对象前，建筑师不得不完成他们的想法。不能在形成想法的同时形成它的客观实体是一个缺陷。然而，除非他们是在机械刻板地工作，他们也不得不根据实体的媒介和最终感知的对象构建他们的想法。也许中世纪教堂的审美在某种程度上是由于这样一个事实：当时的建筑太不像现在的建筑那样，是按照计划和预先制定的那样来控制的。计划随着建筑过程而变化。但是，甚至是密涅瓦式的产品，如果它是具有艺术美的，前提是先前的一个孕育期：投射到想象中的做和经受相互作用、彼此修正。每件艺术品都按照一个完整经验的计划和模式，将它变得更加强烈、更为集中。

对于接受者和欣赏者来说，像制作者那样理解做和经受的密切结合不那么容易。我们以为前者仅仅吸收完成了的形式，而非意识到这种吸收涉及与能创作者相提并论的活动。但是，接受性不是被动的。它也是由一系列反应性活动所组成，这些反应性活动积累下来朝着客观的方向实现。否则，就没有感知，只有认知。两者之间的不同是巨大的。认知是在有机会自由发展之前得受抑制的感知。在认知里，有感知行动的开端。但是这种开始不允许服务一个对所认知的事物的完全感知，它被限制在它服务某一目的上，就像我们在大街上认出一个人，是为了与他打招呼或者躲开他，而不是以看那里究竟有什么为目的而看他。

在认知中，我们就像依赖固有模式一样，回顾一些之前形成的图式。某一细节或者安排的细节作为线索被认出。在认知中，它足够应用这个单纯的轮廓作为一个模板来呈现事物。有时候，我们联系的不是一个人，也许仅仅是身体特征的一些痕迹，那些都是我们之前没有意识到的。我们意识到我们之前从不认识这个人，在任何可能包含的意义上。我们开始学习并“吸收”，感知取代了单纯的认知。有一种重建的行动，意识变得新鲜而有活力。这种看的行动涉及动力因素的合作，即使它们是暗含的、没有显露的，是与所有用于完成音符新图画的想法的合作。认识太容易而不能激发生动的意识。在新和老之间没有足够的抵抗来保证所拥有的经验的意识。即使是一只狗在看到它的主人回来时也会高兴地叫唤并摇着尾巴，也比一个仅仅满足于单纯的认识的人具有更充分的活力。

单纯的认识满足于贴上合适的标签，“合适”指服务于认知行为之外的另一个目的——比如推销员根据一个样品验证货物。它涉及没有激起有机体的兴奋，没有内在的骚动，但是一个认知行为通过扩散到整个有机体的波浪前进。因此，在感知中不存在看或者听的附加情感。感知的对象或者场景渗透了情感。当被唤醒的情感没有弥漫被感知或者思考的物质时，它要么是初步的，要么是病态的。

经验的审美或者经受阶段是可接受的。它涉及服从。但是充分的自我退让可能仅仅通过强烈的控制活动。我们与周围世界有许多接触，我们退让，有时候是出于害怕，只有不恰当地消耗我们储存的能量；有时候在认识的情况下来自对其他事物的关注。认知是一种消耗能量以求接受的行为，而不是存储能量。要想使自己踏入一个题材中，我们首先必须投入其中。当我们仅仅是被动地看景观时，它压倒了我们，因为缺乏回答的活动，我们不感知那些压倒我们的事物。为了吸收它，我们必须召唤能量，然后像把它定在确定响应的状态。

每个人都知道它需要训练才会通过显微镜或者望远镜观察，才能像地质学家那样观察地形。审美感知是闲暇之事的想法是我们的艺术落后的原因。眼睛和视觉器官也许完整，对象也许是物理存在，诸如巴黎圣母院和伦勃朗的《亨德里克·施特夫尔的肖像》。在某种纯粹意义上，后者也许被看见。它们被看到，也许被认识，还被贴上了正确的名字。但是由于缺乏与整体有机体和对象的持续相互作用，它们不能被感知，当然也就不具有审美。一群游客在导游的带领下走过画廊，注意力在这里那里的某个高点上，不能被感知。只有偶尔，为了题材本身的兴趣去看一幅画才能生动地实现。

为了感知，观看者必须创造自己特有的经验。而且他的创造必须包括与那些原始生产者经历的经验相类似的关系。在字面意义上它们不是一样的。但是，对于感知者，正像对艺术家一样，这必须是整体的有秩序组织的，尽管不是在细节上，而是在形式上，与作品创作者的有意识的经历的组织过程一样。艺术家的选择、简化、清晰化、省略与浓缩都是根据他自己的兴趣。观察者必须按他的观点和兴趣去经历这些工序。这两者的发生，一种是抽象的动作，一种是从有意义的事物中提取的动作。这两者在字面意义的理解也就是：细节和犹记得分散到经验整体的特点的集合。无论从感知者还是艺术家的角度，都有要做的工作。太懒、太无所事事的或者拘泥于惯例的人，不会看到或者听到。他的“欣赏”将会是知识碎片和遵守通常欣赏惯例的标准，即使是真实的，也混杂着情感的兴奋。

所呈现的想法暗示两者相通又不相同，因为在包含意义上具体强调经验和审美经验。前者具有审美品质，否则它的材料将不会变得丰满成为连续的经验。不可能将充满活力的经验从彼此中划分为实践的、情感的和智力的，也不可能为每个性质设置相对的特点。在情感阶段将各部分结合在一起成为单个的整体：“智力的”只是简单地表明经验是有意义的事实；“实践的”表明有机体与它周围的事件和对象相互作用。当不同的成分构成完整的经验时，最详细的哲学或者科学的询问以及最有雄心的企业或者政治事业都有这种审美品质。因为那是它的不同部分与其他部分紧密相连，而不仅仅是一个接着一个。部分通过它们经验的联系向圆满和结束前进，而不仅仅是时间上的停止。而且，这个圆满不是在意识中等待整个将被完成的活动。它是全部的期待，不断地添加特别强烈的味道。

然而，因为激发和控制它们的兴趣和目的，讨论中的经验主要是智力的或者实践的，而非独特的审美的。在一个智力经验中，结论有着自身的价值。它可以作为一个公式或者一个“真理”被提取，作为因素在独立的整体中被使用，在询问中作为指导。一件艺术品没有单一的自给自足的沉淀物。结尾和终点的重要意义不是它本身，而是作为各部分的结合。它没有其他的存在。一部戏剧或者一本小说的重要意义不是最后一句话，即使人物被处理为最终过上幸福的生活。在一个独特的审美经验中，那些屈从于其他经验的特点是最重要的，那些从属的变成控制的——也就是说，依靠这些特点经验自身是一个完整的、复杂的经验。

因为动态的组织在每个完整的经验里都有形式，我称之为“动态的组织”，因为它需要时间来完成，因为它是一个成长过程：有开端、发展、完成。材料通过与构成创作者先前经验的结果所形成的生命组织相互作用，被摄取和吸收。孵化继续直到所构想的被呈现出来，得到可见的，作为共同世界的一部分。一个审美经验聚集到一刻，只有当一个先前长久存在的过程到了一个突出的能够横扫一切、进入使人忘记一切的运动阶段。使经验成为审美经验的独特在于将抵制和紧张、将它们自身的倾向分离的兴奋，转化为一种朝着一个包容一切而又完善的结局运动。

经验像呼吸一样有节奏地一呼一吸。它们的连续性被打破，由于间隙的存在有了节奏，一个阶段停止，另一个开始和准备。威廉·詹姆斯巧妙地把这个有意识经验的过程比作一只鸟的飞翔和栖息。飞翔和栖息彼此密切联系，它们不是许多不规则的跳跃后的不规则的停息。在经验里，每个休息的地方是一次经受，在其中吸收和掌握先前所做的结果。而且，除非做事时过于怪异或太过日常，每次活动都承载着自身的已经被提取和保留的意义。随着军队的前进，所有已经征服的都得到周期性巩固，并将眼光放至下一步将要做的事情。如果我们前进太快，我们就会远离供给基地——所积累的意义，经验就会变得混乱、单薄和困惑。如果我们在获得一个纯价值之后磨蹭太久，经验就会空虚而死。

整体的形式因此呈现在每个成员身上。实现，即臻于圆满是不断的功能，而不仅仅是结束，仅仅处在一个地方。一个雕刻家、一位画家或者一位作家处在完成他作品的每个阶段的过程中。他必须时刻保持并总结已经做的，作为一个整体以及参照要成为的整体。否则，在他的系列性动作中就没有连续性，没有保证。一系列活动在有节奏的经验中赋予多样性和运动，他们使得作品免除单调和无意义的重复。经受的是节奏中响应的元素，它们提供统一，它们使得作品免受一系列的单纯为兴奋的无目的意义。当这些决定一切被称为经验的因素被高高举起超越感知的门槛，这些因素为自身的原因变得显著时，一个对象是特别的、重要的、审美的，屈服于享受审美感知的特性。

第四章

表现行为

每一种经验，无论微不足道还是意义非凡，都始于一种推动力，而不是作为一种推动力。我说的是“推动力”而不是“冲动”。“冲动”是专门的和特殊的；即使在本能的情况下，它只是机制中涉及更完整的环境适应的一部分。“推动力”指的是整个有机体的向外和向前运动，在此过程中，特殊的冲动是辅助的。正是生物对食物的渴望，与舌头和嘴唇在吞咽过程中的反应不同；而身体作为一个整体转向光，如植物的向阳性，也不同于眼睛所看见的某一个特定的光。

因为它是整个有机体的运动，推动力是任何完整经验初始阶段。对儿童的有关观察发现了许多专门的反应。因此，它们并不开始于完整的经历，只有当它们作为丝线被编织入整个自我发挥作用的活动中，它们才能成为完整的经历。忽视这些普遍的活动，只注意其差异性和劳动分工，会使其更有效率，这几乎是经验解释所有进一步错误的根源和原因。

推动力是完整经历的开始，因为它们从需要出发；从属于作为一个整体的有机体的饥饿和需求出发，只能通过与环境建立一定的关系（主动的关系、相互作用）而得到供给。表皮只是以最肤浅的方式表明有机体在哪里结束及其环境开始于何处。身体内部有东西是外来的，身体之外也是有东西存在的，这些东西如果不是实际的，也是在法律上属于它；也就是说，如果要继续生活，那该东西就必须被占有。从较低的规模上来看，空气和食品材料是这样的东西； 从更高的层次来看，无论笔者的笔，铁匠的砧、器具、家具、财产、朋友和机构、支持和维持，要是没有以上这些，文明的生活是不可能存在的。这种需要在紧急的推动力下是显而易见的，通过环境而独自完成的推动力能够得到满足，是一种对自我完全依赖于周围环境的动态确认。

然而，这是一种生物的命运，要是在世界上没有冒险，它就无法获得属于它的东西。作为一个整体，它没有自己的拥有权，也没有所有权。每当有机体冲动超过身体的极限，它就会发现自己处于一个陌生的世界，并在某种程度上承担了自身对外部环境的命运。它不能选择它想要什么，并自动地造成了漠不关心和不利的后果。如果有机体持续发展，它就能起到帮助的作用，就像顺风能帮助跑步者。但是，这种推动力在向外发展的过程中会遇到许多偏离和反对的东西。在将这些障碍和中立的条件转化为有利的机构的过程中，生物意识到其推动力所隐含的意图。无论是成功还是失败，自我不仅仅是恢复原来的状态。盲目的波动已经变成了一种目的；本能的倾向转变成人为的事业。自我的态度被赋予了意义。

总是随处可见的与我们的推动力强制执行相称的环境将会设定一个增长期限，就像一个永远是敌对的人将会被刺激和消灭。永远推动它前进的推动力将轻率行事，和死亡的情绪一道运行它的过程。它不需要就其遇到的事情做出自己的叙述，因此，它们不会成为重要的对象。只有通过所克服的障碍和所应用的手段，才能意识到它的本质和目标；抑或从一开始就只是一种冲动，在平坦润滑的道路上，推动力有太多的方式允许其意识存在。如果没有外界的阻力，自我也不会意识到自己；它既没有感觉也没有兴趣，既不害怕也不希望，既不失望也不高兴。单纯的对立和完全阻碍，产生了刺激和愤怒。但呼唤思想的抵抗产生好奇心和热情的关怀，并且当它被克服和利用时，而产生喜悦。

那些仅仅阻碍孩子和缺乏相关经验成熟背景的人，是一种对智力和计划的激励，并将情感转换为兴趣；就那些以前有过此情况经验的人而言，足够接近于被吸引。来自需要的推动力开始一个不知道去向的经历； 抵制和检查将直接向前行动转化为反思； 根据以往经验，置之不理的内容是阻碍条件与自我作为营运资本之间的关系。由于所涉及的能量重新强化了原始的推动力，所以这能更加小心翼翼地了解其结果和方法。这就是每个有着意义的经验的轮廓。

这种紧张呼唤着能量，完全没有对立不利于正常发展，这是大家所熟悉的事实。一般来说，我们都认识到，如果不利条件与其阻碍因素不是任意和无关的，而是存在着内在关系，那么进一步推动和缓和条件之间的平衡是理想的状态。然而，引发的不仅仅是量化，也不是更多的能量，而是定性的，是通过从过去经验的背景中吸收意义，将能量转化为周到的行动。新旧的交替不仅仅是力量的组合，而是现有的推动力得到形式和可靠性的一种重新创造，而旧的“已存储”的材料在字面上恢复了，通过不得不接受新的情况而被赋予了新的生命和灵魂。

正是这种双重变化，将一项活动转化为一种表达行为。在此环境中的东西，原本只是光滑的渠道或其他盲目的障碍，如今变成手段和媒介。与此同时，从过去的经验中保留的东西，由于缺乏使用而形成惰性，由于成为例行公事而变得陈旧，成为新冒险的系数，并带来新鲜的意义。以下是定义表达式所需的所有元素。如果所提及的特征因与其他情况相反而明确，定义将会获得力量。并不是所有的外向活动都是表达本质的。在一个极端情况下，有激情的暴风雨打破了障碍，扫除了一个人和他将毁灭的东西之间的任何干预。有一个行动，但是从行动者的立场看，没有表达。旁观者可能会说：“多么壮观的愤怒表达方式！” 但愤怒的存在只是愤怒，与表达愤怒很不相同。或者，还有观众可能会说：“那个男人在做什么或说什么来表现出自己的主导性格。”讨论中的那个男人正在考虑的最后一件事是如何表达他的性格；他只不过是屈服于瞬间的激情而已。同样，婴儿的哭声或微笑可能是对母亲或护士的表达，但不是一个婴儿的表达行为。对于旁观者来说，这是一个表达，因为它讲述了孩子的状态。但是，孩子只是直接做某事，从他的立场上来看，和呼吸或打喷嚏等对婴儿状态观察者表现出来的活动一样。

这种情况的概括将保护我们免受不幸的入侵美学理论的错

误 。该理论假设仅仅是让步于天生的或习惯性的推动力，构成了表达。这样的行为本身并未表现出来，只是在一些观察者的反思性解释中，正如护士可能会将打喷嚏解释为即将发生感冒的迹象。就行为本身而言，如果纯粹是冲动的，那它只是发泄而已。如果没有表达，除非有外在的冲动，在它能成为一种表达行为之前，涌出的内容必须通过考虑自身的先验经验的价值而被澄清和整理。而这些价值观并没有通过环境对象的方式进行播放、保存，而是抵制情绪和冲动的直接释放。情绪释放是必需的，但不是表达的充分条件。

要是没有兴奋，没有骚动，就没有表达。然而，一阵笑声或哭泣瞬间所释放的内心激动，一言不发地消失了。释放就是要摆脱、排解； 表达则是要守在一边，继续发展，努力达到完满。眼泪的涌出可能带来缓解，一通破坏可能会发泄内心的愤怒。但是，没有客观条件的管理，没有为了体现兴奋的兴趣的塑造材料，就没有表达。有时被称为自我表现的行为，可能被称为自我暴露会更好；对别人而言，它揭示了人物性格——或缺乏个性。就其本身，它只是一个喷涌而已。

从外部观察者的角度来说，从一种具有表现力的行为过渡到一个内在表现力的行为，可以通过一个简单的例子来说明。起初，一个婴儿哭泣，正如他转过头来追光； 有内心的冲动，但没有什么可表达的。随着婴儿的成熟，他了解到特定的行为会产生不同的后果，例如，如果他哭了，他会得到关注，而微笑则会从他周围的人那里引发另一种明确的反应。因此他开始意识到他所做的事情的意义。当他掌握一个行为的意义时，起初从纯粹的内部压力开始，他变得有能力表达真实的表达行为。声音，如婴儿咿咿呀呀的学语声，转化为语言，是该方式的完美例证，通过此方式，表达的行为已经存在。它们之间的区别，也仅仅是释放的行为。

在这种情况下，即便没有完全示例，表达与艺术有联系也被人们提到过。这个孩子一旦懂得了他曾经自发的行为对他周围的人的影响，就会表现出“故意”的行为，这是一种盲目的行为。他开始根据其后果管理和命令他的活动。因为做事情而产生的后果是作为后续行为的意义而被纳入的，因为做和经受之间的关系是被感知的。孩子现在可以为了目的而哭泣，因为他要得到注意或安慰。他可能会开始把自己的笑容当作诱惑或恩惠。现在是艺术的初期。一种自然的——自发的和无意的——而非有意图的活动，它是作为自觉娱乐结果的手段而被改造了。这种改造是每一个艺术行为的标志，改造的结果可能是艺术的而不是美学的。奉承的微笑和问候常常是欺骗。但真正亲切的欢迎行为也包含了一种态度的改变，这种态度曾经是一种推动力，是盲目的、“自然”的表现，而变成为一种艺术行为，是指在亲密的人际交往过程中，由于它的位置或关系而表现出来的东西。

人工、巧妙和艺术之间的区别在于表面。在前者中，在明显地做了和打算做之间有着分歧。外表是诚恳的；目的是获得青睐。无论明显地做了和打算做之间的分歧在什么地方，不诚实的伎俩和行为上的模拟在本质上具有另一影响。当自然的与人工的行为融合在一起时，社会交往行为就是艺术作品。友善的友谊和完成的行为的推动力完全一致，没有不可告人的目的。尴尬可能会妨碍表达的充分性。但熟练的假装，无论多么熟练，都要经过表现形式；它没有友谊的形式，不能安住其中。友谊的实质是不变的。

释放或纯粹展示的行为缺乏媒介。本能的哭泣和微笑如同打喷嚏和眨眼一样不需要媒介。它们通过某种渠道发生，但是释放的手段不被用作结束的内在手段。表达欢迎的行为使用微笑，伸出手，面部呈现高兴的情绪作为媒介，这不是有意识的，而是因为它们成为人们与有价值的朋友会面的交流乐趣的有机手段、原始自发的行为被转化为使人类交往更加丰富和亲切的手段—— 就像画家将色彩转化为表达想象力经验的手段一样。舞蹈和体育运动是一度在分离中自发进行的活动，在分离过程中，由原材料、粗材料组装而成，成为表现艺术的作品。只有材料被用作媒介才有表达和艺术。对外部人士的野蛮禁忌只不过是对那些经历了用来表达社会地位、尊严和荣誉的外界人士的媒介。当材料作为媒介时，一切都取决于它被使用的方式。

媒介与表达行为之间的联系是固有的。表达的行为总是使用天然材料，尽管它在习惯性以及原始或原生的意义上可能是自然的。鉴于其地位和作用，在其关系中具有包容性的情况，它成为一种媒介。当在音调旋律中排序时，音调成为音乐。与喜悦、惊喜或悲伤的态度相关时，可能会发出相同的音调，并且是特殊感觉的自然释放。当其他音调是其中一种音色的媒介时，它们表现了其中的一种情绪。

在词源上，表达的行为是一种挤压、一种压制。当葡萄在葡萄酒压榨机中被压碎时，果汁被挤出；打个更平淡的比方，当猪的脂肪受到热和压力时，就会变成猪油。除了来自原始的原料或天然材料外，没有任何东西被压制。但同样的道理，仅仅原材料的产生或排放不是表达。通过与其外部的东西的相互作用，在葡萄酒压榨机，或人的脚踏的作用下果汁产生。果皮和种子被分离并保留；只有当设备出现故障时，它们才会释放。即使在最机械的表达模式中，相对于实际压制的原始材料，作为艺术品的原始材料也存在相互作用和随后的变换。葡萄酒压榨机和葡萄酒都要榨出果汁，环境和抵抗对象以及内在的情感和推动力，构成了情感的表达。

谈到诗歌的制作，塞缪尔·亚历山大说："艺术家的作品不是来自艺术作品对应的完整的想象力，而是来自对主题的激情的兴奋。诗人的诗来自激发他兴奋的主题。"对于这段话，我们可以发表四点评论。其中一个评论可以视为对前几章一个观点的强化。真正的艺术作品是在有机环境条件和能量的相互作用中建立一个完整的体验。更接近我们现在的主题是第二点：表达的东西来自生产者应用客观事物对自然的冲动和倾向的压力——到目前为止，表现都被视为后者的直接和完美的问题。第三个评论如下：构成艺术品的表达行为是及时的建构，而不是瞬时的释放。这个观点远比花时间让画家传递他富有想象力的概念去游说和让雕塑家来完成凿大理石更有意义。这就意味着，构成艺术作品的媒介的自我表达本身，就是与自我发展的客观条件的长期相互作用，这两者是其在第一阶段没有获得形式和秩序的过程。即使是全能的上帝花了七天的时间来创造天地，如果记录完整，我们也应该知道，只有在这段时间结束时，他才知道面对混乱的原料时，他用原料做了什么。只有一个被阉割的、主观的、形而上学不用任何未成形的事物来处理，将创世纪的雄辩神话转化为创作者的观念。

第四点评论是：当对主题的兴奋深入时，它激起了来自以前的经验态度和意义的存储。当它们被激活到活动中时，它们变成有意识的思想和情感，成了情感化的图像。被一个念头或场景点燃，会受到鼓舞。点燃的东西必须自己烧掉，化为灰烬，或者把它们从原料中压榨成精制产品。许多人不快乐，内心受到折磨，因为他没有任何艺术表现力。在更快乐的条件下，可以使用什么来将客观材料转化为具有激烈和清晰经验的材料，在不公正的动荡之中沸腾，在痛苦的内部破坏之后终于逐渐消失。

由于亲密接触和互相抵抗而经受燃烧的材料构成了灵感。在自我方面，从以前的经验中发现的元素在新的欲望、推动力和形象中被激化为行动。这些从潜意识开始，不是被识别为过去的冷的细节或形状中，也不是在块和肿块中，而是融合在内部骚动的大火中。它们似乎并不是来自自我，而是来自一个不自觉的自我。因此，通过一个神话，灵感归功于神，或是归于缪斯。不过，灵感是初期的。本身一开始，它仍然是迟钝的。燃烧着的内部材料必须得到客体的燃料的补充。通过燃料与燃烧着的材料的相互作用，精炼和成型的产品才存在。表达的行为不是附加在已经完成的超越灵感的东西之上。它是通过感知和意象的客观材料来推动灵感的完成。

只有在被扔进动乱中时，推动力才能产生表达。除非有压力，否则没有提前表达。动乱标志着内在冲动实际上或在观念上与环境接触的地方，它们遇到并形成发酵的地方。战争舞蹈和野蛮人在收获时的舞蹈不会从内部发出，除非有即将发生的敌对袭击或作物要收割。为了激发不可或缺的兴奋，必须有一些重大的事情，一些重大而不确定的事情，如战斗的结果或收获的前景。一个确定的事情不会引起我们的情绪。因此，不仅仅是已表达的兴奋，而是关于某事兴奋；因此，即使只是兴奋，缺乏完全的恐慌，将会利用先前处理对象活动所采用的行为和渠道。因此，就像演员的动作，自动通过他的角色来模仿表达。即使是一个不确定的不安在歌曲或哑剧中寻求释放出口，也要努力得到清楚的表达。*

关于表达行为性质的错误观点几乎都是源于这样一种观念，即只有当对外部材料产生影响时，情绪才会完成。但事实上，无论在实际上或在观念上，一种情感是来自客观的某物，或与

---

* 在拉塞尔斯·艾伯克龙比先生有趣的“诗歌理论”中，他在两种观点之间摇摆不定。其中一个观点在我看来是正确的解释。在这首诗中，灵感“完全和精致地定义了自己”。在其他时候，他说灵感就是这首诗，“独立的、自给自足、完整的整体”。他说：“每一个灵感最初都不能像语言一样存在。”无疑是这样的；甚至三角函数不是像语言一样存在。但是，如果已经是自给自足的和独立的，为什么要寻找语言作为表达的媒介？

之有关。一种情绪涉及一个情况，其中的问题是悬念，在情感中被感动的自我是至关重要的。情形令人沮丧、威胁、不能容忍，或是胜利的。如果不是自我与客观状况相互渗透，一个人对自己所认同的群体所获得的胜利不会感到喜悦，也不会对朋友的死亡感到遗憾。

后一个事实在艺术作品的个性化方面尤其重要。有一个观点认为，表达是情绪的直接排放，其本身在逻辑上就蕴含着个性化是虚构的和外在的。因为，根据此观点，恐惧是恐惧，兴奋是兴奋，爱是爱，每个都是通用的，内在的差异只是强度的差异。这个想法是否正确，艺术作品必然属于某些类型。这种观点感染了批评，但并不是为了帮助理解具体的艺术作品。除了名义上，没有像恐惧、憎恨、爱情这样的情感。经历了事件和情境的独特的、不可复制的人物与被诱发的情感相渗透。如果言语的功能是复制它所引用的，我们永远不会说恐惧，而只会担心这个迎面而来的汽车，及其所有时间与空间的具体性，或恐惧从此类数据中，在指定情况下得出一个错误的结论。一生的时间太短，无法用语言来复制单一的情感。然而，在现实中，诗人和小说家甚至比心理学专家在处理情绪方面都有巨大的优势。因为前者建立了具体的情况，让它引起情绪反应。而不是以智力和象征意义来描述情感，艺术家“做这种行为就会滋生”情感。

这种艺术具有选择性，这是一个普遍认可的事实。这是因为情感在表达行为中的作用。任何预先主导的情绪都会自动排除所有与此不相称的情绪。情感比任何有挑战性的标记更有效。

它触及了触手可及的触角，因为那些滋养情绪的东西促使其完成。只有当情感死亡或破碎成碎片时，外来物质才能进入意识。在一系列持续的行为中，由一种发展中的情感如此有力地运用了材料的选择性操作。这些行为从许多物体中提取物质，在数值上和空间上进行分离，并于浓缩物体中所抽象的东西，这些物体是属于它们所有的值的缩影。这个功能创造了艺术作品的“普遍性”。

如果考察某些艺术作品之所以冒犯我们，那么我们可能会发现原因在于没有任何一种情感指导所展示材料的选择和组装。我们得出的印象是艺术家如小说的作者一样，正在试图通过意识来调节所激发的情绪的性质。我们感到愤怒，因为他正在操纵材料以确保事先决定的效果。品种如此不可或缺，作品是由一些外部力量组合在一起的。零件的运动和结论揭示没有逻辑的必要性。不是主题，作者才是仲裁者。

在阅读一本小说时，即使是由专业写手撰写的小说，人们也可能早早感受到故事中的男主角或女主角是注定的，不是由在情境和角色中固有的东西所注定，而是通过把角色塑造成木偶，提出自己珍爱的作者的想法所决定。不是因为它是痛苦的，而令人有痛心的感觉，而是因为它让我们所感觉到的东西来自主题运动之外的东西。一个作品可能会更加悲惨，并让我们感到满足而不是刺激。我们勉强接受此结论，因为我们觉得所描述主题的运动是固有的。事件是悲剧性的，但这种重大事件发生的世界并不是一个任意和强加的世界。作者的情感，和它在我们中引起的情感，是由这个世界的场景引起的，它们与主题相融合。同样的原因，如果它被一种控制物质的真诚情感维系时，我们审美上接受任何数量的道德内容，我们被文学中的道德设计入侵抵消。一团怜悯或愤怒的白色火焰可能会找到供养它的物质，它可能融合一切并组成一个重要的整体。

正因为情感对产生艺术作品的表达行为来说是必不可少的，错误地理解其操作模式很容易导致不准确的分析，并得出这样的结论：艺术作品对其重要内容有情绪。人们可以快乐地哭泣，甚至在看到一个长期分离的朋友时哭泣。这个结果，除了对旁观者以外，不是一个有表现力的对象。但是，如果情绪导致人们收集与之有联系的情绪的材料时，可能会产生一首诗。在直接爆发中，客观情况是情绪的刺激、起因。在诗歌中，客观的材料成为情感的内容和物质，而不仅仅是其唤起的场合。

在发展表现力的行为过程中，情绪就像磁铁一样吸引着合适的材料：因为它对已经移动的心态有着情感上的亲和力。材料的选择和组织是一种功能，也是对已体验的情感质量的一种检验。在看戏剧、看一幅画，或读一本小说时，我们可以感受到角色不一致。创作者既没有感情色彩的体验，也没有最初的感觉，它没有持续下去，一连串不相关的情绪支配着工作。在后一种情况下，注意力波动和转移，随之而来的是不一致的部分。敏感的观察者或读者能够察觉到联结的缝隙，以及随意填补的窟窿。是的，情绪必须运作。但它的作用是影响运动的连续性、品种的单一性。它是物质的选择，是秩序和排列的指示。但这不是所表达的内容。要是没有情感，也许可能有技艺，但没有艺术；艺术可能存在并且很强烈，但如果直接表现出来，结果也不是艺术。

还有许多作品充满了情感。关于情感的一种表现理论是它的表达不会超载，情感越强烈，“表达”就越有效。事实上，一个被情绪压倒的人无法表达它。至少在华兹华斯的“情感在平静中回忆”的公式中有这个真理的要素。当一个人被情绪掌控之后，就有太多的经历（用已经描述过的经验的语言），而且积极的反应太少，以致平衡的关系被打破。太多的“本质”，允许艺术的发展。例如，凡·高的许多绘画有激起共鸣的力量。但随着这力量，由于断言控制的缺失，有一种爆发力。在极端情绪的情况下，它是无序的，而不是有序的材料。情绪不足表现在冷冰冰的“正确”的产品中。过度的情绪阻碍了零件的必要阐述和定义。

非常贴切的字眼，正确事件发生在正确的地方，比例精致和精确的语气、色彩和明暗的测定，有助于统一整体。虽然它定义了一个部分，但它是由情感完成的。然而，并非每一种情绪都能完成这项工作，只有人们被告知被掌握和收集来的材料时，才能做到这一点。情绪被间接地用于寻找材料和发布命令时，而不是在直接消费时，情绪才被告知并结转。

艺术作品经常向我们展现出一种自发性的气质，一种抒情的品质，就好像是鸟儿没有预感的歌曲。但是，无论幸运还是不幸，人不是一只鸟。人类最自发的爆发，如果有表现力，不是暂时的内部压力溢出。艺术中自发的是在新鲜的主题中完全吸收，其新鲜性被保持、情感被维持。物质的平淡和计算的压制是表达自发性的两个敌人。反思，即使是漫长而艰辛的反思，可能一直在关注物质的产生。但是，如果这个问题已经被视为目前的经验，那么一个表达将会表现出自发性。一首诗或剧不可避免的自我运动与任何数量的先前劳动是相符的，只要这种劳动的结果与新鲜的情感完全融合。济慈诗意地谈到了达成艺术表达的方式，他这样说："在它达到那种颤抖、微妙和蜗牛触角般的美丽感觉前，无数的组成和分解发生在智力及其大量的材料之间。"

我们每个人都把自己融入有价值东西和包含在过去的经验的意义中。但我们在不同程度和不同水平的人格中这样做。有些东西陷得很深，有些则留在表面，很容易被移位。老诗人传统上祈求于掌管记忆的缪斯女神，这是作为完全脱离外界的东西，而不在现在的意识自我之外。召唤是对最深的谎言的力量致敬，决定了现在的自我和它必须说的内容的力量。因此，意识之下最远的地方在决定现在的自我和必须说的内容。我们忘记或陷入昏迷的内容只不过是陌生的和不愉快的事情，这是不正确的。更为真实的是，我们最完全地成为我们自己的一部分，我们已经同化为我们的人格，而不仅仅是作为事件而保留，不再是一个单独的意识存在。有些场合，不管它是什么，都会激起已经形成的人格。然后是表达的需要。所表达的东西既不是过去已经发挥了它们的塑造作用的事件，也不是实际存在的场合。在其自发性的程度上，它将是现在存在的特征与过去经验在人格中的价值的亲密结合。直接性和个性，这些标志着具体存在的特征，来自现在的场合；意义、实质、内容，这些在自我中嵌入的东西，来自过去。

基于对现有客观场合的未知和未成形的回应，我认为就连小孩的唱歌跳舞也不可以完全地解释。显然，现在必须有一些东西去唤起幸福。但是，只有当它有一个从过去的经验中存储的东西，和现在的条件概括的东西存在一致性，行为才有表现力。在表达孩子的幸福时，过去的价值观和现在的事件的结合很容易发生； 几乎没有障碍要克服，很少有伤口要愈合，很少有冲突要解决。相比于更成熟的人，情形恰恰相反。相应地，完全一致的实现是罕见的，但当它发生时，它是更深层次的，意义上更完整。然后，即使经过长时间的孵育和先前的劳动后，最终的表达可能以韵律化的语言或快乐童年的有节奏的运动的自发性而出现。

凡·高在给他弟弟的一封信中写道："情绪有时如此强烈，以至于一个人在不知道情绪起作用的情况下发生作用，笔画就像一个文字或信件中的一些序列和一致性。"然而，这种情感的充实和话语的自发性，只有那些沉浸在客观情境中的人才会出现；那些长期以来一直被吸收到相关材料的观察者，和那些长期以来他们的想象力被占据以重新构建他们所看到和听到的东西。否则，状态更像是一种狂暴，有生命意识和幻觉的狂热之一，有序生产意识是主观的和幻觉的。即使火山爆发也预示着一段很长时间的预先压缩，如果火山喷发出熔岩，而不仅仅是岩石和灰烬，那意味着原材料的转变。“自发性”是长时间活动的结果，否则它是如此的空虚而不是表达的行为。

威廉·詹姆斯所写的关于宗教经历有可能适用于表达行为的起源。“一个人有意识的机智和意志将瞄准一些只是朦胧而不精确的想象的东西。然而，一直以来，在他内部有机催熟的力量正在按照预先设计朝着结果发展，他有意识的条件让他们放下潜意识的盟友，以他们的方式努力重新定位，所有这些更深层次的力量所趋向的重新定位是肯定的，肯定与他有意识的构想和决定绝对不同。因此，他的自愿努力倾向于真正的方向，实际上可能会受到干扰（尽管被堵塞）。”因此，正如他补充说的那样：“当新的能量中心已经潜意识地被孵化，只要准备好开花，‘放手’是我们唯一的话，它必须毫不费力地独立爆发出来。”

很难找到或更好地描述自发性表达的本质。压力先于葡萄酒压榨机的汁液喷涌而出。只有当先前工作已完成，才能形成正确的门，好让新思想可找一入口，新思想从容而迅速地到达意识。潜意识的成熟是人类努力于每一行业的创意生产。“机智与意志”本身的直接努力从未产生任何非机械的东西，它们的功能是必要的，但它的松散的盟友存在其范围之外。在不同的时刻，我们亲身体验不同的东西。我们觉得，就意识而言，我们娱乐的目的是独立的，是适合其场合的；我们表演不同的动作，每一个都有自己独特的结果。然而，当它们都从一个生物出发时，它们某种程度上被束缚在意图之下。它们一起工作，终于要产生东西了，尽管是有意识的个性，当然也不是因为其深思熟虑的意志。当耐心完成了完美的工作后，人类就被适其的缪斯所占有，并像上帝所吩咐的那样说话和唱歌。

传统意义上被认为不同于艺术家的人，如“思想者”、科学家，他们不是以有意识的机智和意志去运作，就像人们普遍认为的那样。他们也向有些结局朦胧方向施压和进行不准确的预见，当他们被他们观察和反思的光环吸引时，他们摸索自己的方式。只有分离出实际的东西的心理学持有此观点，科学家和哲学家认为诗人和画家追随自己的感觉。在这两方面，在相同程度上，他们具有可比性的程度，有情感化的思维，有感觉的物质构成赞赏的意思或想法。正如我已经说过的，唯一重要的区别就是情感化想象力所依附的材料。那些被称为艺术家的人的主题是直接经验的东西的品质；“知识分子”的询问者通过代表品质的符号媒介来消除这些特质，但是即使存在也并不重要。就思想和情感的技巧而言，最终的区别是巨大的。但就情感化思想和潜意识成熟的依赖性而言，没有任何区别。就颜色、色调、图像方面而言，直接思维是一种不同于文字思维的技巧操作。但只有迷信才会持有此观点，因为绘画和交响乐的意义不能翻译成文字，也不能把诗译成散文，因此思想为后者所垄断。如果所有的意思都能用语言表达出来，那么绘画和音乐就不存在了。有些价值和意义只能通过立即可见和可听见的特征来表达，而要问它们在某种意义上所表达的意思，可以用语言表达的东西就是否定它们的独特存在。

不同的人在有意识的智慧和意志参与程度上有所不同，这将变成他们的表达方式。美国作家埃德加·爱伦·坡留下了一个表达过程的描述：它是由那些深思熟虑的头脑所从事的。当他在写《乌鸦》时，他讲述了所发生的事情，并且说："公众很少被允许在摇摆不定的舞台布景背后窥视在最后一刻被抓获的真正目的。轮盘和小齿轮，用于场景移动的滑车，陡峭的梯子和恶魔陷阱，红色的漆和黑色的补丁，在百分之九十九的案例中，这些构成了文学史的财产。"

不必过于重视埃德加·爱伦·坡所说的数字定额。但他所说的话实质上是对一个清醒事实的生动描述。需要对经验的原始的原材料进行重新修改，以确保艺术的表达。通常情况下，这种需求在"灵感"的情况下比在其他情况下更大。在这个过程中，由原始材料激发的情感被修改以适用于新材料。这个事实给我们提供了美学情感本质的线索。

对于形成艺术作品的物质材料，每个人都知道必须经历变革。大理石必须被雕琢；颜料必须放在画布上；语言必须放在一起。在"内在"材料、图像、观察、记忆和情绪方面，人们并未普遍认识到类似的转变的发生。它们也逐渐被重新塑形；它们也必须被管理。这种修改是建立一个真正表现力的行为。要求说话的冲动的推动力，必须经过尽可能多的细心管理，才能如大理石或颜料、颜色和声音一样得到逼真的表现。事实上也没有这两个操作：一个在外部材料上处理，另一个在内部和心理上处理。

作品是艺术性的，在某种程度上，两种变换功能受单一操作的影响。当画家将颜料放在画布上，或者想象它放在那里时，他的想法和感觉也被命令。当作家在语言媒介中写下他想说的话，他的想法呈现出他感觉到的形式。

雕塑家设想他的雕像，不仅仅是在精神上，而且是在黏土上、大理石或青铜上。无论音乐家、画家还是建筑师是在听觉或视觉形象方面，或者在实际的媒介中构思出他最初的情感思想，他的作品是相对次要的。因为意象是发展中的客观媒介。物理媒介可以是想象形式或对具体的材料进行排序。在任何情况下，物理过程发展了想象，而想象是根据具体材料来构思的。只有通过“内部”和“外部”物质有机联系的渐进组织，才能产生任何不是学术文献或熟悉事物的例证的东西。

突然出现属于超出意识门槛的物质的外观，而不是其产生的过程。如果我们能根据历史追溯其根源的表现，我们在开始时就能找到一个比较粗暴和不明确的情绪。我们应该发现，只有通过一系列想象的材料的变化，才能体现出明确的形状。为了成为艺术家，我们大多数人所缺乏的不是感性的情感，也不是技术上的执行技能。它是一种将模糊的思想和情感转化成某种确定的媒介的能力。表达是一种贴花法，或使兔子从藏身之处出现的地方，而艺术表达是一件相对简单的事情。但是怀孕和生产之间存在着很长的妊娠期。在这一时期，情感和思想的内部物质是通过客观物质的作用和被作用而转化的，因为后者作为表达的媒介发生了变化。

正是这种转化，改变了原始情感的性质，改变了它的品质，使它在性质上变得具有独特的审美。在正式的定义中，当它依附于一种表现性行为所形成的对象时，情感是美学的，就意义上而言，行为已经被定义了。

在一开始，情感就直接飞向它的对象。爱往往珍惜被爱的东西，恨往往摧毁讨厌的东西。任何一种情感都可以从直接目标而离开。爱的情感可能寻求和寻找非直接被爱者的材料，但在通过情感将事物融入亲和力中，它是相称的和同源的。只要情绪得到滋养，这种其他材料可能是任何东西。从诗人那里，我们发现爱情在急流中、池中，在等待风暴的悬念中，一只跃跃欲飞的鸟、一个遥远的星星或者光阴的月亮里，找到它的表达。如果隐喻被理解为任何意识比较行为的结果，那么这种材料如先前所预料的，也不是隐喻性的。诗意中的故意隐喻是情绪不饱和时的心灵追求。言语表达可以采取隐喻的形式，但在言语背后隐藏着一种情感认同的行为，而不是一种智力的比较。

在所有这些情况下，一些情绪上类似于情感目标的对象取代了后者。它代替直接的爱抚，犹豫的方式，试图携带暴风雨。休姆的话有点道理：“美是不能达到其自然结局的受抑制的刺激在原地踏步，在静止中颤动，以及虚假的狂喜。”如果这段话有任何错误，那么正是这种含蓄的暗示，这个冲动应该达到“自然的结局”。如果两性之间的爱的情感没有通过情感上的同源性转移方式来庆祝，而与直接的客体和目的实际上毫不相干，那么我们有充分的理由认为它仍会停留在动物的层面上。

朝向生理正常目标的直接行动中的冲动并不存在于诗歌的情况下，在绝对意义上并未被抑制。它被转变成间接渠道，在其中，找到比“自然”适合的材料的其他材料，并且因为它融合了这种材料，它呈现新的颜色并具有新的后果。当任何自然冲动理想化或精神化时，这是会发生的事情。把恋人的拥抱提升到动物的层面之上只是事实，当它发生时，它本身就是自己的意思，这些间接偏离的后果是行动中的想象力。

表达是对浑浊情感的澄清；当它们反射在艺术的镜子里时，我们的欲望就能认识到自身，而且它们知道自己已经变身了。具有独特美感的情感随之发生。它不是一种从一开始就独立存在的情感形式。它是一种由有表现力的物质引起的情感，因为它被诱发并依附于该物质，它由已经转化的自然情感组成。自然物体，例如风景，诱导了它。但它们这样做仅仅是因为当它们是一种经验的时候，它们也经历了一种类似于画家或诗人将眼前的场景转换为一种表达所见的价值的行为产生的效果的变化。

一个恼怒的人被感动去做某事。他无法通过任何直接的意志的行为抑制自己的愤怒；他最多只能通过尝试进入地下通道开车，在那里，它将在黑暗中起着更具破坏性的作用。他必须采取行动来摆脱它。但他可以以不同的方式行动，一种是直接的方式，另一种是间接的方式表现他的状态。他再无法压制它，就像不用意志力摧毁电力的作用一样。但他可以利用一个或另一个东西来实现新的目标，这将消除自然力的破坏力。烦躁不安的人并不一定要将怒气发在邻居或家人身上才能获得释放。

他可能觉得一定量的受管制的体力活动是好药。他设法整理他的房间，整理歪斜的图片，分类纸张，清理抽屉，把东西摆放整齐。他利用自己的感情，把它转变成由先前的职业和兴趣所准备的间接渠道。但是，由于这些通道的使用中有某个东西，在情感上类似于他的愤怒能找到直接释放的手段，当他把物体按顺序排列时，他的情绪就有序了。

这种变革是在任何一种自然或者原始的情感推动力中发生着的本质的变化，当它采取间接的表达方式而不是直接的释放途径时，愤怒可能像一个指向目标的箭头放下，并在外部世界产生一些变化。但是，外部效应与客观条件的有序使用是非常不同的，以此客观地实现情感。只有后者才是表达，并且所附着的情感相互渗透，所产生的对象是审美的。如果讨论中的此人只是按照惯例来整理房间，他不带有情感。 但是，如果他原来的不耐烦的愤怒情绪被他所做的事情控制和镇压，有秩序的空间反映了他自己发生的变化。他觉得自己不是完成了一件需要做的事，而是做了一些感情满足的事。他的情绪因此被“物化”为审美的。

审美情感是一种与众不同的东西，但它并没有被其他自然情感经验的鸿沟割断，正如一些理论家为其存在而斗争所提出的那样。熟悉近来美学著作的人会意识到一个极端的倾向。一方面，假定至少在某些天才人物身上有一种最初的审美的情感的存在，艺术生产和欣赏是这种情感的表现。这样的观念是所有态度的必然逻辑对手，它们使艺术深奥，将美的艺术转化为与日常经验分开的境界。另一方面，反对这种看法的意图是极端的，其认为没有这样一种独特的美感的情感。喜爱的情感不是通过公开的爱抚行为，而是通过搜寻一只飞翔的鸟的观测资料和图像而起作用，愤怒能量的情绪没有用来破坏或伤害，而是赋予物体以满意的秩序，并不在数量上等同于其原始的和自然的状态。然而，它与遗传连续性一致。丁尼生在《追思》创作中最终锻造的情感与悲剧的情绪不同，它表现了哭泣和沮丧的框架：第一种是表现，第二种是宣泄。然而，这两种情感的连续性，即审美情感是通过其发展和完善的客观物质转化为自然情感的事实，是显而易见的。

塞缪尔·约翰逊以非利士人坚定的偏好看待对人们所熟悉事物的再造，他以下列方式批评的米尔顿的《利西达斯》："它并不被认为是真正激情的积淀，因为激情不是在遥远的暗示和晦涩的意见之后进行的。激情从香桃木和常青藤汲取的不是浆果，也不吁请阿瑞托萨和闵修斯，或讲述粗鄙的、长着分趾蹄的萨堤尔和法乌努斯。哪里有小说的闲暇，哪里就没有悲伤。"当然，约翰逊批评的基本原则将阻止任何艺术作品的出现。严格地说，它只能把悲伤的"表达"局限于哭泣和撕扯头发。因此，虽然密尔顿的诗的特定主题不在挽歌中使用，但它和其他任何艺术作品一样，都注定要处理其中的一个方面——远离情感的即时渗出和磨损的物质。悲伤已经成熟，不需要哭泣和哀号的救济，而诉诸约翰逊称之为虚构的东西——想象的物质，不同于文学、古典或古代神话。在所有原始的民族中，哀号很快就会形成一种远离其本土表现形式的仪式形式。

换言之，艺术不是自然的，而是通过进入新的关系，使它唤起一种新的情感反应而转化的自然。许多演员仍然没有表现出他们刻画的特有情感。这一事实被称为“狄德罗悖论”，因为他首先提出了这一主题。事实上，这仅仅是从塞缪尔·约翰逊语录中隐含的立场上的悖论。最近的调查表明，确实有两种类型的演员。有人报告说，他们处在最佳状态时在情感上“迷失”在自己的角色中。然而，对于刚陈述的这一原则，这一事实也不例外。毕竟，这是一个角色，一个演员识别自己的“角色”。作为一个角色，它被构想和处理为整体的一部分；如果演艺中有艺术，角色是从属的，以至于占据整个位置的一部分。因此，它符合审美形式。即使那些感觉最强烈的情感所代表的角色情感不会失去意识，他们在舞台上有其他演员参加；他们在观众面前，因此，他们必须与其他演员合作来创造某种效果。这些事实要求并标志着原始情感的明确转变。陶醉的描写是喜剧舞台上的常见装置。但是，一个真正喝醉了酒的人，如果不想让听众反感，就得用艺术来掩盖他的状况，至少要激发出一种与酒醉时兴奋的行为完全不同的笑。这两种类型的演员之间的区别，不是它进入的情境的关系控制的情绪表达和原始情绪的表现之间的差别。这是带来期望效果的方法上的区别，与个人气质无关。

最后，即使没有解决，所说的内容是审美或美术与其他生产方式关系之间的争论问题，也被称为艺术。实际上存在的差异不能在技术和技能方面进行等级划分，正如我们已经看到的那样。但是，既不能将美术的创造转化为独特的冲动，与推动力分开，也不能被摆在一个不可逾越的障碍框架之中，这种推动力与通常没有被冠以美的艺术名称。品行高尚，举止优雅。如果对物质的组织推动力，以直接体验的形式呈现它，在绘画、诗歌、音乐、雕塑等艺术之外就不存在，推动力就不会存在于任何地方，也就不会有艺术。

在一切生产方式上赋予审美素质的问题都是严重的问题。但这是一个人类的问题，由人类解决；没有不能解决的问题，因为它是由一些无法逾越的鸿沟的人的本性或本质所设定。在一个不完美的社会，没有社会永远是完美的——艺术一定程度上是从生活的主要活动中逃脱，或对它们的外在装饰。但在一个秩序井然的社会，而不是我们所生活的社会，一个比现在更大的幸福将出现在所有的生产方式中。我们生活在一个有大量组织的世界里，但它是一个外部组织，而不是一个日益增长的经验的排序，并且，这是一个涉及整个生物的，朝向一个完美的终结的程序中。一个社区中广泛享有的与普通生活并不遥远的艺术作品，是统一的集体生活的标志。但它们也是创造这种生活极好的辅助工具。在表现手法中，经验的材料重塑并不是一个只限于艺术家和偶尔碰巧喜欢这项工作的人的孤立事件。在一定程度上，在艺术起作用的同时，也是社区的经验朝着更好的秩序和统一方向进行重塑。

第五章

表现对象

像解释一样，表达既表示行为也表示其结果。上一章中将表达看作是一种行为。现在我们关心的是对我们有意义的产品，即表达对象。如果将这两种意义隔离开，被观察对象则与观察行为孤立了起来，因此也与视觉的个性分离开来，因为这种观察行为是由独立的个体产生的。抓住“表达”的理论，就好像它仅表示对象，总是竭力坚持艺术对象纯粹代表了已存在的其他物体的观点。这些理论忽视了使对象变得新鲜的个体贡献。这些理论强调“普遍”特征，强调意义，如我们看到的那样，意义是一个模糊的术语。另一方面，将表达行为从对象的表达力中分离开来会使人认为表达仅仅是释放个人情绪的过程，这一观念在上一章中已经遭到批判。

葡萄汁液是由压榨机先前的压榨行为而形成，它是一种新的、独特的东西。它并不仅仅代表其他事物。虽然它与其他事物有共同之处，但它是被用来吸引其他人而不是其制造者的。一首诗和一幅图画呈现出了由个人经历提炼而来的材料。它们并不存在先例，也非普遍存在。但是，尽管它们的材料来源于公众世界，具有与其他经历材料相同的品质，然而产品在其他人心中唤醒的却是对共同世界意义的新认知。哲学家们所沉醉的个体与普遍、主观与客观以及自由与秩序的对立，在艺术作品中并未占有一席之地。作为个体行为的表达与作为客观结果的表达有机地联系着彼此。

因此，没有必要深入探讨这些形而上的问题，我们可以直接处理这个问题。如果说一件艺术品具有代表性，那么这句话意味着什么，是因为它具有表达性，所以在某种意义上它必须具有代表性吗？总之，艺术品是否具有代表性是毫无意义的，因为这个词有许多含义。肯定其代表特性在某种意义上是正确的，但在另一种意义上却可能是错误的。如果“代表性”即完全再现，那么艺术品就不具有这一属性，因为这一观点忽视了场景和事件通过个人特性所造成的作品的独特性。亨利·马蒂斯称，相机对画家来说是一项巨大的福音，因为它让画家从复制物体的明显必要性中解脱了出来。但是代表性也可能意味着艺术家向那些喜欢他作品的人讲述了他们自己对世界的经验的本质：它呈现出了他们对世界的新的体验。

类似的模糊性在艺术作品中引起了意义问题。语言是代表物体与行为的符号，代表着它们的意义；在这种意义上，物体和行为具有意义。指示牌只有在用箭头指示方向，并标明距某地尚有多少英里时才具有意义。但这两种情况下的意义是纯粹的外部参考；它通过指向某物来代表它。意义并不属于具有自己内在权利的语言和指示牌。它们在某种意义上具有代数公式或密码的意义。但也有其他的意义直接呈现为拥有丰富经验的物体。没有必要对密码或惯例进行阐释；其意义就像在花园中的直接体验一样固有。因此，对艺术作品意义的否定具有两种截然不同的含义。这可能意味着，一项艺术作品并没有属于数学记号和符号的那种意义——这只是一种争论而已。这也可能意味着艺术作品是没有意义的，因为废话是没有意义的。艺术作品当然不会拥有向其他船只发信号的旗帜的意义。但是它确实拥有跳舞时用来装饰船只甲板的旗帜所具有的意义。

大概没有人会认为艺术作品在无意义的意义上没有意义，所以他们似乎只是想排除外在意义，即存在于艺术作品本身之外的意义。然而，不幸的是，情况并非如此简单。对艺术意义的否定通常是基于这样一种假设：艺术作品所具有的某种价值（和意义）是如此独特，以至于与社会或其他经验模式的内容无关，而不是与美学无关。简而言之，这是另外一种我称之为美术深奥观念的方式。前几章中所阐述的审美体验处理中隐含的概念，实际上是艺术作品具有的特质，但它阐明和集中了以分散和弱化了的形式包含在其他经验材料之中的意义。

可以通过区分表达与陈述的方法来解决现有的问题。科学陈述意义；艺术表达意义。这个说法本身就阐述了我心中所想的差异，它可能比任何解释性的评论都好。但是我冒昧地进行了一些放大。指示牌的例子也许有所帮助。它向人指示前往某地的路线，比如前往一座城市。它不以任何方式抑或间接的方式向人提供对这座城市的体验。它所做的是提出一些必须满足的条件，以获取这种体验。这个例子中所包含的东西可以做出总结。陈述列出了对一个物体或一种情形的经历可能存在的条件。一个好的、有效的陈述，它的条件会达到一种能够作为说明以使人获得这种体验的程度。一个坏的、混乱而又错误的陈述，如果它提出的条件作为说明时，这些条件使人会在达到目标时被误导或者浪费精力。

“科学”所指示的陈述模式是最有帮助的说明。今天的科学研究似乎决心要改变以往的标准案例，即水是 H_2O，这一说法主要是关于水的存在条件的一种表述。但是也有人将其视作生产纯净水或检测任何被当作水的物质的说明。这是一种比流行和科学的陈述“更好”的陈述，因为在全面、正确阐释水存在的条件时，它以产生水的说明方式阐释这些条件。然而，科学陈述的新颖之处和其现在的声望（最终由于其指示效力）在于，科学陈述常常被认为不仅拥有指示牌的功能，而且可以揭露或“表达”事物的内在本质。如果确实是这样，它将与艺术竞争，我们得采取立场并决定二者之一谁能传播更真实的启示。

诗意与平庸截然不同，审美艺术与科学截然不同，表达与陈述也截然不同，表达不同于导致体验的陈述。表达即是体验。跟随陈述或指示牌指示的游客将会到达被指向的城市。他可能从自己的经历中体会到了一些这个城市所具有的意义。我们也可以这么说，这座城市向游客表达了自己——正如廷特思教堂在华兹华斯的诗歌中表达自己一样。事实上，这座城市可能正在一场庆祝活动中通过隆重的仪式及其他资源表达自己，让游客感知其历史与精神。如果游客有让自己加入其中的经历的话，那么这里的表达对象将会与地名词典里的陈述有所不同，不管词典里的陈述是多么充分与正确，就像华兹华斯诗歌里的廷特思教堂与文物工作者描述的廷特思教堂也不相同一样。诗歌与绘画并不是以准确的描述性陈述角度创作的，而是以表达自己的角度创作的。诗歌与散文，照片与画作，通过不同的媒介创作达到了截然不同的目的。散文在命题中阐明。诗歌的逻辑是超命题的，即使它使用从语法上看来的命题时也是这样。后者具有意图；艺术则立即实现意图。

凡·高写给弟弟的信中满是他对观察对象的描述，其中有很多他都画了下来。我引用其中一例："我可以看到特里凯太里的罗纳铁桥，那里的天空与河流是苦艾酒的颜色，码头是淡紫色的，黑色的人影倚靠在护墙上，铁桥是深蓝色的，背景中有一抹鲜明的橘色和一抹深绿色。"这是一种意在引导他弟弟欣赏类似"景色"的陈述。但是，谁能单凭凡·高的一句"我正努力得到一种让人完全心碎的东西"，就推断出他想从他的绘画中达到的那种特定表现力的转变？这些话本身不是表达；它们只是在暗示它。表达，即审美意义，就是画作本身。但是对场景的描述与他想达到的效果之间的区别可以提醒我们陈述与表达之间的区别。

在客观场景中也许有些偶然因素给凡·高留下了极度荒凉的印象。然而，它的意义是存在的；意义的存在超越了画家个人经历的场景，可能是画家特意为其他人营造的意义。意义融入了画作之中。话语无法复制物体的表达，但是话语可以指出绘画并不是“描绘”了罗纳河上的一座特别的桥，也不是一颗破碎的心，甚至也不是凡·高那第一次被激起而又融入画中场景的荒凉之感。他通过绘画描绘了在那个位置任何人所可能“观察”到的景色，成千上万的过客可以看到的景色，以呈现一个新的拥有独特体验意义的对象。情感上的混乱与外部插曲融合在一个对象之中，这个对象既没有分开“表达”两者，也没有将两者机械地融合在一起，而是一种“完全心碎”的意义。他没有倾吐荒凉之感；那是不可能的。他挑选并组织了一个外在的主题物，想借此达到一种不同之物——这就是表达。他在这幅画中取得的成功之处是这幅画必须具有表达性。

罗杰·弗莱在评论现代绘画的特征时做出了如下总结：“自然万花筒的几乎任何一个转折都可以在画家身上形成一个超然的审美视野，当他对某一特定视野进行沉思之时，形式和色彩的（审美）混乱与偶然的思考则结晶为和谐；当画家心中的和谐变得清晰之后，他的实际视觉被心中建立起来的节奏强调而扭曲。某些线条关系变得充满意义；他热情地而不再是好奇地抓住这些线条，它们开始清晰地从背景之中突显出来，他比初次见到这些线条时看得更清晰。同样地，自然中的色彩总是有一种模糊而又难以名状之感，这些色彩会变得清晰与确定起来，当画家选择用色彩与其他色彩之间的必要关系去创作他看到的画面时，画家可以积极、肯定地来表述这种关系。在这个创造性的画面中，物体往往会消失，失去各自的统一，并在整个视觉的马赛克中占有一席之地。”

在我看来，这篇文章极好地描述了在艺术感知与构建中所发生的事情。它澄清了两件事情：如果画面是艺术的或者创造性的，并不代表说“物体就是这样的”，而是在自然场景中实际发生或被回忆起来的。它并不是照相机镜头所记录下来的那种代表，比如一名侦探为了自己的目的而保存下来的场景。此外，这一事实的原因显而易见。线条与色彩之间的特定关系很重要，“意义深远”，其他的一切都从属于唤醒这些关系中暗含的、省略的、扭曲的、增加的、转变的东西，以传达这些关系。有一件事也许可以补充。画家并不是以空虚的头脑来处理画面，而是带着以往的经历所形成的能力与爱好背景，或者带着由最近的经历形成的混乱来处理画面。他耐心等待着，愿意被打动，但在画面中又不是不带偏见或偏好。因此，线条和色彩在这种而不是那种和谐中结晶。这种特殊的和谐模式并非线条与色彩的独有结果。它是实际场景与观察者自身经历互动的功能。由于与作为生物的画家最近的自身经历密切联系，线条与色彩安排是某种模式与节奏，而不是另外一种。观察所特有的热情伴随着新形式的发展而发展——这种热情正是我们谈及的明显的美学情感。但是它并不是独立于作家先前的经历引起的感情；后者是通过与符合审美素材的画面情感融合而更新、再创造的。

如果考虑到这些因素，文章引用中的某些含混不清将会被消除。它谈及的线条以及它们之间的关系充满了深意。但是对于明确陈述的事情，它所指出的意义可能专指线条彼此之间的关系。然后，线条和色彩的含义将完全取代所有与这个或其他自然场景体验相关的所有意义。在这种情况下，审美对象的意义是独一无二的，因为它与其他经历的意义分离。艺术作品只有在表达某些属于艺术的东西的意义上才具有表现力。这类作品的意图可能是从弗莱先生的另一份经常被引用的陈述中推断出来的，即艺术作品中的“题材”如果不是真的有害的话，总是无关紧要的。

因此，文章引用的段落将重点放在了艺术的“表现”本质问题上。第一段对新关系中出现的新的线条和色彩强调是必要的。在与绘画相关的领域中，通常如果不是在理论就是在实践中，有人会注意到这样一种假设，即表现意味着模仿或愉快的回忆，而这一强调拯救了注意到这一假设的人。但是那份主题是无关紧要的声明，让那些接受它的人致力于一个完全深奥的艺术理论。弗莱接着说道：“艺术家将物体看作是整个视野的一部分，这是他自己的潜在理论，他无法解释它们的美学价值。”他还补充道：“……艺术家是所有人当中对周围环境的观察最敏锐、最不受其内在审美价值影响的人。”否则，如何解释画家远离那些具有明显审美价值的场景或物体，而靠近那些由于怪异和形式激发画家的场景与物体的趋势呢？为什么画家更喜欢画密集的铸铁大楼建筑而不是圣保罗教堂？

弗莱提到的这种倾向是一个实际的倾向，正如评论家倾向于因其主题“肮脏”或古怪而谴责一幅画作。但同样真实的是，真正的画家会避免使用那些审美价值已经被充分发掘的素材，并且寻找能够自由发挥个人视觉及描绘能力的素材。他把这句话留给了更少的人，并对以前说过的话进行了细微的变动。在我们确定这些因素无法解释弗莱所指的倾向之前，在我们得出他所得出的推论之前，我们必须回到我们早已注意到的考虑因素之中。

弗莱先生意在彻底区分普通体验的内在美学价值与画家关注的美学价值之间的根本差异。他的言外之意是前者与主题直接相关，而后者的形式与任何主题都是分离的，省去了美学上的意外。如果一个画家既没有兴趣和态度，也没有价值背景，那么从理论上来说，当他处理画面时，他看到的线条与色彩就仅仅是线条与色彩之间的联系。但这是一种不可能实现的情况。此外，这种情况下，画家将不会对任何事物产生热情。在画家运用他的绘画中特有的色彩与线条间的关系重构他眼前的场景之前，他带着由过往经历形成的意义与价值来观察场景。在他新的审美视野形成时，这些确实是重塑与改造。但是它们不会消失，而画家可继续观察物体。无论画家如何热切地想要得到它，在他新的认知中，他无法摆脱过去与环境互动形成的意义，也无法摆脱它们对他现在看到的事物与方式造成的影响。如果他可以而且确实摆脱了这些，那么他所看到的就仅剩物体了。

画家过去对各种主题体验的方方面面与种种状态已融入他的生命当中；它们正是他感知事物的器官。创造性的构想修正了这些素材。它们在一个前所未有的新体验对象中占有一席之地。记忆不一定有意识，却早已有机融入自我结构的记忆力中，它激发了现在的观察。它们是营养品，体现在所见物之中。当它们重新融入对事物的新体验之时，它们赋予了新创造的物体以表现力。

假设画家希望通过他的媒介描绘某个人的情感状态或持久性格。如果一个艺术家，即画家，在媒介的强大力量下，对他的媒介十分尊重，他将修改面前的对象。他将从线条、色彩、光与空间的视角重新观察物体，形成一个绘画整体，即创作一个可以被认知立即感受的对象。弗莱先生否认画家试图表现，如实复制物体的色彩、线条，因为它们早已存在于物体之中，弗莱先生这一看法非常正确。任何主题的任何意义都无法表现。一个拥有澄清和关注其他经历模糊而又枯燥的自身意义主题无法表现，但是这一推论并不是由此而产生。将弗莱先生的争论延伸到戏剧与诗歌，就不是那么一回事了。

这两种表现之间的差异可以通过绘画来表示。一个有诀窍的人可以轻易画出那些暗示恐惧、愤怒和愉悦的线条。他用同一方向上的曲线表示兴奋，用相反方向上的曲线表示悲伤。但结果并不是感知的对象。看到的东西立刻就传达到了被暗示的东西上。绘画虽与指示牌种类相似，但是组成部分却不相同。对象指示而非包含意义。它的价值就像是指示牌给摩托车手指示方向以采取下一步行动一样。由于其自身体验的品质而非它使我们想到的事物，使得线条与空间的安排在感知上无法享受。

表达与陈述之间还有另外一个巨大的差别。后者是概括性的。一个理智的陈述价值巨大，因为它将思想引导至许多同一种类的事物。它就像平整的路面可以轻松地将我们带到许多地方一样是有效的。相反，表达对象的意义是个体化的。表示悲伤的图画无法传达个人的悲伤；它展示的通常是遭受悲痛的人的面部“表情”。对悲伤的美学刻画体现了一个特定个体与某一特定事件的悲伤。这是被描绘出来的悲伤状态而非独立的抑郁。它有一个寄主。

至福是宗教绘画中常见的主题。圣人被呈现为享受幸福的状态。但在大多数早期宗教绘画中，这种状态是被暗示而非表达出来的。为识别而设置的线条就像介词符号一样。它们几乎就和环绕在圣人头上的光环一样，是一种固定概括的本质。用传统符号传达一个具有教化作用的人物信息时，这些符号就像区分不同的圣凯瑟琳或标记十字架下不同的圣母玛利亚一样。这并没有必要的联系，但只有基督教会圈子会建立一般的幸福状态与特定人物之间的联系。它可能会在仍然珍惜相同联系的人中引起类似的情感。这并不是审美，而是如威廉·詹姆斯所说：“我见过一对英国夫妇在寒冷的二月天，在威尼斯学院里那幅著名的由提香创作的《圣母升天图》前坐了一个多小时；由于寒冷，我从一个房间跑到另一个房间，于是我决定离开这些画作尽快出去晒晒太阳，但是在离开前，我虔诚地靠近那对夫妇，想了解他们拥有什么样的高级易感性，但我听到的却只是那个女人低声地在说：‘她的表情多么自嘲！多么克制！她是多么不配接受她的荣誉。’”

牟利罗绘画中感性的虔诚提供了一个很好的例子，即一个无可置疑的天才画家将他的艺术感从属于与艺术无关的相关“意义”时会发生些什么。在他的画作之前，这种评论对于提香的情况完全不合适。但是这也会带来审美实践上的缺失。

乔托也画圣徒像。但是圣徒们的脸不太传统，他们更个性化，因而更自然地被描绘。同时，他们被更具美感地呈现出来。现在的画家运用光、空间、色彩、线条与媒介来呈现可享受的认识体验中属于自己的对象。独特的人类宗教意义和独特的审美价值相互渗透和融合；对象是真正富有表现力的。这幅画的一部分确定无疑是乔托的画的一部分，正如马萨乔笔下的圣徒是马萨乔画作的一部分一样。极乐并不是一个可以从一个画家的作品中转移到另外一个画家的作品中的模板，它承载着个体创造者的印记，因为它通常不仅被认为属于一个圣徒，而且也表达了他的经验。意义被更为充分地表达了出来，即使在其本质，在个性化的形式而非图表式再现或如实复制时也是如此。后者包含了太多无关紧要的内容；前者过于模糊。绘画中色彩、光与空间的艺术关系不仅比轮廓模具更令人愉悦，而且表现得更多。在提香、丁托列托、伦勃朗或者戈雅的描绘中，最本质的特征似乎就在我们面前。但这一结果是通过使用产生立体感的方法来实现的，而处理背景的方式给我们提供了比个性更多的东西。线条的扭曲与真实色彩的偏离不仅增加了美学效果而且增加了表现力。因为素材不是从属于某一特定的和先前的意义涉及的有关的人（而且如实复制也只能展示某一特定时刻的横截面），而是被重建和重组以表达画家对于整个人物的想象力。

在对绘画的种种误解之中，没有什么比对素描的性质的误解更为常见的了。学会了识别却不会审美感知的观察者站在波提切利、埃尔·格列柯或塞尚的作品前时会说："画家从没学会画画真是太可惜了。"然而画画可能正是画家的特长。巴恩斯博士指出了画作中绘画的真正功能。它并非是寻求表现力的方法，而是表达的一种特殊价值。它也并非是通过准确的勾勒或者清晰的阴影来寻求表达力的手段。绘画是提取；它是对画家的综合经验和对主题有感而发的提取。因为绘画是对相互关联的部分的整合，此外，对每一个特定人物的设计都必须参与到与其他增加立体感手段相互增强的关系中——色彩、光、空间平面以及其他部分的叠放。这种整合可能而且实际上也会涉及从实物形状的角度而产生的物理扭曲。*

用于精确再现特定形状的线性轮廓在表达力方面必须受到限制。它们表达的要么仅仅是有时被我们称作"现实"的东西，要么是一种普遍事物，我们以此来识别物种，比如一个人、一棵树、一个圣人，或其他任何东西。美学上线条"绘制"可以实现许多相应的表现力增强功能。它们体现了体积、空间和位置的意义；固态和动态；它们进入了画面的所有其他部分的力量，并将所有部分联系在一起，从而使整体的价值得到了积极的表达。单凭绘画技巧是无法使线条实现这诸多功能的。相反，在这方面，孤立的技巧几乎肯定会从线性轮廓脱颖而出的结构

* 巴恩斯《绘画艺术》，第 86 页和第 126 页，"马蒂斯的绘画艺术"，绘画一章，特别是第 81 至 82 页。

中结束，从而损害整个作品的表现力。在绘画的历史发展中，图形的确定，从给一个特定物体的一个令人愉悦的指示进步成了各平面的关系及色彩的和谐融合。

“抽象”艺术看起来似乎是前文中谈及的表现力与意义的一个例外。有人断称抽象艺术作品根本不是艺术作品，而有人则认为它是艺术的顶峰。后者从它们对如实表现的距离来估计；前者否认它们有任何表达力。我认为，从巴恩斯博士的以下观点中可以找到这个问题的解决方案。“对现实世界的参照没有从艺术中消失，因为形式不再是实际存在的东西，同样，客观性也没有从科学中消失，当它不再谈及水、土、火和空气，而是用更难以识别的‘氢’‘氧’‘氮’和‘碳’来替代……当我们无法从画作中看出它所描绘的是什么特定对象时，它描绘的可能是所有物体共有的品质，比如色彩、张力、固态、动态、节奏等等。所有事物都具有这些品质；因此，可以这么说，一切事物的可见本质范例可能会压抑个性化的事物，用更专业的方式激起感情。”*

简而言之，艺术不再具有表现力，因为它以可见的形式展现事物的联系；它不再表明有联系的事物，因为它们不是构成整体的必要条件。每件艺术作品都从某种程度上“提取”了所表达之物的特定特征。否则，通过精确的模仿，它只能创造出事物本身存在的假象。静物绘画的最终主题是高度“现实

---

* 《绘画艺术》，第 52 页。这一观点来源于伯迈耶博士。

的”——餐桌用布、盘子、苹果、碗。但是夏尔丹或者塞尚笔下的静物以认知所固有的线条、平面以及色彩关系来呈现素材。如果不对实物采取“抽象”手法，将无法对其进行重新排序。实际上，在二维平面上呈现三维物体，需要对它们存在的一般状态进行抽象提取。没有一个先验的规则来决定抽象的程度。在艺术作品中，实践是最好的检验。塞尚描绘的静物中有一个其实是悬在空中的。但是对于一个有审美能力的观察者来说，整部作品的表达力不但没有下降反而有所上升。 它进一步传达了人们在观察图画时认为理所当然的特质，即图画中任何物体都不受其他物体的支持。它们对彼此的支持取决于对认知体验的贡献。尽管暂时处于平衡状态，对于物体准备运动状态的表达却通过对物体可能的物理条件与外部条件的抽象提取加强了。“抽象”通常与明显的智力活动联系在一起。实际上，每件艺术作品中都可以见到抽象的影子。区别在于抽象则是分别发生在科学与艺术中的兴趣与目的。科学中的抽象就像它的定义一样是为了有效陈述；艺术中的抽象则是为了对象的表达力，艺术家本身及其经历决定了去表达什么，因此也决定了抽象的本质及其程度。

艺术涉及选择随处可见。缺乏选择或者没有方向的注意力会造成没有条理的大杂烩。选择的指示源是兴趣；即对于我们所生活的复杂的丰富多彩的世界中的某些方面与价值的无意识的但是有机的偏向。艺术作品在任何情况下都无法与自然的无限具体性相抗衡。艺术家在选择的时候是冷酷无情的，在遵循自己的兴趣逻辑时，艺术家会在自己的选择才能中加入他的作品意义或他被引导的方向与“丰富”意义。不能被超越的限制是对环境中事物的品质与结构的参考。否则，即使存在鲜明的色彩或响亮的声音，艺术家在全然独立的参照框架中工作，其结果也是毫无意义的。科学形式和具体对象之间的距离表明了在不失客观的参考框架的前提下进行选择性转换的程度。

雷诺阿画作中的裸体给人带来的是愉悦，而不是任何的色情暗示。女性肉体丰满的特性被保留甚至被突出起来。但是裸体存在的条件已经被抽象了出来。通过抽象与色彩媒介，裸体的普通联想被转移到了新的领域，因为这些联想正是艺术作品中消失的实际刺激。审美驱逐肉欲，对肉体与花朵共同品质的强调驱除了色情。物体具有固定不变价值的观念正是艺术解放了我们的偏见。正因为传统观念被移除，事物的内在特质会以惊人的活力与新鲜感呈现出来。

在我看来，艺术作品中一个有待讨论的问题即丑陋的位置问题，可以在以下情况下得到解决。“丑陋”这个词被应用到它的习惯联想中，那些联想已经成为某个物体的固有部分。它并不适用于图画或戏剧中所呈现出来的内容。拥有自身表达力的物体出现时发生了转变，正如雷诺阿的裸体出现时一样。丑陋的事物通常在其他情况下是从一些令人反感的情况中提取出来的，当其成为一个表现力整体的一部分之时，它的品质因而面貌一新。在新的环境中，与以前的丑陋形成鲜明的对比，增添了趣味、活力，而在严肃的事情上，以一种近乎难以置信的方式增加了意义的深度。

悲剧的特殊力量在结束的时候留给我们的是一种和解而不是恐惧，它形成了最古老的文艺讨论主题之一。* 我引用一个与现在的讨论相关的理论。塞缪尔·约翰逊曾说："悲剧的乐趣源于我们虚构的意识；如果我们认为谋杀和背叛是真的，它们将无法再取悦我们。"这个解释似乎是建立在小男孩关于大头针模型的陈述上的，即大头针拯救了许多人的性命，"是因为人们没有吞掉这些大头针"。戏剧性事件中现实的缺失事实上是悲剧效果的消极条件。但是虚构的杀戮并不因此而变得令人愉悦。一个积极的事实是，一个特定主题从它的实际环境中被移除后，进入一个新的整体，成为其不可或缺的部分。在新的关系中，它获得了一个新的表达。它成了新的定性设计的一个定性部分。科尔文先生在引用了刚才文中所引用的约翰逊的文章之后，补充道："我们观看《皆大欢喜》中的击剑比赛时特殊意识的快乐，也依赖于我们的虚构意识。"这里也将消极条件视作了积极的力量。"虚构意识"是一种间接表达本身就非常积极的事物的方式：一种事件获得新的定性价值的整体意识。

在讨论表达行为时，我们可以看到将直接的释放行为转换

---

* 我不得不认为，思考亚里士多德的净化思想巧妙解释的数量，与其说是由于亚里士多德理论的精妙，不如说是人们对这个主题的迷恋。对净化思想赋予的六十多种意思从其自身的文字表述来看似乎是没有必要的，即人们被赋予了过度的情感。在狂热的宗教中，就像"药物可以治愈人"一样，宗教音乐可以治愈人，因此，过于胆怯和富有同情心的人，以及所有被过度强烈的情绪折磨的人，都可以被旋律净化，而这种解脱是令人愉快的。

成为一种表达，这种转换取决于存在的阻碍直接表现的条件，取决于存在的可以将其转换为一种与其他冲动协调的渠道条件。对原始情绪的阻止并不是对它的抑制；在艺术中，克制与约束并不相同。冲动被附带倾向改进；这种改进给予它附加意义，即它从此成为整体的一部分的意义。审美感知存在附加反应与协同反应两种模式，它们参与到了将直接释放转换为表达行为的过程中。从属与加强这两种方式解释了被感知对象的表现力。通过这两种手段，一个特殊事件不再是直接行为的刺激物而成为被感知对象的价值。

第一个附加因素便是先前形成的运动神经的分布。外科医生、高尔夫球手、棒球手，以及舞者、画家和小提琴演奏者都能够接近并控制身体的某些运动部位。没有它们，任何复杂的技术动作都难以实现。一名没有经验的猎人在突然遇到他一直在追寻的猎物时，会产生一种紧张兴奋的心情。他的运动神经反应并没有准备好。因此，他的行动倾向相互冲突，妨碍了彼此，结果是一片混乱。靠近猎物的老手也可能会情绪激动。但是他将自己的兴奋沿着早已提前准备好的渠道进行了引导：眼睛紧紧盯着准星，手紧紧地握着步枪，等等。如果我们用一名画家或诗人来替代猎人，当一只优雅的鹿突然出现在阳光斑驳的绿色森林当中时，他们也会将即时反应引导入附加渠道中。他没有准备好射击，但是他也不会允许他的反应通过整个身体随意宣泄。由于先前的经验，他的动作已经准备好了，这使得他对“情境更加敏锐和强烈，并对融入其中的意义赋予了深度，同时它们也使我们看到了被认为是适合的节奏”。由于先前的经验，准备好的运动协调可以使他立即更加灵敏、更加集中地感知环境，并将深意融入其中，它们也会引起被认为是符合节奏的东西。

我一直在以动作发出者的角度进行阐述。但是从感知者的角度来看也有类似的考虑。真正看到图画或听到音乐时，必须预先准备好间接反应渠道与附属渠道。在任何线路上，这种运动准备都是审美教育的重要组成部分。知道要寻找的内容以及如何查看是运动装备的准备工作。一位熟练的外科医生必然会欣赏另外一位外科医生进行手术时的娴熟技巧；虽然不会公开表示欣赏，但他会在自己的身体里模仿它。了解钢琴演奏者的动作与钢琴产生的音乐之声关系的人会听到外行无法感知到的东西，就像是专业演奏者在阅读乐谱时会用手指凭空弹奏一样。观看画作时不需要对调色板上的混合颜料了解太多，也不需要对如何将颜料画到画布上了解太多。但是有必要准备好明确的运动反应通道，一部分是由于天生的体格，一部分是由于经验教育。情绪可能会被激发，却与感知行为无关，就像紧张而兴奋的猎人所采取的行动一样。这并不是说，缺乏适当的运动线路的情感将会是如此漫无目的，以至于迷惑和扭曲了感知。

但是需要有一些东西来与确定的运动线路进行协同工作。在剧院里，一个毫无准备的人可能已经准备好积极参与到正在上演的内容——就像他在现实生活中所做的那样帮助英雄阻止恶人——而不是去看戏。但是一个麻木的评论家可能会允许他训练有素的技术反应模式来控制他，最终总是运动模式来控制他，以至于尽管他十分了解鞠躬这一谢幕动作，但是他并不在意所表达的内容。为了使作品能够表达给有感知能力的人，所需要的另外一个因素是从以前的经验中提取意义和价值，并与艺术作品中直接呈现的品质融合。如果不与这种辅助材料保持平衡，技术反应纯粹是技术上的，以至对象的表达能力受到极大的限制。但是，如果以前经验的联想材料没有直接与诗歌或绘画的品质相融合，那么它们仍是无关的建议，而不是对象本身表现力的一部分。

我避免使用“联想”一词，是因为传统心理学认为联想材料和引起它的声音或色彩彼此分离。它并不承认将两者融为一体的可能性。该心理学认为直接的感官品质是一回事，而它所引起或暗示的想法与形象是另外一种截然不同的心理项目。基于这种心理的美学理论不会承认暗示物与被暗示物可以相互渗透形成一个整体，其中现在的感官品质带来了生动的实现，而材料所引起的联想物会带来内容与深度。

对美学来说，这里涉及的问题比初看时更重要。直接感官物因与之前经历而融合在一起的关系的问题成为对象表现力的核心。看不到发生的事情不是外在“联系”，而是内在固有的整合会导致对表达本质的两种相反而又同样错误的构想。根据其中一种理论，美学表达力属于直接的感官品质，而被暗示所增加的东西只会使表达对象变得更有趣，而不是成为审美的一部分。另外一种理论则采取了相反的策略，将表现力完全归于联想物。

纯粹线条的表现力可以证明美学价值属于它的感官品质；它们的地位可以作为对这一理论的考验。不同种类的线条具有不同的直接审美特性，比如直线与曲线，直线中的水平线与垂直线，曲线中的闭合曲线以及下垂或上扬的曲线。这个事实毫无疑问。但是这个正在考虑中的理论认为它们独特的表现力可以不涉及直接的感官而被解释。这一理论认为单调而又僵硬的直线由于正在视物的眼睛倾向于突然改变方向，因此当被强迫向前运动时就会受到压迫，于是体验到的结果便是令人不快。另一方面，曲线由于符合眼球自身运动的自然倾向，因而是令人愉悦的。

人们承认这一因素可能确实与经历的愉快或不愉快有关。却未触及表达力的问题。虽然光学设备可以在解剖学剖析中被隔离，但是它不会起到隔离作用。它与手合作运行，可以寻找东西，探索它们的表面，引导事物的操作以及指导运动。这个事实的结果是另外一个事实，通过光学设备带来的感官特性，同时与通过附属活动从对象传给我们的感觉紧密相连。看到的圆度是球的圆度；感觉到的角度不仅由于眼球运动的转换，也是书本与盒子拥有的属性；曲线是天空的拱顶，建筑物的穹顶；水平线被视为地面的延伸，周围事物的边缘。这个因素如此持续，如此反复地涉及每一次眼睛的使用，以至于视觉体验到的线条属性不可能单独指眼球的运动。

换句话说，自然不会孤立地向我们呈现线条。正如被体验到的那样，它们是物体的线条，事物的边界。它们定义了我们通常识别的物体的形状。因此，即使当我们试图忽略其他事物，并孤立地关注线条时，它们也会保留其所构成的物体的意义。

它们表达了它们为我们定义的自然场景。当线条划分和定义物体时，它们也进行组合和连接。一个碰到尖锐且突出的角的人，会欣赏“锐角”这一术语的贴切。拥有较大开口度线条的物体常常由于其迟钝的开口度而被称之为“钝角”。也就是说，线条表达了事物之间的相互作用以及它们影响我们的方式，即当物体协同作用时，它们加强彼此干扰的方式。因此，线条是摇摆的、直立的、倾斜的、弯曲的、庄严的；因此在直接感知中，它们似乎拥有了道德表现力。它们是世俗的也是有志向的，是亲密的也是冷漠的，是诱人的也是令人厌恶的。它们携带着物体的属性。

即使是在尝试将线条体验与其他事物分离的实验中，线条的习惯性属性也无法去除。线条定义的物体属性以及与之相关的物体运动被深深地嵌入其中。这些属性是许多经验的共鸣，在我们对物体的关注中，我们甚至没有意识到这些线条。不同线条之间的关系已经成为潜意识中的所有价值观，它们在我们与世界每次接触的经验中形成的。绘画中的线条与空间关系的表现力在其他任何基础上都无法被理解。

另一种理论则否认直接的感官特性不拥有任何表现力；它认为感官仅仅是一种外部媒介，将其他意义传达给我们。弗农·李，一位无疑具有敏感性的艺术家，一直在发展这一理论。尽管它与德国人的移情理论类似，避免了我们的审美感知是将对物体的特性的模仿投射到物体当中去的观点，当我们看到它们的时候我们会立即实施它，反过来说，这一理论不过是经典代表理论的一种万物有灵论版本。

根据弗农·李以及审美领域内的其他理论家，“艺术”表示一系列活动，它们分别具有记录、建设、逻辑与交流的性质。艺术本身并没有什么美学意义。这些艺术产品“在回应一个拥有自己的理由、标准与信念的截然不同的欲望”时会变得具有美学意义。这个“截然不同”的欲望是对形状的渴望，它的产生是由于需要满足我们的运动图像模式之间的抑制关系。因此，像色彩与曲调那样的直接感官特性是无关的。当我们的运动图像再现物体蕴含的关系时，对形状的需求可以得到满足，例如“像风扇一样排列的急剧相交的线条和精致排列的山脉轮廓线，间隔凸起的波峰，下降之后而又在长且快速的凹曲线中再次凸起”。

据说感官品质不具有美感，因为它们不像我们主动实施的关系那样，它们强加于我们身上，以致征服我们。重要的是我们做了什么，而不是我们感知到了什么。美学最重要的问题是我们的开始、旅行、返回原点的精神活动，执着于过去并前行；注意力动作反反复复地进行，因为这些动作是由运动图像机制运行的。因此而形成的关系定义了形状，而形状完全是关系问题。他们“将原本无意义的并置或一系列的感觉转换成重要的、可以被记住与被感知的实体，即使它们的组成感觉被完全改变成为形状”。结果就是移情作用于它的真正意义。它不直接处理情感与情绪，而是动态地进入情感和情绪，并从它们身上取名字……由线条、曲线和角度所扮演的多样而又具有不同组合的戏剧，不是在大理石或颜料中体现出预期的形状，而是在我们自己身上体现……因为我们是它们唯一真正的演员，这些充满感情的线条戏注定会影响我们，无论是确证还是挫败我们的重大需求和习惯。

这一理论意义重大，它区分了意义与关系、物质与形式、活动与接受、经验的阶段，以及当它们分离时所发生的逻辑陈述。对关系角色的识别以及对自身活动的识别（后者是由我们的运动机制在所有可能性上进行的生理识别）是受欢迎的，这与被动接受与经历只能识别出感官品质的理论形成了对比。但是，把绘画中的色彩视为与美学无关的理论，认为音乐中的曲调只是美学关系叠加在一起的东西的理论，几乎不需要进行反驳。

这两种被批评的理论互为补充。但是，美学理论的真实性不能通过一种理论机械地加入另一种理论来实现。艺术对象的表现力是由于它对经历和行动的材料进行了彻底而完全的渗透，后者包括对过去经历带来的事物的重组。因为在相互渗透中，后者不是通过外部关联而加入的物质，也不是通过叠加在感觉特性上的物质。对象的表达是记录并庆祝我们的经历和注意力感知活动与我们通过感官所感知到的事物的完全融合。

对我们的重大需求与习惯的确证值得注意。这些重大需求与习惯纯粹是形式上的吗？它们只能通过关系得到满足，还是需要物质的色彩与声音才能得到满足？当弗农·李继续讲道“艺术远不能使我们脱离真正的生活意义，艺术放大与增强了我们被给予范例的宁静状态，而这种例子在我们正常的实际生活中过于罕见，过于微小，过于混杂”时，后者这种情况似乎被间接地得到了承认。事实确实如此。但是艺术增强与放大的经历既不是仅仅存在于自身，也不构成物质之外的关系。这种生物最活跃、最集中的时刻，是与环境最充分交流的时刻。在这种环境中，感官的物质和关系是完全融合的。艺术不会放大经验，如果它把自我退到自我中，也不会让这种退回后的体验变得富有表现力。

* * *

上述两种理论都将生物体与其生活的世界隔离了开来；当心理学系统阐释生物与一系列相关的作为与经历互动时，它们便是运动的与感官的。第一个理论认为，与事件和场景相分离的有机活动是某些感觉表现性的充分原因。另一理论则通过“形状”中的运动关系将美学元素定位在“我们自身”。但是生命的过程是连续的；它具有连续性，因为它是一个不断更新的影响环境同时又被环境及经历之间关系制度影响的过程。因此，经验必然是累积的，它的主题由于累积的连续性而获得表现力。我们所经历的世界构成了自我的一个重要组成部分，它与进一步的体验相互影响着。在客观发生物中，经历的事情与事件逝去了。但是它们的意义与价值被保留下来成为自我的组成部分。通过与世界交往形成习惯，我们也习惯了世界。它成了一个家，而家是每个人人生经历的一部分。

那么，经验对象如何来避免变得富有表现力呢？然而，冷漠和麻木通过建立事物的外壳隐藏了这种表现力。熟悉引起冷漠，偏见蒙蔽了我们；自负通过望远镜的错误一端，最小化了有利于自我所谓重要性的对象意义。艺术扯掉了隐藏着所经历事物的表达力上的遮盖物；它使我们从日常生活的懈怠中加速，并使我们从其多样的特性与形式中体验到的世界的欢乐中忘记了自己。它拦截了物体中的所有表现力并在新的生活体验中命令它们。

因为艺术对象是富有表现力的，因而可以相互交流。我并不是说与他人的交流是艺术家的意图。但这是他工作的结果，它只有在与其他人的经历的交流中才能存活。如果艺术家想要传达一个特别的信息，不管他希望传达的是道德教训还是自己的聪明才智，他将限制作品对他人的表现力。对直接观众的反应漠不关心是所有有新的东西要说的艺术家的必要特质。但是他们深信，既然他们只能说出他们必须要说出的话，那么麻烦的不是他们的作品，而是那些有眼睛有耳朵却没有鉴赏力的人。沟通能力与受欢迎程度无关。

我不得不说，托尔斯泰关于直接的感染性可用来检验艺术品质的观点是错误的，而且他所说的可以被独自表达的材料是狭隘的。但是如果延长时间跨度，那么没有人在倾听时被感动还是善辩的说法是真实的。正如托尔斯泰所说，那些被感动的人认为作品所表达的就像是一个人一直所渴望表达的东西。同时，艺术家致力于创造他能与之交流的观众。最后，艺术作品是人与人之间完整而又不受阻碍交流的唯一媒介，这些交流可以在充满了限制相同经验的鸿沟与围墙的世界中发生。

第六章

实质与形式

艺术素材是富有情感和意义的，它们是一种语言。更确切地说，它们是多种语言。每一种艺术都有自身独特的媒介，而这种媒介特别适合一种沟通方式。每一种媒介都在传递着一些用其他任何一种语言都无法如此恰当地、完全地表达的事物。日常生活的需求对于一种交际方式，即言语，具有较强的实践意义。然而不幸的是，这一事实给人一种普遍的印象：建筑、雕塑、绘画以及音乐所传达的意义可以被不会有任何损失地转化成文字。事实上，每一种艺术都如一个习语，传达着用另一种语言所无法表达的意义，然而却还保持原样。

语言只有在被倾听和说话时才存在。听者是不可或缺的搭档。艺术品只有在别人的经历中而非创造它的人身上起作用，它才是完整的。因此，语言涉及逻辑学家所说的三元关系，即说话的人，说话的内容，说话的对象。外部对象和艺术品，是连接艺术家和观众之间的纽带。即使艺术家独立创作，这三个术语都同时存在。在创作过程中，艺术家必须间接地成为观众。当他的作品吸引他时，就像听者一样通过他所感知的而交谈。他以第三人可能会注意和理解的视角来观察、理解。据说马蒂斯曾经说过："当一幅画完成以后，它就像一个新生的孩子。艺术家自己也必须花时间去理解它。"如果我们要把握它存在的意义，就必须像和孩子在一起一样和新作品在一起。

所有的语言，无论是什么媒介，都涉及所说的内容与表达形式，或者说是实质与形式。关于实质与形式最大的疑问在于：物质是否先于现成艺术品，并寻找一种后来出现的能体现物质的发现形式？抑或是艺术家全部的创作努力都致力于形成物质，这样物质将实际上成为艺术品的真实实质？这是个影响深远的问题。这个问题的答案决定了美学批评中许多有争议的问题。是否存在一种审美价值属于感性质料，另一种审美价值则是赋予它们富有表现力的形式？所有的主题都适合审美对待，还是只有少数几个因其本质上的优越品质而被预留审美对待？"美"是形式——起源于无，超越物质的另一个名字——还是作为审美品质的名字，无论何时物质形成，它都以一种使它充分呈现表现力的方式出现？形式在美学意义上是否从一开始在特定研究对象领域就具有美学独有的特征？抑或形式是当一种经历获得完全发展时将出现的抽象的名字？

所有的这些问题都在前三章进行了含蓄的讨论以及回答，如果艺术作品被视为一种自我表达，而自我又被视为完全独立的东西，那么理所当然实质与形式将分崩离析。这样的话，自我暴露将被基于外在所表达的事物的假设掩盖。无论两者中的哪一个被认为是形式，哪一个被视为实质，其外在性都是永远存在的。显而易见，如果没有自我表达，没有个性的自由发挥，艺术品必然成为一个物种的实例，它将缺少鲜活性和创造性，仅存在于个体之中。可以从该点入手分析实质与形式的关系。

一件完工的艺术品的质料属于共同世界而非艺术品本身。然而，艺术有自我表现的能力，因为艺术以其自身的独特方式吸取了质料，以一种构建新对象的形式重新进入人们的视野。对于那些感知它的人而言，这个新对象也许因此有类似古老的、共同的质料，再创作的经历，因此成为公认世界——“宇宙”的一部分。如果作品将成为不可复制的艺术品，那么被表达的质料不应是隐私的，而应处于熟知的状态，但表达的方式又应是独特的。生产方式的同一性决定了机器的工作，而审美的对应物则是学术性。艺术品的品质是独特的，因为一般质料呈现的方式将其转化为鲜活的、重要的物质。

创作者和感知者一样真实，他可以从学术角度感知，寻找他已熟知的身份；或者从已知的角度感知，寻找适合他所希望撰写的历史或者文章的材料；或者从情感角度感知，寻找一些表达珍贵情感主题的插画。若他从美学角度感知，他将创造一种全新的内在主体物质，即实质的体验。英国评论家阿布拉德利先生曾经说过：“诗歌即诗，我们认为诗就是真实存在；一首真实的诗是当我们读这首诗时，我们体验了一系列的经历——声音，图像，思想。诗确实存在。”同样，诗歌也有不可计数的品质和种类。根据“形式”，或者回应的诗歌的方式，没有两个读者有完全一样的经历。一首新诗由每一个诗意地朗读它的人所创作——并非源自原质料。毕竟，我们生活在同样的旧世界，每个人与他在一起，当他磨炼自己的个性时，一种存在于与旧质料相互作用而创造出全新的、弥足珍贵且从未体验的观察、感知的方式。

一件艺术品，无论多么古老，多么经典，实际上不仅仅是潜在的，只有当存在于某种个性化的体验中，它才真是一件艺术品。就像一张羊皮纸、一块大理石、一块帆布，经历数年它依然保持自我同一（经受时间的打磨）。然而一件艺术品，它由它所体验的审美创作而成。无人质疑这一事实。当演奏乐谱时，没人认为纸上的线条和圆点超过唤起艺术品的记录方式。但是艺术品的真实性，就如帕特农神庙作为建筑一样真实。借助艺术家的作品询问艺术家到底意味着什么是很荒谬的：他会发现，在不同的时间，不同的阶段，他会以不同的方式以及自身的发展来解答艺术品的意义。如果他说："我的意思就是这样，这意味着无论你或者任何人都可以真诚地、凭借自己的重要经历摆它。其他任何观点都使得鼓吹的艺术品的'普遍性'成为单一身份的同义词。"帕特农神庙，或者其他任何事物都是普遍的，因为它能不断地在经验中激发新的个体认知。

今天的任何人都不可能像虔诚的雅典时代的公民那样体验帕特农神庙，就像一座 12 世纪的宗教雕塑，就连今天的一位虔诚的天主教徒的审美意义也与过去的崇拜者眼中的意义有很大不同。这些艺术品没能成为新的艺术品，并不是因为它们不是普遍的，而是因为它们过时了。这种经久不衰的艺术作品也许已经或者可能被一些偶然的，有着自身的时间和地点的事物唤起。但是被唤起的是已经形成并可以融入其他人经验的，并使他们拥有更强烈、更完整的自身体验的实质。

这就是艺术作品所形成的。它标志着一种设想、感知，呈现体验的质料的方式，这样就能最容易有效地成为那些没有天赋的人却有足够经验的而非原创者的创作质料。因此，在形式和实质之间，除了反思，没有任何区别。艺术作品本身是质料形成美学的实质。然而，批评家、理论家，正如反思艺术品的学生，不仅可能而且必须区分实质与形式。我认为，任何有经验的拳击手或者高尔夫球选手都将本能地区分做了什么和怎样做——区分击倒和出拳的方式；区分滚了几码的球和打球的方式。艺术家将做同样的区分，当他饶有兴致地纠正一个习惯性的错误时，或者饶有兴致地学习如何更好地获得特定的效果时。然而这种行为本身就是它是什么，因为，这个行为完成了。在这个行为上，没有区分，而是内容与方式、形式与实质的完美结合。

本书引用布莱德利的散文《为诗歌而诗歌》，区分主体和实质，这可以进行进一步的讨论。我认为，这个区分可以解释为在为艺术生产的质料与艺术生产中的质料之间的区别。主体或者“为艺术生产的质料”能够以其他流行方式而非艺术品本身的方式来表示和描述。“艺术生产中的质料”其实是实质，是艺术对象本身，因此不能通过其他方式呈现。正如布莱德利所说，弥尔顿的《失乐园》的主体是堕落的人与天使的反抗——这一主题已经在基督教圈子里被人熟知，并容易被任何熟悉基督教传统的人识别。从美学角度，诗歌的实质是诗歌本身；诗歌的主体是经历弥尔顿的富有想象力的处理。同样地，一个人可以简洁地告诉其他人，主体是“基督教宗教主题”。但是，若要向别人传达诗歌的实质，这个人将不得不让他接触诗歌，让诗歌的实质与他相关。

布莱德利关于诗歌的区分同样适用于艺术，甚至建筑。帕特农神庙的“主体”是贞洁女神帕拉斯·雅典娜，雅典城邦的主政之神。如果一个人拥有各式各样的艺术品，并牢记于心给每件艺术品一个主体，这个人就会发现对待同一主体艺术品的实体是不断变化的。在所有语言中，有多少诗歌的主题是花儿，或者是玫瑰。因此，艺术品的变化不是任意的，即使处于革命时期（正如批评学派所认为的那样），它们也从不受无纪律之人的无礼的希冀中产生一些新的令人惊愕的事物。正如世界上经历不同文化、不同个性的普通事物一样，它们也是不可避免地要经历。这一主题对于公元前四百年的雅典人而言具有重大意义，然而对于今天而言不过是一个历史事件。品读 17 世纪弥尔顿史诗主题的英国新教徒，不会对但丁的《神曲》的主题和场景深表同情，因为他无法欣赏后者的美学品质。今天一个“不信教者”可能是对这种诗歌极具美学敏感的人，仅仅因为对先前的主题漠不关心。另一方面，许多画的观察者至今在本质上，不能完全公正地对待普桑的画，因为对他的经典主题是如此陌生。

正如布莱德利所说，诗歌的主题在诗歌之外，实质在诗歌之中。这样才是诗歌。然而，“主题”本身范围很广。它也许仅仅是一个标签，可能是一个作品的场所，抑或是作为原质料融入艺术家的新经历和转变的题材。济慈和雪莱关于云雀和夜莺的诗中也并没有鸟的叫声，仅因为是特定场合的刺激。那么，为了清楚起见，不仅把实质从主题或者话题中区分，而且将实质、主体从先前的题材中区分。《古舟子咏》的“主题”是水手杀死信天翁及其产生的后果。本质是诗歌本身。它的主题是读者带给它的关于活生生的生物的残酷和怜悯经历。艺术家自身很难从单独一个主题开始。如果他开始了，他的作品必将不自然。首先是题材，其次是实质或者作品，最后决定话题或者主题。

先前的题材不会瞬间变成艺术家脑中的艺术品。这是一个发展的过程。正如我们所见的一样，因为先前所做的事情，艺术家知道他将往哪里走；也就是说，与世界接触的最初的兴奋和激动经历了不断的转变。他所达到的状态设定了需要完成的任务，并且制定了一个框架以限制更深一步的操作。在将题材转化为艺术品实质的过程中，那些预先设定的事件和场景会退出，并且被其他事物取代，被最初引起兴奋的质料吸收。

主题或者话题，另一方面，除了实际辨别，也许是完全没有意义的。我曾经注意到一个关于绘画的演讲者，通过展示一幅立体图片并让观众猜想这个图片是关于什么的，从他的观众那里博得廉价的笑声。然后，他告诉观众这幅画的主题——就像那要么是它的题材，要么是它的实质。艺术家给他的画贴上了标签，这就是他出名的原因。无论是为了震惊资产阶级还是由于它的场合，抑或因为一些凭借历史名人名义微妙的品质关系。演讲者和观众的笑声暗含了标题和图画的显著差异，从某种程度上反映了后者的审美品质。没有人会允许他对帕特农神庙的感知受到这样一个事实的影响：他没有碰巧知道这个被称为帕特农神庙的建筑的重要意义。然而，这个谬论依然存在，尤其是与图画相关，在很多方面比讲座事件里所描述得更加微妙。

可以这样说，名称是社会物质。他们识别对象以供参考，当提及贝多芬的第五交响乐或者提香的《埋葬基督》时，以便人们知道它意味着什么。华兹华斯的一首诗可以通过它的名字来判断，但是也可以通过特定版本某一页发现一首诗来鉴定，也可以通过诗歌名字《露西·格瑞》来判定。伦勃朗的油画《犹太婚礼》可以通过它的名字或者挂在阿姆斯特丹画廊的某个画室的特定墙壁来判断。音乐家通常以暗示关键性的数字命名他们的作品。画家更偏爱模糊的标题。因此艺术家们，也许是无意识的，努力摆脱通常将艺术对象与某些场景或者通过他们先前的经验能识别出的事件过程相联系的倾向。一幅画也许以《暮光之河》为题登在目录上，即使这样，许多人也会认为他们必须结合他们曾经在那个特定时刻看到的河流经历来欣赏这幅画。目前为止，在这样的情况下，一幅画不再是一幅画，而是一件库存或者文件，就像为了历史、地理目的或者商业刺探而拍摄的一张彩色照片。

所做的区分是基础的，但它们是美学理论的基础。例如，当主体与实质的困惑终结时，关于之前所讨论过的画像所有的分歧也将终结。通过在画廊边走边表达意见的观光者，布莱德利先生呼吁关注对待艺术品仅仅像某件事的暗示那样的常见倾向。“这张照片像我的表弟”或者“那幅画像我出生的地方”，这幅画是关于以利亚，当观赏者在满足自己之后，欣喜地发现主题不是别的，恰恰是下一幅画的主题。就艺术的主体——实质应该是什么而言，除非能欣赏主体和实质的本质区别，不然不仅一般的游客会出错，就连评论家和理论家根据他们先入为主的观念判断艺术的对象也会出错。恰当地说，易卜生的戏剧处于很“肮脏”的时代，依据美学形式的要求并距涉及被指责为随意和反复无常的扭曲躯体的方式时修改绘画题材的时代并不遥远。在对马蒂斯的画所做的评论中发现，画家反驳这种误解。当有人向他抱怨从来没有看到过像他画中所画的那样的女人，他回答道：“夫人，那不是一个女人，那是一幅画。”参与没有联系的题材——历史、道德、情感或者在已建立的规则制定合适的主体的掩盖下的讨论，评论家在向画廊里的解说员学习方面有很大的优势：解说员对画作、创作画作的场合以及画作所引起的情感联系、勃朗峰的威严、安妮博林的悲剧一无所知，但在审美上，评论家和解说员的审美水平一样。

一位城里人，孩提时代在乡村生活过，很有可能去买一幅画着绿色草地、草地上有吃草的牛或者流淌的小溪——有一个可游泳的水潭的画。和现在的富裕形成了对比，去除了令人疲倦的经历，增加了一些情感价值，他从这样的画中获得童年某些价值观的再现。在所有的这种情况下，这幅画不为世人所见。这幅画被用作达到情感的跳板，因为那令人愉悦的无关题材。

有关童年和青年经历的题材不过是许多伟大艺术的潜意识背景。但对于艺术的实质而言，这类题材必须是运用媒介使之变成新的对象，而不仅仅是以怀旧的方式暗示。

在艺术品中，形式与质料相联系并不意味着它们是一样的。这表明在艺术品中，形式和质料并不是两种截然不同的事物，质料构成了作品。但是当它们设定在反思、批评和理论中时，它们是不同的。我们被迫询问作品的正式结构，为了明智地进行询问，我们必须对形式是什么有个大致的概念。这是一个惯用的词汇，在意义上相当于形状或外形，由这一事实出发，我们也许对这一观点有所把握。形式与图画尤其有关，通常只是简单地与线性轮廓所定义的模式相关联。现在形状仅仅是美学形式的一个元素，并不构成美学形式。在大众的看法中，我们通过它们的形状识别、确认事物；甚至是看到的文字和听到的句子也有形状。考虑到一个重音的错误比其他类型的错误发音对识别的干扰更大。因为形状与识别的关系不局限于几何或者空间属性。仅当它们都从属于适应最终时，识别才起作用。在我们的大脑里，不与功能相联系的形状很难掌握和保留。勺子、刀、叉、家居用品、家具的形状容易识别，是因为形状和它们的功能相联系。

在某种程度上，形状和形式在艺术感官上是相关联的。两者都有组成部分。在某种意义上，即使是器具和工具的典型形状暗示着整体意义已经融入部分，这样是为了使它们符合要求。这一事实导致很多理论家，比如赫伯特·斯宾塞，通过经济、有效地调整部分来满足整体功能以识别“美”的来源。在某种情况下，合适的确是如此精致以至于构成可见的优雅的、独立的、没有任何功利的想法。但是这种特殊的情况表明了形状和形式本质的不同之处。因为有更多的优雅，而不仅仅是缺少笨拙，在这种意义上，“笨拙”意味着低效的适应目标。在外形上，这种适应本能的局限在特殊的目标——就像勺子盛着液体并送到嘴里。此外，勺子有着被称为“优雅”的美学形式，它没有那么多限制。

人们在试图用“美”或者美学品质来确定某一特定目的的效果时，付出了大量的脑力劳动。但是，在某种情况下这些尝试注定要失败，幸运的是两者按人类所希望的那样重合了，它们总会相遇。为了特定目的的适应通常（通常是在复杂事物中）由思想所感知，但是审美效果则直接被感知到。一把椅子可以提供舒适、卫生的座位，同时不需要满足眼睛的需要。相反，如果它阻碍而非促进视觉的体验，它将是丑陋的，不管它作为一个位子多么合适。不存在一种预先建立的和谐，它保证满足于一套器官需要的东西，会满足所有作为经验的参与成分的其他结构与需要的器官，从而导致完成所有因素的结合体。我们所能说的就是，在没有干扰的环境下，例如为了最大个人利益的生产对象，趋于打破的平衡这样对象将被满足——“有用”，严格意义上，作为整体的自我，即使这个过程中牺牲一些特定的效果。到目前为止，动态性状（与赤裸的几个图形不同）有与艺术形式相融合的趋势。

在哲学思想史的早期，形状的价值在于在形而上学的形式理论基础上，使对象的定义和分类被人类注意和把握成为可能。这种关系的经验事实，受为了一个特定的目的和用途而安排的某些部分的影响——像一把勺子、一张桌子或者一个杯子——而完全被忽略甚至被否定。形式被认为是内在的东西，因为事物的本质是宇宙形而上学的结构。人们很容易遵循这一推理过程从而导致提供形状与用途关系的结果曾经被忽略。通过形式——改进的形状——我们可以识别、区分的感知的事物：区分椅子与桌子，区分枫树和橡树。因为我们以这种方式注意到——或者了解它们，因为知识被认为是用来揭示事物本质的，由此得出事物的本质即拥有内在的、特定的形式。

此外，由于事物是由我们所熟知的形式而形成的，我们可以认为：形式是世界上的事物和事件的理性的、可理解的组成元素。当形式被设定为反对“质料”，质料是不理性的、固有的、混乱的、波动的，在质料之上，形式是外加的。形式是永恒，正如质料一直变化一样。物质与形式这个形而上学的区别体现在统治欧洲几个世纪的哲学之中。由于这一事实，它将仍然影响美学哲学中的物质与形式。这是它们倾向分离的偏见的根源，尤其是当形成假定：缺乏物质，形式仍有尊严和稳定性的时候。确实，如果不是因为这一传统背景，人们可能会质疑它是否会发生在任何人身上，它们之间的关系存在问题，所以唯一重要的区别就在于不完全形成的物质与完全、一致形成的物质。

工业艺术的对象有其特殊用途的形式。这些工业艺术对象，不管它们是地毯、瓮或者篮子，当这些质料被排列、调整，来直接充实那些专注认知的人的直接经验时，便是在以美学的形式呈现。任何质料都不能为达到一目标而改变，无论是勺子还是地毯，直到原材料发生变化，改变了部分的形状，并将这些部件相互参照以达到整体目的。因此，在明确意义上，这个对象有形式。当这个形式从局限一个特定的目的中解放，并服务于一个直接而且重要的经验目的时，形式不仅有用，而且是美学的。

“设计”这个词有双重含义，这一点很重要。设计表示目的、排列以及组合方式。房屋的设计是为了满足居住在其中的人的目的而建造的。一幅画或者一本小说的设计是其元素的安排，借此，它成了直接感知的表现性的统一。在这两种情况下，都存在关于很多组成部分的有序关系。艺术设计的特点在于将各部分联系在一起的密切联系。在一栋房子里有很多房间，我们根据它们彼此的关系进行安排。在艺术品中，除了在后期的反思中，它们之间的关系不能被割裂。在某种程度上处于分离状态的艺术品是很次的，就像一部小说，情节——设计——被认为是叠加在时间和人物之上，而非相互之间的动态关系。为了了解复杂的机器设计，我们必须了解机器的目的以及各个部件是如何配合适应以实现这一目的的。因为设计是质料的叠加而非共享，正如士兵们参加战斗，而他们在一般“设计”中只是被动地分担了战斗。

只有当构成整体的部分有了独特的目的而致力于一个有意识的体验时，设计和形式失去叠加的特性而成了形式。只要它们为专门目的服务，它们就不能这样做；只有当它们不凭借自身脱颖而出，而是与艺术品的所有属性相融合时，它们才能服务于具有一定经验的目的。在处理绘画形式的意义时，巴恩斯博士提出完全融合的必要性，“形状”和颜色、空间和光线的相互渗透。正如他所说，形式“合成或者融合所有的可塑性意味着和谐融合”。另一方面，在局限意义上讲，模式或者计划实际上“仅仅是可塑原件结合的框架”。*

这种媒介的所有属性的融合是必要的，如果所讨论的对象是为了在它全部的生命力里服务所有的生物，因此它定义了所有艺术形式的本质。至于一个特殊的功能，我们可以将设计描述成与这或者那相关的目的。设计一把椅子一则为了舒适，二则为了卫生，三则为了绚丽的辉煌。只有当所有的方式都相互扩散时，整体才能涵盖部分以达到构建通过包容而非排斥的统一经验。这一事实证实了前一章关于直接感官品质和其他表达力相结合的立场。只要“意义”是联想和暗示的问题，它就会脱离感观媒介的品质，而形式则不受影响。感官品质是意义的载体，并非像车辆是货物的载体，而是像婴儿是母体的一部分，母体是婴儿的载体。艺术品就像文字一样，蕴含着意义。意义源自过去的经验，有着多种形式，通过这些方式标记给定图片的特定组成受到了影响。意义不是由“联想”添加的，同样也不是由颜色是主体的具体表现所添加，抑或由颜色是具体体现的主体所添加——依据我们偶然关注的图画。

---

* 参考《绘画艺术》第二卷第一章，第 85 页和第 87 页。形式在此定义为“价值标准”。

巴恩斯博士指出，它们不仅是从过去经验保留下来的用来提升表现力的智力意义，而且也是增添情感激励的品质，无论这种激励是平静的还是强烈的。正如他所说的："在我们的心中有很多种情感态度，当适当的刺激到来时，情感已做好再次兴奋的准备，比其他任何形式都多，正是这形成了比普通人心里要更加丰富的经验的残余，成了资本家的资本。所谓的艺术家的魅力在于他有能力将这些价值从一个领域转移到另一个领域，并将它们附加到我们日常生活的对象上，通过艺术家具有想象的洞察力使得这些对象更加深刻、重要。"* 既不是颜色，也不是感官品质，是物质或者形式，然而这些品质与价值转移都是完全被感染的。根据我们的兴趣点，它们要么是物质，要么是形式。

有些理论家将情绪与外来价值区分开来，因为之前提及的形而上学二元论，其他人从恐惧中避免艺术品被过度智力化。他们关注的是强调某种实际上的审美必要性——审美体验的即时性。不能太强烈地断言不是即时性审美的就不是审美。这个错误在于认为只有某一特殊的事务——那些只与眼睛、耳朵等相关的事物——才能被立即体验到。的确，通过感官我们才能直接体验到品质。当然，根据一些理论家所说的，所有的关系物质都会被外在的联想或者被统一的思想行动取代。依据这一

---

* 引用自亨利·马蒂斯艺术品中关于价值转移的章节，第 31 页。巴恩斯博士指出，马蒂斯作品的直接情绪效应是无意识的，由首先与情感价值相联系的挂毯、海报、玫瑰花（包括花卉图案）、瓦片、纹理以及条纹转移而来，就像很多横幅和其他一些物品一样。

点，严格意义上说一幅画的美学价值仅仅由某种关系和颜色之间相互依存的顺序关系组成，而不是与物体的关系。它们通过呈现水的颜色、岩石的颜色、云朵的颜色等获得的表现力是由于艺术。在此基础上，在美学和艺术中总存在隔阂。它们是两种截然不同的类型。

威廉·詹姆斯预先发现了这种潜在的分歧心理，当他提出这些诸如“如果”“然后”“并且”“但是”“来自”“和”的直接感官时。他指出，不存在一种如此全面联系以至于也许不是直接体验的问题。每一件曾经存在的艺术品都与讨论的理论相矛盾。毫无疑问，某些事物，即思想，发挥着调解的作用。但是只有曲解的、废除的逻辑认为是这样，因为有些事物是被调解的，因此，它不能被立即感知。这就是一种情况，我们无法理解任何思想，或者调解机制，我们不能充分地掌握它；直到我们感觉、感知到它，就像它是一种气味或者一种颜色一样。

那些特别痴迷于思考、把思考当职业的人，当他们观察思考的过程，而非辩证地决定他们必须成为什么时，他们意识到即时感知没有限制。不同的想法有不同的“感觉”，即直接品质，就像其他任何事物一样。一个人通过思考复杂问题，通过思想的这一属性找到他前进的方向。当他选错路时，这些品质会阻止他；当他走对路时，这些品质会助他前进。这些品质是指引“停和前进”的标志。如果一个思想家不得不阐述每个想法的意义，他将迷失在没有目标、没有中心的迷宫当中。不管思想何时失去直接的感官品质，它就不再是思想，而变成了类似代数符号、用来执行某项操作的刺激，失去了思考的必要。正因如此，导致适当完成（或者结论）的思想训练是美丽的或是优雅的。它们具有美学特性。在反思中，区分意义和思想通常是必要的。但是这种区分并不存在于所有的经验模式当中。思想家在科学探究和哲学思想上有真正的艺术性，一个思想家既不循规蹈矩也不盲目前进，而是通过那些像有定性颜色的感知意义前进。*

感觉品质，包括触觉、味觉、视觉、听觉，都具有审美品质。但它们之间并不是独立的，而是相互联系，相互作用，不是简单独立的个体。它们之间的联系也不局限于它们自身的特点，颜色不局限于颜色，声音不局限于声音。即使以科学的方式尽可能地控制，也没能成功提取纯粹的颜色或者纯粹的光谱。在科学控制下形成的一束光线不会一致、迅速消失。它们内部复杂，边缘模糊。而且，只有当它被投射到背景上时，它才能被感知。背景不仅是其他颜色和色调的背景，它有独特的特质。即使是最细的光线投放的阴影，也不是均匀的。将颜色与光分离是不可能的，因为这样就不会产生折射。即使在最标准的实验室条件下，“简单”的颜色在一定程度上也会变得复杂，会有蓝色的边缘。绘画中所有的颜色不是纯粹的光谱颜色，而是颜料；也不能在空白上投影，但可用在画布上投影。

* 关于这个问题，不仅涉及特定话题，而且涉及艺术家特性的所有问题，本书作者参考了《哲学与文明》中关于定性思考的文章。

这些基础观察试图将科学发现应用于感知材料并转化成美学。它们显示出，即使是在所谓的科学基础之上，也没有“纯粹”或者“简单”的品质体验，也没有局限于单一感官范围内的品质。但是无论如何,实验室里的科学与艺术品存在着不可逾越的鸿沟。一幅画呈现了天空、云彩、河流、岩石、草地、宝石、丝绸等的颜色。即使是经过人工训练分辨颜色的眼睛，除了具有光色品质的事物，也不能排除由于这些事物而产生的共振和价值转移。关于光色品质，它与其他品质的对比和和谐的关系，在知觉中的表现就更是如此。那些通过线性制图、测量图画的人在这一点上抨击调色师，指出与稳定恒长的线相比，颜色从不会两次都一样，因为它会随着光线的改变以及其他条件发生变化。

与试图将解剖学和心理学的错位的抽象概念用在美学理论上相比,我们最好听听画家们是怎么说的。例如,塞尚曾说:“设计和颜色并不是截然不同的，在某种程度上，设计是存在的，当涂颜色的时候，颜色越协调，设计就越清晰；颜色越丰富，形式越完美。设计以及所有有图案事物的秘密在于色调的对比和相互之间的联系。”他曾引用另一位画家达拉克罗瓦的一段话:“给我一把街上的泥土，并让我按着自己的品位制作，我将把它做成如女人肌肤那样甜美的色彩。”品质的对立面，像纯粹调和过渡的即时感性关系一样，在一般理论、心理学和哲学上都是虚假的。在美学上，这是荒谬的，因为艺术品的力量依赖于两者之间的完全渗透。

任何一种感官行为包括态度以及由于整个有机体的性情。

属于感觉器官的能量进入了被感知的事物之中。当一些画家引进“点彩画”技术时，借助视觉设备将不同颜色的点散布在画布上，他们说明而不是发明了一种将物理存在转换为可感知物体的有机活动。但是这种改变是必要的。它不仅仅是视觉器官，而是在生活中整个与环境相互作用的有机体。眼睛、耳朵或者其他东西，只是整个反应发生的通道。所看到的颜色通常受制于很多器官，交感神经系统以及触觉的隐式反应。它是所有能量的涌出管道，而非源泉。颜色是华丽、丰富的，仅仅因为它们之间紧紧地连着整个有机共振。

一个更为重要的事实是，在经受对象形成的过程中有所反应的有机体，其观察、欲望和情感倾向受先前经验的影响而形成。它承载着过去的经历，不是有意识的记忆而是直接接管。某种程度上，这一事实说明每个有意识体验的对象都有表现力。这一事实已被证实。与审美物质相关的主题正在出现，那些过去经验的物质，承载着现在的态度，与所有感官提供的物质相联系。例如，纯粹的记忆，有必要区分两者；否则回忆将被扭曲。在纯粹获得的自主活动中，过去的物质处于某种程度上几乎不在意识里出现的地位。在其他情况下，过去的物质出现在意识里，仅仅是有意识地当作一个处理现在问题和难题的工具来使用。因为某些特殊的目的，它被保留下来。如果经验主要是一项调查，那么它有提供证据或者提出假设的功能；如果经验是“实践”，则为现在的行为提供暗示。

相反，在审美体验中，过去的物质既不像回忆一样备受关注，也不从属于某一特殊的目的。确实，对所有将要发生的事情都有限制。但这对现在经历有直接的影响。这些物质不是作为连接一些长远经验的桥梁，而是对当下体验的增加和个性化的过程。艺术品的范围是通过有机吸取过去和现在感知的过去体验的次数和类型来测量的。它们给其提供主题和启发。它们通常来自太过模糊、以任何有意识的纪念方式都不能辨别的来源，因此它们创造了一种艺术作品的光环和氛围。

我们通过眼睛欣赏一幅画，通过耳朵欣赏音乐。在反思中，我们被给予很多假设在经验本身，例如视觉品质和听觉品质，如果不排除，都是很重要的。不管后续的分析发现了什么，这种将它作为直觉本性融入原初体验的做法都是谬论的，这就是詹姆斯所谓的心理谬论。欣赏一幅画时，认为视觉品质是这样或者有意识的、重要的，而其他品质只是像附属物或者相关的一样或者相关的样式排列的观点是不对的。没有什么比真理更遥远。欣赏一幅画，读一首诗，或者读一本哲学专著，都是一样的不真实，在这个过程中，我们并没有以任何显著的方式意识到文字和语言的视觉形式。这些是我们对源自我们自身的情感、想象力和智力价值做出反应的刺激，然后它们通过那些以文字介质呈现的刺激相互作用来排列顺序。一幅画中所看到的颜色指物体，而不是指眼睛。仅仅因为这个原因，它们在情感上是合格的，有时甚至连催眠的力量都是重要的或者富有表现力的。借助解剖学和生理学知识来帮助化解困难，进行研究的器官显示成为调整体验的因果关键，也许体验本身就像眼睛所涉及的脑部神经一样不引人注目，但是只有经验丰富的神经科专家清楚任何经历甚至于连他自己都没有意识到当他全神贯注地注视某物时。当我们通过特别的帮助——眼睛感知流动的水、冰冷的冰、坚硬的岩石和冬日里光秃秃的树木，很明显其他一些特征而非眼睛的特征在感知方面更明显，更有控制力。正如任何其他事那样肯定，光学性能自身并不能通过依附在光学性能边缘的触觉性能以及情感品质脱颖而出。

刚刚提出的观点并不是一个遥不可及的技术理论。它直接关系到我们的主要问题：实质与形式的关系。这种关系有很多方面。其中之一就是意识内在倾向，扩大、进入与其他事物而非自身的联系，因此，由于自身的运动呈现形式，而非被动地等待被强加的形式。因为它的有机联系，任何感官质量都趋向传播与融合。当感觉质量首次处于相对孤立水平时，它就会如此，这是因为一些特殊的反应，也因为它是出于某种特殊的原因而被培养。它不再具有美感而是变得世俗了。这种孤立感并不是美学研究对象的特征，而是诸如麻醉剂、性高潮、赌博之类的为了即时的感官刺激的特征。通常，感官质量与其他质量相关，这样就能定义一个物体。反应器官给意义注入新鲜血液和活力，否则意义仅仅只是回忆的、陈腐的或者抽象的。没有哪个诗人比济慈更具美感。但是没有一个诗人曾经写过一首诗，诗里的感官品质被客观的事件和场景密切地影响着。弥尔顿似乎受到了对于今天大多数人来说是枯燥、无味的神学理论的启发。但是他充分了解莎士比亚时期的传统，所以他的实质是如此直接地创作恢宏的戏剧。如果我们听到一个圆润又令人难忘的声音，我们立即就会感受到，因为它是具有某种特征的声音。如果我们随后发现那个人，实际上是一个消瘦的人，我们就会觉得自己被骗了。因此，当艺术品的感性品质和知识产权不融合时，我们总是很失望。

在物质与形式融合的背景下，对装饰和表现关系的问题进行审视才可解决这一问题。表现力倾向于意义，而装饰则倾向于感知。眼睛渴望光和色彩，当渴望得到满足时，就会产生一种独特的满足感。壁纸、地毯、挂毯，不断变化的天空和鲜花的色调以满足人们的需求。阿拉伯式图案，艳丽的颜色，在绘画中有一个样板。一些建筑结构的魅力——因为它们有魅力和尊严——这源自在线条和空间的精妙调整中，它们满足了感知运动系统的类似感官需求的事实。

然而，在所有的这一切中，并不存在特定感官的孤立运动。由此得出结论：独特的装饰性是由于感觉神经束不寻常的能量，将生动性和吸引力赋予其他与之相关的活动。哈德逊是一个对世界上感性事物非常敏感的人。当提及他的童年，他说："就像一只幼小的用后腿奔跑的野生动物，对它周围的世界极其感兴趣。"他继续说："我喜欢色彩、气味、味道和触感。天空之蓝，大地之绿，水面的波光闪闪，牛奶、水果、蜂蜜的味道，干燥或者潮湿泥土的气息，鲜花和青草的气息，一片草叶也足以令我感到快乐；而且各种声音和芳香，所有花儿的颜色，鸟儿羽翼和鸟蛋的颜色，如鹈鸟紫色光滑的鸟蛋，所有的这些都令我陶醉。当我在平原上骑马时，我发现一片鲜红的马鞭草在绽放，覆盖着地表植物绵延数码，潮湿的绿地上散落着耀眼的花儿，我会尖叫着从马背上下来，躺在草地上，享受这些绚丽的颜色带给我的视觉盛宴。”

在这样的经历中，没有人会抱怨缺乏即时体验的认知。这更加显著，因为从康德以来，一些作家对嗅觉、味觉、触觉的品质所持的傲慢态度并没有受到影响。但是人们会注意到“颜色、气味、味道和触觉”并不是孤立的。享受颜色、感觉、事物的清香：草叶、天空、阳光、水和鸟儿。视觉、嗅觉和触觉立刻吸引了弧线，通过弧线这个男孩完全沉醉于他所居住的世界品质的敏锐的感知中所体验的事物的特性而非感知的事物的特性。特定感知器官的能动性涉及品质，因为这个原因，器官不是意识体验的焦点。物体品质的联系本质上在所有体验中都具有重要意义。消除这种联系，除了无意识的，无法识别的连续的短暂兴奋，什么都不复存在。当我们有纯粹的令人兴奋的体验，在突然、强迫的关注下它们来到我们身边，它们是震撼人心的，甚至冲击神经引发我们的好奇心去探索突然打断我们之前消遣的情况的本质。如果条件保持不变，没有能力将感知汇入物体的属性中，结果就是令人恼怒的——这就不再是美学享受了。使感知病理成为美学享受的基础并不是一件前途光明的事业。

将享受满地的马鞭草、水面闪闪发光的阳光、光滑鸟蛋的光泽转换成有生命的生物的体验，而我们所发现的与单一感官完全相反，或者是很多感官仅仅将它们各自的品质叠加在一起。后者通过它们与对象的共同联系协调整合成整体的生命力。而对象正是这些充满激情的事物。就像哈德逊重塑童年经历一样，艺术通过选择和专注为一个事物，超越纯粹意义的组织和秩序来提供参考，隐含在童年的经历之中。在它持续、积累的特性中的本土经验（特性存在是因为“感觉”是一个共同世界所预定的事物，而不仅仅是短暂的兴奋），因此为艺术品提供了参考的框架。如果原始美学经验是孤立的感官品质这一理论是正确的，那么艺术就不可能把联系和秩序强加给它们。

刚刚描述的情况是了解艺术作品与装饰性及表现力关系的关键。如果仅仅是享受它们自身的品质，装饰性和表现力之间将没有任何联系，一个来自即时感官体验，另一个来自艺术所带来的意义与联系。由于感官本身与联系融为一体，装饰性与表现力的区别就在于其中一个强调生活乐趣——不为明天、奢华的布料、令人愉悦的鲜花、成熟的水果而忧虑，狂热通过充分发挥感知品质的装饰性体现出来。如果艺术的表达范围是全面的，那么有价值的东西必须有装饰性的描绘，而另一些则必须没有装饰性的描绘。葬礼上欢乐的小丑必然与其他人相冲突。当给一个大街上的傻瓜介绍《基督的葬礼》这幅画时，他的仪表至少必须符合场合的要求。在特定场合过度装饰性有它自己的表现形式——戈雅在那个年代的一些宫廷人物画像中运用了夸张的手法，在某种程度上，那些宫廷人物的华丽令人发笑。要求所有艺术都应该是装饰性的，就像一个清教徒那样要求所有艺术都必须严肃，艺术材料在表达严肃方面是有限制的。

装饰的表现力在实质与形式上的特殊影响在于：它证明了孤立的感官品质理论是错误的。因为在某种程度上，装饰效果是通过孤立实现的，它变成了无意义的点缀、不自然的点缀——像蛋糕上的糖果人一样——和外在的装饰。没有必要特意谴责用装饰物来隐藏不足，掩盖结构瑕疵的不真实。但是必须注意，在美学基础上割离理性和意义，这样的谴责没有艺术依据。艺术上的不真实不仅仅是道德根源也有审美；只要实质与形式分崩离析，就存在不真实性。这一观点并不意味着，所有建筑上的必需元素都必须得到明显感知，因为建筑界的一些极端的“功利主义者”坚持认为，它们就应该是这样。这样的论点混淆了相当明显的关于道德与艺术的概念。* 因为在建筑中，就像在绘画和诗歌上一样，原材料是通过自身互动重新排列从而变成愉快的体验。

房间里的花儿增强了其表现力，当它们与家具相协调时，它们没有添加一丝的不真诚——即使它们掩盖了某些结构上的必需元素。

事实的真相是，一种联系的形式是另一种联系的物质，反之亦然。当颜色被用来传递雅致、光辉和欢乐时，对于某些品质和价值的表现形式而言，颜色就是形式。这一观点并不意味着一些颜色有这种功能，而其他颜色有另外的功能。以委拉斯凯兹的《玛丽亚·特雷莎的孩子》，即她右手拿着一只花瓶的这幅画为例，

* 杰弗里·斯科特在他的《人文主义建筑学》一书中已经揭露并解释了这一谬论。

它的优雅和端庄是无法超越的，每个方面都弥漫着精致——裙子、珠宝、脸颊、头发、手、花儿；但是完全相同的颜色不仅表现在面料，而且表现在委拉斯凯兹画中人物的天生高贵感，甚至表现在王室成员身上。他不只是加上王室的符号，而是表现出了一种内在的高贵。

当然，所有的艺术品，即使是最高品质的艺术品，必须有提香、委拉斯凯兹和雷诺阿所展示的这种装饰性和表现力完全相互渗透的特点。艺术家也许只在一个方面或另一个方面伟大，但仍然是伟大的艺术家。法国的绘画，几乎从一开始就以一种生动的装饰感为标志。朗克雷、弗拉戈纳尔、华托可能精致到了脆弱的程度，但是几乎从没有呈现布歇的标志性特点：割裂表现力与外部修饰。他们偏爱精致细腻的主题，因为这样能更充分地表现出来。与他们相比，雷诺阿的画中有更多共同生活的实质。但是他运用各种塑造方式——颜色、光、线条、平面，在它们自身以及相互关系中传达一种与普通事物交融的喜悦感。据说，那些知道他使用模式的朋友有时抱怨他让他们比真实的自己更美丽。但是那些看过这些绘画的人，没有一个觉得它们被“固定”或者“美化”。所呈现的是雷诺阿对这个世界的快乐体验。马蒂斯在当代装饰调色师中是无与伦比的。一开始，他也许会因为各种过于艳丽的颜色并列而让观赏者感到震撼，因为起初有形的空白似乎是“令人反感的”。但是，当一个人学会了去欣赏，他就会发现一种奇特的渲染特点，这是法国绘画艺术的特点——清晰。如果试图表达却没有成功——当然，它总是不成功——那么装饰性本身就会脱颖而出，并像放了太多的糖一样令人难以忍受。

因此，学习感知艺术品的一个重要能力——许多批评家所不具备的能力——是抓住使特定艺术家感兴趣的事物的各个阶段。静物绘画如果不是出自大家之手就会像大多风俗画派一样空洞，大家通过重要结构因素的装饰质量而使其变得富有表现力，例如，夏尔丹通过眼睛注视呈现体积和空间位置；而塞尚凭借水果获得永恒的品质，瓜尔迪则与之相反，用装饰的光辉来成就建筑的不朽。当物品从一个文化媒介传播到另一个文化媒介时，装饰性就呈现了新的价值。东方的地毯和钵碗的图案，它们最初的价值通常体现在宗教或者政治上——作为部落的象征——通过装饰性的半几何图形呈现。西方的观察家除了了解很多关于中国绘画中佛教和道教的联系的宗教表现形式外，并没有了解前者。可塑元素依然存在，有时会给人一种装饰脱离表现力的错误的感觉。本土元素是需要支付入场费的媒介。当剥离了本土元素，其内在价值依然存在。

美，通常被认为是美学的特别主题，在之前几乎没有人提及。这恰恰是一个情感术语，尽管它表示一种特殊的情感。当我们被一幅风景画、一首诗或者一张图片以直接而强烈的情感所控制时，我们被感动地低语或者感叹“多美啊”。惊叫是对对象能引起赞赏能力的一种赞美。美丽是最晚从分析术语中删除的术语，因此从理论上可以理解为一种解释或者分类的方法。不幸的是，美被固化为一种奇特的事物；情感上的狂喜必须从属于哲学所谓的实体化，美作为直觉的本质的概念已被提出。出于理论目的，它变成了一个障碍性的术语。如果在理论中使用这个术语来指定一种整体的审美品质，那么当然能更好地处理经验本身，并显示品质是如何进行的。在这种情况下，美是对反思的反应，这种反应是物质通过内在关系整合到一个整体中的完美运动。

还有另一种更局限的术语用法，美和其他美学品质模式——崇高、滑稽、怪诞是相悖的。从结果来看，这个区分并不令人愉悦。它往往涉及那些以辩证手法处理的概念，以及一种阻碍而非帮助的直接感知的分类参与其中的事物。而不是倾向屈服于对象，现成的区分导致为了比较而接近美学对象因而将体验限制在对统一整体的部分把握上。除了上文提及的即时情感意义外，对这个常用词的考察案例中揭示了术语的重要性在于显著地呈现了装饰性和即时感官魅力。另一个意义表明整体成员之间的适应性和相互调整关系的显著存在，无论它是对象、情景或者行为。

数学中的示范、外科中的手术，据说都是美好的——即使是典型病例，因为呈现了特性关系才被称为美好。这两种意义，即感官魅力和各部分的和谐比例表现形式，标志着人类是最完美的范例。理论学家在将一种意义归纳为另一种意义上所做的努力，说明了通过固定概念处理题材是徒劳无用的。相对于在特殊情况下被当作形式或者实质，这一事实揭示物质与形式的直接融合以达到启发性反思分析的目的。

整个讨论可归结为：割裂物质与形式的理论以及致力于在经验中发现一种特殊的轨迹的理论，尽管它们彼此对立，但存在着一样的根本谬论。它们依赖于把有生命的生物从它们的生活环境中分离出来。当一个流派很有影响时，它就变成了哲学上的“理想主义”学派，使意义利益或者关系利益分离。另一个学派，即轰动一时的经验主义，代表感官品质重要性，使意义利益或者关系利益分离。人们还不相信美学体验能产生自己对于艺术解读的概念。这些都是从没有参考艺术的思考系统中现成地拿进来，强加上去的。

关于物质和形式这个问题，没有哪个结果比这个更糟糕。很容易引用作家在美学上关于物质和形式的原始二元论的研究来填补这一章的内容。我引用了一个例子：“我们称希腊神庙的外观很美，尤其是提及它令人羡慕的形式，因此，在预测美丽的诺曼城堡时，我们指的是城堡意味着什么——是对过去骄傲力量和由于时间不懈的冲刷而逐渐征服的想象所产生的效果。”

这个特别的作家直接认为“形式”是感官，而物质或者“实体”则是意义。这很容易逆转这一过程。废墟风景如画，也就是说，它们的直接形状和颜色，再加上茂盛的常青藤，对于感官有一种装饰性的吸引力。然而，有人会说，希腊神庙的外观效果是由于对比例关系的认知，这涉及理性而非感性的思考。确实，乍一看，把物质当作感官和形式来调和思想的做法，比反过来把感官和形式当作物质来调和思想的做法似乎更自然。事实上，两种区分都是任意的。在这种情况下是形式，在另一种情况下是物质，反之亦然。此外，随着我们兴趣和关注点的转移，它们在同样的艺术品中也变换着位置。以《露西》这首诗的一节为例：

"但至今还有人说，
那孩子依旧活着；
在寂寞的荒野，
犹见甜美的露西。
她辛苦跋涉，不断前进，
从未回首看顾；
她唱一支孤独的歌，
那随风而行的哨声。"

有没有人觉得这首诗，从美学上同时有意识地区分了感官和思想，物质与形式？如果是这样的话，他们就不会读出或者听出这首诗的美，因为这节诗的美学价值在于两者的融合。然而，在享受了这首诗之后，一个人可能会反思和分析。他可能思考词汇的选择、韵律以及节奏、词汇的运用是如何产生审美效果的。不仅如此，在对形式更加明确的理解基础上进行分析也许会进一步丰富直接经验。在另一种情况下，这些与华兹华斯发展历程、他的经历以及理论相关的特征会被视为物质而非形式。一个关于小孩忠于死亡的故事作为形式，在华兹华斯的诗歌中体现了他个人经历的物质。在经验中统一形式和物质的最终原因是在与自然界和人类世界的互动中关于经历和做的密切关系，那些割裂物质和形式的理论有其根本的源头，因为它们忽略了这种联系。品质被视为对事物的印象，而关系则作为印象之间的联系，或者是由思想引入的事物。它们反对统一物质和形式。但是它们来自我们自身的局限，它们不是内在的。它们源自冷漠、自负、自怜、冷淡、恐惧、惯例，源自那些阻碍，转移和阻止有生命的生物与它生存的环境互动。只有那些通常很冷漠的人才会在艺术品中发现短暂的兴奋；只有那些沮丧的、无法面对他自身处境的人，才会通过在他自己世界无法找到的价值来寻求慰藉。但是艺术本身仅仅是在忧郁或者困难的风暴中保持平静的能量。

经由艺术，那些原本愚笨、不成熟、受限制的、被抵制的事物的意义被阐明、浓缩，不是通过思考努力工作或者逃避到一个纯粹意义的世界，而是通过创造新的体验。有时，夸张和强化的方式是这样实现的：

“……某首哲理歌
唱着这样的真理；珍惜我们的日常生活吧！”

有时候，它是远方的一段旅程、一次冒险。

“就是这声音常常
在被遗忘的仙域里引动窗扉，
一个美女望着大海险恶的浪花。”

无论艺术品所追求的是怎样的道路，仅仅因为它是完整而强烈的体验，因而要保持活力去体验丰富多彩的世界。

第七章

形式的自然史

之前的章节分析认为，形式是将材料汇织在一起形成艺术的事物。先前给出的定义阐述了当形式初形成时、当它存在于艺术作品中的含义。定义中未讲述形式怎样形成以及形成的条件。形式被定义为关系以及依据在选定媒介中关系的完整性的美学形式。但是，“关系”是一个不明确的词语。在哲学话语中，它被用来指定一种建立在思想上的联系，表示某种间接的、纯理性的，甚至是逻辑性的东西。但是“关系”在其惯有的用法中则表示直接、活跃、动态以及充满活力的意义。它聚焦于事物之间相互作用的方式，例如彼此之间的冲突和团结、成功与失败、促进和阻碍、相互激发和抑制的方式。

理智关系以见解的形式存在；它们表明术语之间的关联。在艺术中，无论在自然抑或生活中，关系都是相互作用的模式的体现。它们是推进与拉扯，是收缩与扩展，它们决定互动的轻重缓急、上升下降以及和谐与不和谐。友谊关系、夫妻关系、亲子关系、公民和国家的关系，像身体在万有引力和化学作用中的关系一样，都可以用术语或概念来象征，然后在见解中陈述。但是，关系作为行为和反应而存在，事物在这些关系中得以修正。然而，艺术是表达而非陈述；它关注感知品质中的实有存在，而不是以术语象征的概念。社会关系是一种含有情感与义务、交往、传承、影响和相互修正的关系。从这个意义上讲，“关系”在艺术中被用来定义形式可以理解。

从形式上来看，在构成一个整体的过程中，各部分相互调适、相互适应是一种具有艺术作品特征的关系。在范围之内，每台机器、每个器具都有一个类似的相互适应。在每一种情况下，结果都实现了。虽然只是一种效用满足，但也是一个特定和有限的结果。美学艺术作品满足了许多目的，且没有一种是预先设定的。它服务于生活，而非规定一种定义好的和有限制的生活方式。若在美学客体中，各部分没有联系在一起，这种服务是不可能实现的，但在各部分均是一个动态、活跃的情况下，如何实现这样一个整体？这是我们面临的问题。

在马克斯·伊士曼的《诗歌欣赏》中，他用了一个恰当的例子来引出美学体验的本质。他讲到一个人穿越河流，乘渡船来到纽约。有些人仅把这当作一次去向往目的地的旅程——一种必需的方式。因此，他们也许在读报纸。一个无所事事的人可能会看这座那座建筑，并辨认其为大都会大厦、克莱斯勒大厦、帝国大厦，等等。另一个迫不及待要到达目的地的人可能会注意寻找能够判断他到达目的地的进度的路标。另外一个第一次踏上这段旅程的人，他急切地看着，却被散布在视野中的各种各样的物体迷惑。他既没看到整体，也未看到部分；他就像一个门外汉，走进一个遍布运作机器的陌生工厂。另一个对房地产感兴趣的人，可能在看天际线的时候，注意到显示建筑物高度的参照物，从而了解土地的价值。或者，他可能会让自己的思想徜徉于一个伟大的工业和商业中心。可能还会继续想到，一个建立在冲突而非合作的社会中的混乱，便是由于安排的无计划性所导致。最后，由这些建筑物所形成的场景就像画家所能看到的那样，互相关联，同时又与天空和河流交相辉映，变成一幅五彩和明亮的画卷。

与其他相比，最后提到的视觉的特征是它关注一个感知的整体，一个由相关联的部分组成的整体。没有哪个单一的图形、方面或特性被选为期待的进一步的外部结果的方法，也不会作为可能被绘制的推断标志。帝国大厦可能会被识别出来。但当它在绘画中被看到时，它被视为一个感知整体相关联的一部分。它的价值和为人所看到的特性被整个场景中的其他部分改变，反过来，它的价值与特性也改变了整个过程中其他部分的感知价值。那便是艺术场景中的形式了。

马蒂斯如此描述绘画的实际过程："如果在一块干净的画布上，我每隔一段就星星点点地画上蓝色、绿色和红色，在我装饰上的每一笔的映衬下，之前在画布上的部分便失去了它们的重要性。"如果我必须画一个内饰，在我面前我会看到一个衣橱。它给我一种生动的红色感觉；我把使我感到满意的红色呈现在画布上。于是，这种红色和画布的苍白之间便建立起一种关系。当我在旁边再画上绿色和黄色来代表地板的时候，在这绿色和黄色和画布的颜色之间就会有更多的联系。但这些不同的色调之间互相影响。在这其中必要的是，每一抹我所使用的不同色调之间是平衡的，这样它们就不会破坏彼此。为了确保这一点，我必须把我的想法按顺序排列；不同色调之间的关系必须通过这样的方式建立而非破坏。这样，新的颜色组合将会接连出现，那便会赋予我的概念以完整性。*

原则上讲，这里说到的无异于陈列房间，就像户主看到房间内的桌子、椅子、地毯、灯、墙壁的颜色、图片之间的间隔，这都是被精细选择与陈列的，它们形成一个整体而不是互相冲突。反之，就会产生困惑——感知上的困惑。视觉是无法自我丰满的。它被分割成一连串不相关联的行为，现在看到这个，接着那个，并且均不形成一个系列。当大量的事物达到平衡时，色彩呈现协调一致，线面相接，交互适宜。那么为了掌握整体效果，感知就会变成连续的，每一个相继的动作也会较之前增进并加强。即使乍一看，也会有质的统一感。那便是形式。

总之，形式绝不只表现于艺术作品。无论在哪里，只要感知不是愚钝或者扭曲，便会根据感知的完整性与统一性去有意识地安排事物和客体。形式是一个具有每一种经历的各种体验的东西。在特定意义上，艺术更有意地、充分地呈现出这种影响统一性的情况。形式也可以被定义为一种力量的运作，它把事件、事物、场景和情景的经历带入到它自己的完整实现中。

---

* 选自 1908 年出版的《画家手记》。在另一种联系中，人们可能会深思“有序思考”的必要性。

这样一来，形式与内容的关系就变成内在的，而不是强加的。它定性了一次得到完满的经历。如果这件事情是欢乐的，那么它的形式便注定不会是感伤的。如果是一种诗意表达，那么它的韵律、节奏、选择的词汇、整个结构、色彩安排、声调关系都会是不同的并且在一个画面中。在喜剧中，一个忙于工作、穿着睡衣正在砌砖的人便是得当的——形式适应整个事件。同样的内容可能会使另一场经历的推动彻底搞砸。

探索形式的本质与探索将一场经历得到完满实现的方式一样。当我们知道这些方式，我们就会了解什么是形式。虽然每一件事都有自己的形式，或者是独立的个体，但在任何内容有序发展至整体的过程中都有它的一般条件，因为只有当这些条件被满足时，才会有统一的感知和认识。

之前已经顺带提及一些形式条件。只有具备逐渐融合的价值观和累积效应，才会形成完美的融合。假如没有对先前存在的进行保存输入，也不会出现这种结果。此外，为了确保所需的连贯性，累积的经历必须要有对决议的悬念和预期。像活胚胎在每一阶段的生长一样，积累同时也是准备。只有按照预期进行，才不会出现抑制与破坏。由于这个原因，完成是相对的，是反复的，而不是在给定的点发生一次。最后的结局由于节奏性的间歇而变成预期当中的，但这一结局仅是从表面上来看。因为当我们不再阅读一首诗或小说或不再看一幅图片时，即使只是在潜意识中，这种效果也在进一步的体验中向前推进。

因此，诸如连贯、积累、保存、紧张和预期等特征都是审美形式的正式条件。在这里，阻力这个因素要特别注意。没有内部的张力，就会有对正规标志的随时碰撞，就会失去被称作发展与完成的东西。阻力的存在，明确了智力占据主要地位的事件上在优秀的艺术作品产出中的地位。在各部分相互适应发生的时候，需要克服的困难构成了智力工作中解决存在的问题的方法。在处理智力问题的活动中，构成问题的材料必须转化为解决问题的手段。这是不能回避的。但在艺术中，遇到的阻力会比在科技作品中更直接地进入工作。主体和艺术家都必须察觉、认识和克服问题；否则，在情感的触动下，欣赏就会变得短暂且太过。为了能够美学地感知，他必须重新塑造他过去的经历，这样一来他就可以融入一个新的模式或格局。既不能忽视过去的经历，也不能像过去那样混在他们中间。

无论是艺术家还是旁观者，对最终产品严格的预先设定都会导致脱离机械或学术产品的转变。在这种情况下，最终的客体和感知所达到的进程并不意味着在向一个完满体验的构成中前进。后者更像是一个模板，即使副本在制作时只存在于头脑中，而非实际的东西。艺术家不关注他的作品的呈现结果的说法是不真实的。他的确关心最终由先前存在的所形成的一种完备化的结果，而不是因为在预先准备方案下的一致或不一致结果。他愿意把结果留给它从中发出，并由此而得到总结的手段的恰当性上。就像科研人员一样，他允许将感知的内容与它呈现的问题相互关联来确定问题，而不是坚持一种事先决定的一致。

体验的完结阶段——介于中间也在最后——总会呈现出一

些新的东西。赞赏中总会掺杂些许的惊奇。正如文艺复兴时期的一位作家所言：“在占比中若没有一些奇特，就不会产生极致的美。”连艺术家本人也没有预见到的意想不到的转变，是艺术作品的一种恰当特质；它将自己从机械中拯救出来，它赋予了随性艺术以自发性，否则那些艺术可能成为计算的结果。像科学研究者那样的画家和诗人会了解发现的乐趣。那些将自己的作品作为预先论点进行示范的人，可能会得到自我本位的成功的乐趣，但不会得到为了体验本身而实现一次经历之后的乐趣。在后一种情况下，他们通过自己的作品学习，随着学习的向前推进，去看、去感受他们最初的计划和目的里所没有的部分。

周期性的完结阶段贯穿于艺术作品始终，在伟大的艺术作品体验中，它的波动随着连续的观察而变化。这一事实决定了机械生产与运用、美学创造和感知之间不可逾越的障碍。在前者中，到达终点之前是没有终点的。作品往往变成劳动，生产成为苦差事。但是，对艺术作品的欣赏是没有期限的。它持续进行，因此也是有帮助的和有决定性的。那些否认这一事实的人将“帮助”的重要性界定在对某些狭窄的、没有基础的、有效力的办公室做出贡献的过程中。当事实没有被命名时，他们就会承认。桑塔亚纳说：“通过对自然的沉思来达到理想上的生动信仰。”这句话适用于自然和艺术，它象征着一件艺术作品习得的工具功能。我们对普通经历的情况和紧急情况，保持一种精神焕发的态度。在工作的意义上，艺术客体中的工作不会在感知的直接行为停止时停止。它继续以间接渠道运作。事实上，那些一提到与艺术相关的“有用”便会退却的人，恰恰会为那些被艺术所引发的持久的宁静、焕发或洗礼而赞美艺术。真正的问题是言语。这样的人习惯于把言语与达到狭隘目的的手段联系在一起——就像一把保护伞，以利于防止雨水或有利于割草机来收割谷物。

一些乍看似乎没有关联的特征，其实是富有表达性的。因为它们推进了体验的发展，从而给予了惊人的实现才有的满足。当这些特征与实际工作相结合时是正确的，例如稀有的技能和经济的运用。技能并不是艺术家外部装备的一部分，而是作为一种对客体来说增强表达的一部分。因为它促进了持续的进程，从而使其得出独有的确切的结论。它不仅仅属于生产者，也属于产品，因为它是形式的一部分；正如赛狗的优雅体现于它所表现的动作，而不是该动物除了运动之外所具有的特征。

如桑塔亚纳指出，奢华也是表达中的一个因素，是一种与粗俗的购买力展示毫无共同之处的高贵。无论是能容忍的劳动的频繁发生，还是因为它有未知的魅力以带我们去到几乎不为人所知的生活方式，稀有总归是一种加强性的表达。这种昂贵的示例是形式的一部分，因为它们在运作并推进一个独特的体验时，做了所有新的和意想不到的因素。熟悉可能也有这种效果。除了查尔斯·兰姆之外，还有一些人对家庭的魅力尤为敏感。他们不用蜡像来重现它的形式，取而代之的是为耳熟能详的东西而赞美。老人们采用一种新的方式，将熟悉感从由习俗通常带来的埋没和遗忘中拯救出来。优雅也是形式的一部分，因为无论内容何时转向结论，它都以必然的逻辑性标记这个作品。

一些提到的特性通常更多地涉及技术而非形式。不论何时，只要讨论的特性涉及艺术家而非他的作品，归因便是正确的。有一种技巧会强加于人，就像写作大师的出色部分那样。如果技能和经济暗示着他们的作者，他们就会把我们从作品中带离。这种对作者起到暗示的特性，存在于作品中，但不是属于作品本身的特性。之所以它们不属于作品本身，正是因为我所强调的消极方面。它们没有引导我们置身于一项统一发展的体验进程当中；也没有像宣称的那样，带领客体达到最后的完满。这些特性就像是那些多余的元素。技术既不等同于形式，也不完全独立于形式。恰当地说，它是控制构成形式各要素的技巧。否则，就会变成脱离表达的卖弄和炫技。

因此，技术上的重大进步与解决问题所做出的努力密切相关，这些并非技术性问题，而是产生于对新的体验模式的需求。这种说法在美学作品中是真实的，在技艺中同样如此。仅对旧式交通工具的改善就是技术上的改进。但是，当社会需求呼吁一种快速的运输方式，相比于从四轮马车到汽车的技术变化，即使对于火车都不可能实现的时候，这些都是微不足道的。如果我们拿出自文艺复兴时期以来的绘画技艺的发展史及成就来看，就会发现这些发展与解决来自体验表达的问题所做出的努力密切相关，而不是来自绘画技艺本身。

从平面式的马赛克刻画轮廓到“三维”展示的转变是第一

个变革。直到体验扩展为一些东西的需求表达，一些超越了由教会法令所决定的宗教主题的装饰渲染的东西，才激发了这种改变。就其本身而言，“平面”绘画的习俗正如其他习俗一样优秀，就像中国的透视画法在某种角度和西方绘画一样完美。带来技术变化的力量是自然主义在艺术之外的经验发展。同样的道理也适用于下一个巨变，即掌握空中透视和光的方法。第三个伟大技术变革是威尼斯人利用颜色影响其他学派，尤其是佛罗伦萨画派，以雕刻线条取得了巨大成功——一场随着对体验的华丽文雅的赞赏需求而来的价值观的世俗化巨变。

然而，我不关心一门艺术的历史，我关注的是技术如何作用于表现形式。重要的技术依赖于表达特定的个性体验模式的需求，这从三个阶段来证明，在这三个阶段中通常会有一种新技术的出现。起初，艺术家们正在进行实验，他们对新技术所适应的因素夸张表达。这是正确的，就像曼特尼亚一样，用线条来定义对圆的价值的认识；在灯光效应上，典型印象派画家也是如此。站在公众这一边，人们会普遍谴责这些在艺术中的冒险意图和主题。在下一阶段，新进程中的成果被吸收，它们被自然化并产生了旧传统的某些修改。这一阶段确立了新的目标，因此新技术具有了“经典”的有效性，并伴随着一种持续到以后时期的威望。在第三阶段，处于平稳状态的大师的技巧具有的特殊特点以模仿的方式被采用并且以自身结束。因此，在 17 世纪晚期，艺术大师提香和丁托列托的戏剧表演主要通过光和阴影，被极大夸张至戏剧性程度。在圭尔奇诺、卡拉瓦乔、费蒂、卡拉奇、里贝拉那里，戏剧性地描画运动的尝试产生了舞台造型的结果并以失败告终。在这第三阶段(随着创造性工作，后者得到了普遍认可)，技术是借入的，与最初诱发它的急迫体验无关，是学院派和折中主义者产生的结果。

我先前已经指出，技艺本身并非艺术。在此补充一点常被忽略的，即在技术与艺术中的形式十分相关。早期的哥特式雕塑具有的独特形式和中国绘画所独有的特殊视角并非因为它们缺乏灵活性。艺术家们说，他们必须用所使用的技术来更好地表达他们的观点。一种简单而直接的表达感觉内容的方式之于我们，就相当于迷人的天真之于他们一样。由于这个原因，在美学艺术中没有一连串重复的过程，当然也没有提前。希腊雕塑从其自身的标准来看，是后人无法超过的。就如雕塑家托尔瓦德森不会具备同样为古典雕塑家的菲底亚斯的特征。威尼斯画家所取得的成就也将无与伦比。哥特式大教堂建筑的现代复制品总是缺少原作的质量。在艺术运动中所发生的，是应表达需求所催生的体验的新材料的出现，因此在它们的表达中包含了新的形式和技术。马奈为了完成他的作品而回到过去，但他的回归并不仅仅是模仿一种古老的技术。

在莎士比亚的作品中，技术与形式的相关性得到了最好的印证。在他的声誉被公认为世界文学艺术大师之后，评论家们认为有必要认定他的作品都是伟大的。他们在特殊的技巧基础上建立了文学形式的理论。当一项更为精确的学术研究显示，许多受到褒奖的东西都是从伊丽莎白时期的传统中借鉴来的，他们感到非常震惊。对于那些将技术等同于形式的人来说，由之带来的影响便是莎士比亚的伟大随之下降。但其实他作品内容的形式仍然一如既往，并且不受他局部适应的影响。他在一些技巧方面确实应该有修正，但应更多聚焦于他艺术中重要的方面。

很难夸大技术与艺术形式的相关性。它随着与艺术作品几乎没有关联的各种情况而变化——就像化学中的某种新发现会影响色彩。最显著的变化是那些影响形式本身在其美学意义上的变化。技术与仪器的相关性常常被忽略。当新的仪器成为文化变化的一个标志时，它开始变得重要——也就是在物质中的表达。早期陶器很大程度上是由陶工的陶轮决定的。地毯和毛毯的几何设计很大程度上依赖于纺织工具的特性。这样的事物本身就像一个艺术家的体质——就像塞尚希望他能拥有马奈的肌肉。只有当这些东西与文化和体验的变化联系起来时，才会形成一种超乎古董的兴趣。那些很久以前在洞穴壁上作画和骨头上雕刻的技术，服务于当时环境提供或应用的目的。艺术家们总是应用各种并将一直使用各种各样的技术。

另一方面，也有一些业余批评人士，倾向于把科学家的试验局限于实验室中。然而，艺术家的本质特性之一便是他天生就是一个实验者。没有这个特质，他可能会成为穷人抑或优秀的院士。艺术家必将成为一名实验者，因为他必须通过公众世界里的各种方式和物质来表达强烈的独特体验。这一问题永远都不能被解决，因为每一项新开始的作品中都有这样的问题。否则，艺术家就会重复自己的风格并最终导致审美殆尽。只有通过实验的方式进行创作，他才能进入新的体验领域，也才能在熟悉的场景与对象中揭示新的方面与特质。

如果不说成是“实验性的”，而用“大胆创新的”来表达，便会赢得普遍认可——这便是文字的力量强大之所在。因为艺术家是纯体验的痴迷者，他会回避已饱和的物体，因此总是在事物生长的边缘。就像地理探险家或科学调查者一样，他必然不会对已形成或是既定的事物感到满足。“经典”产出的同时便带有冒险的特性。这一事实为古典学者所忽略，他们反对发展新的价值观的浪漫主义学者，他们的创作中通常不会有事物本身的含义。当下的经典，之所以被称为经典，是由于冒险的实现，而非冒险的缺席。能够感知和享受美学的人总是能带着冒险精神去阅读经典，正如济慈阅读《荷马史诗》一样。

只有结合具体的艺术作品才可探讨具体的形式。这些无法在关于美学理论的书中得以呈现。专注于一件艺术品中，以至于排斥对其进行理论分析，这样的专注不会长久。放任和反思有一种韵律。我们不再向客体屈服，而是去问它们是如何引导以及怎样引导至此。然后，在某种程度上，我们开始为具体形式的正式条件所占据。事实上，在讲到张力的累积、保存、预期和实现作为美学体验的特征时，已经提到了形式的条件。一个退出艺术作品很远、逃离艺术作品定性印象的原有效果的人是不会使用这些词汇的，同时也不会清晰地意识到它们代表的事物。但是，给予作品能量的那些区分开来的特性被还原成了先前陈述的形式的条件。

总体上那种令人不可抗拒的印象最为重要，也许在突然看到美丽的风景时，又也许是当我们一走进教堂，深受由昏暗的灯光、熏香、彩色玻璃和宏伟的比例相互交融而形成的毫不违和时。实话来讲，绘画可以使我们着迷。那是一种超越所有形容绘画的具体赞誉的冲击。就像画家德拉克洛瓦在评论前分析阶段时提到，“在了解图片代表的意义之前，你会被它神奇的统一性吸引”。这个影响的显著效果在音乐上尤为明显。在艺术中，由一个和谐整体所带来的冲击力通常被描述为艺术的音色。

然而，无限期延长这一审美经验的阶段是不可能且不可取的。唯一能保证的是，这种直接冲击与俘获处在一个相对高的水平，是体验的人培养的程度。就其本身来讲，往往是廉价的方式使用在俗气的东西上。从这一水平上升到一个有内在价值保证的水平，唯一途径是通过对区别实施干预周期。产品的差别与区分的过程密切相关。

虽然最初的俘获和随后的区别对自身的全面发展同等需要，但不可忽视的是直观感受先出现。就如风随意刮着的时候，即使在同一个客观条件下，也是时而有风，时而无风。它不能被迫使，当没有达到预期时，寻求用直接行动的喜悦去掩盖是不明智的。审美理解的开始是个人体验及其培养的保留。最后，其中的营养会逐渐形成区别。区别的结果通常会说服我们，讨论中的特定东西不值得唤起全神贯注的吸引；事实上，后者是由外来因素对对象本身所引起的。但这个结果本身就是一个对美学培养的确切贡献，并将下一个直观印象提升到一个更高的水平。就对区别的兴趣以及由对象直接俘获的感受而言，一个有效的手段是当感受非常强烈时，似乎古人达到的一种神圣的疯狂还没到来时，要拒绝模拟和假装。

在美学鉴赏韵律中，反思阶段是处于萌芽阶段的批评，最详尽和有意识的批评是合乎逻辑的扩展。特定主题的发展在别处有论述*。但这里至少必须讨论一下主题中的一个话题。许多错综复杂的问题，各种各样模棱两可的歧义和历史性的争议都包含在艺术的主观和客观问题中。然而，如果关于形式和主旨的地位已经被取代的论述是正确的，那么至少有一种重要的感觉，在其中形式必须与它所赋予资格的物质一样具备客观性。如果形式出现时，原材料被选择性地安排，从而达到体验的内在实现，那么，客观条件在一个艺术作品的创作中就是控制力量。当艺术作品、雕像、建筑、戏剧、诗歌、小说完成时，更像是机车或发电机一样，是客观世界的一个部分。就像后者一样，它的存在是以外部世界的物质与能量的协调为条件的。这里并非指这便是艺术作品的全部，即使工业艺术作品也是服务于目的的存在，当它运行在产生的后果超出了它的身体机能所能承受的范围的情况下，它确实像一个机车而非只是可能。也就是说，它传输人类和商品。但笔者这里想表达的是哪种美学体验是与目标分离的，当目标作为美学欣赏的内容，它必须满足那些客观条件，如果没有这些客观条件，累积、保存、增强并过渡到

---

* 参考第八章。

更完整的东西是不可能实现的。前几段中已经提过，美学形式的一般条件是物理材料和能量世界里的客体；然而后者并不满足美学体验，它们是其存在的必要条件。关于这个陈述的真理所在的直接美学证据是艺术家们的兴趣，在他们观察自身所处的世界，以及极其关注的工作中所运用到的物理介质所处的世界时，这些兴趣使他们着迷。

那么，那些植根于世界深处的艺术形式的正式条件究竟是什么呢？这个问题的含义不涉及尚未考虑过的物质。环境与生物体的相互作用直接或间接地是所有体验的源头，那些抑制、阻力、促进、平衡来自环境，当它们与生物体的能量以适当的方式相遇时，形式即形成了。在世界中，韵律是实现美学形式存在的首要特性。在诗歌、绘画、建筑和音乐出现之前，大自然中就已有了韵律。如果不是这样的话，作为形式的一个本质属性，韵律只不过是叠加在物质上的一个东西，而非物质在体验中通过其达到高潮的一种运作。

大自然中的韵律与人类的基本生存条件息息相关，当人类对自己的职业以及赋予其效果的环境有意识时，人类就与大自然紧密相关了。黎明和日落，白天和黑夜，雨水和阳光，这些交替因素与人类密切相关。

四季更迭几乎事关所有人的利益。当人们开始从事农业活动时，有韵律的四季交替就和群体的命运并存了。月亮的阴晴圆缺似乎对人类、兽类和庄稼有着不可思议的含义，并与人类的繁衍之谜息息相关。这些大的韵律、这些成长的周期循环紧密地连接在一起：从种子到成熟再到繁殖种子，动物的繁殖，男性和女性的关系，永不停歇的生死轮回。

人的生命受以下韵律的影响：清醒和睡眠，饥饿和饱腹感，工作和休息。随着手工艺的发展，农耕活动的韵律被分成精确的以及更直观的可感知的周期。随着木材、金属、纤维、黏土的制作，原材料转变为完善的材料的变化，通过技术上的可控制手段，得以客观的体现。在操作方面，有拍打、修琢、成型、切割、重击的反复循环，使作品成型。但更重要的是备战时期和栽植时期，庆祝胜利和丰收的时候，动作和语言以韵律的形式呈现的时候。

因此，在大自然的韵律中，人类的参与，其合作关系迟早会比以知识为目的的观察更为密切，并诱导韵律施加于其还未出现的领域。按比例排列的芦管，拉紧的弦和紧绷的皮通过歌曲和舞蹈渲染行动意识的路径。战争、狩猎、播种和收获、植被的死亡和再生、盘旋于牧羊人头顶的星空、月亮的阴晴圆缺，这些体验被经历，在哑剧中再生，在戏剧中演绎生命的意义。蛇、麋鹿、野猪的神秘活动，当在舞蹈中被演绎、在石头上被刻画、锻造成银器或描绘在墙上或洞穴中时，就变成了带来动物生命的实现本质的韵律。塑造形状的造型艺术将事物聚焦于声韵和独立运动，脱离于获得艺术特质的合成技艺。随之，捕捉到的节奏自然将明显的秩序引入到混乱的人类观察和图像中。人类不再将获得必需品的活动遵照于自然周期的韵律变化，取而代之的是，用那些必然性强加于他们的东西去庆祝与自然的关系，就如同被大自然赋予了她王国的自由一般。

自然变化秩序的再现和秩序的感知最初是紧密联系在一起的，密切到艺术和科学之间没有了区别。它们都被称作艺术。哲学用诗歌来书写，并且在想象力和创造力的影响下，世界演化成一个宇宙。早期的希腊哲学讲述自然的故事，因为故事中有开始、推进和高潮，因此故事的主旨需要美学形式。故事中，次韵律组成了延续与毁灭、产生与失去、缓解与集中、合并与分解这样的主韵律。法律的概念在和谐的概念中出现，而如今平淡无奇的概念，当被理解为语言艺术时，也是作为自然艺术的一部分而出现。

证明大自然的韵律的例子不胜枚举，这一点人尽皆知。经常用作例证的有潮起潮落、月亮的阴晴圆缺、血液流动的脉冲，以及植物的新陈代谢。自然界中每一种均匀性和规律性的变化都是一种韵律，这是未被普遍感知的。“自然法则”和“自然韵律”是同义词。就自然的多变性而言，对我们来说它不仅仅是一个缺乏秩序的流量，也不仅仅是一种混乱困惑的集合体，它的特点就是韵律。这些韵律的规律构成了科学著作。在天文学、地质学、力学和运动学中，记载了各种各样的韵律，它们是不同类型变化的规则。分子、原子和电子的概念，是随着制定出更小更精细的韵律的需求而产生的。数学运算是相对于最普遍韵律所能构想的最一般性的陈述。数字一、二、三、四，由线与角构成的几何图形，矢量分析的最高阶段，都是韵律记录和影响的手段。

自然科学的进步史是精益求精的历史，使我们更全面地掌握了最初引起古代人类注意的整体和有限的韵律。后来的发展到达了一个科学和艺术需要分道扬镳的境地。如今，自然科学主张的韵律显然是针对思想而非直观感知。它们被呈现于符号中，在感观印象上没有任何意义。它们只将自然韵律呈现给那些经历了长久严格训练的人。然而，对韵律的共同兴趣仍然是把科学和艺术联系在一起的纽带。由于这种关系，可能某一天，当下表达艰苦的主题只吸引到那些受过专门训练的人，只以象形文字的方式出现在感觉中的题材将成为诗歌的主旨，因此也可能成为令人愉悦的感知中的对象。

因为韵律是一种普遍的存在方式，是变化中秩序实现的基础，它遍及艺术、文学、音乐、造型和建筑，以及舞蹈中。由于人类只在行为适应自然规律的过程中才取得了成功，那些成就和胜利就像随之而来的斗争与抵抗一样，成为所有审美主题的发源地；从某种意义上说，它们建立了艺术的一般模式和形式的基本原则。不带有明确意图，它们不断累积的秩序变成了人们庆祝经历中最强烈、完美的时刻的方式。在每一种艺术和艺术作品的韵律的支配下，就像潜意识深处的最底层，那里存在着生物与环境关系的基本模式。

因此，人类喜欢运用韵律来描绘和展现，并不仅仅因为血液流淌中的收缩和舒张、交替的呼吸或运动中摆动的腿和手臂，也并非因为自然韵律中具体例证的组合。这些考量的重要性是巨大的。但最终的快乐源于这样一个事实，即这些事情是决定生命历程、自然和实现的关系的实例。对支配优秀艺术的韵律的兴趣可以简单地解释为生命中有韵律的过程，这种假设同时是有机体与环境分离的另一种情况。早在对自己的有机过程和心理状态进行大量的观察或思考之前，人类就已经专注于环境了。

“自然主义”一词在哲学和艺术中均有许多意义。像许多的“主义”词汇——古典主义、浪漫主义、理想主义和现实主义一样，自然主义早已成为一个情感术语，一个政治口号。在艺术方面，甚至更多地在哲学层面，过于正式的定义都不能打动我们；当我们了解它们的时候，那些使人热血沸腾和在具体层面能够激起赞赏的元素早已消失殆尽。在诗歌中，“自然”往往与一种兴趣相联系，这种兴趣与形式不同，如果韵律与形式不对立的话，那么主题来自与之相结合的人类的生活中。正如华兹华斯所说，在共享中，自然给人以安慰和和平的力量。

“当无益的纷扰和世界的热病
沉重地压在我的心上。”

在绘画中，自然主义暗示更为偶然的、非正式的，即地球、天空和水的直观表现，区别于那些关注结构关系的图片。但在自然的广泛和深层次层面，自然主义是所有伟大艺术的必需品，即使是最具宗教传统和抽象的绘画以及在城市环境中处理人类行为的戏剧，也是如此。即使在自然的特定方面和阶段，区别也会产生，在其中显示了标记所有生活与环境关系的韵律。

在任何情况下，都必须使用自然的和客观的条件来完成价值表达，这些价值属于即时特性中的集成体验。但是，艺术中的自然主义意味着比所有艺术都要更具自然和感官媒介的必要性。这意味着，所有能表达的都是人与环境关系的某些方面，当标志着题材与形式间相互作用特征的基本韵律被依赖和完全信任时，这一主题实现了与形式最完美的结合。自然主义常被用来指对不能被还原为生理上的和动物的价值观念的无视。但是，如果假设自然就是把自然环境与周围环境隔离开来，把人从事物的计划中排除出来，艺术作为一种客观现象的存在，使用天然材料和媒介证明了自然的意义，是不比人类与他们的记忆、希望、理解和欲望，以及对自然的片面哲学观的意义要少的。自然的真正对立面不是艺术，而是武断的自负、幻想和刻板的传统。

诚然，一些传统还是相当重要和自然的。在某些时间和地点的艺术由仪式和习俗的传统所控制。然而，他们也没有必要必须变成贫瘠且不具美学特征的，因为传统本身就处在团体中。即使他们采取规定好了的宗教的圣餐与礼拜仪式，也可以表达在这个群体体验中活跃的东西。当黑格尔断言艺术的第一阶段总是“具有象征意义”时，他暗示，就他的哲学而言，某些艺术一旦自由表达，只能表达由祭司或王室认可的方面。然而，这仍然是所表达的体验的一个方面。此外，作为泛化，这种描述是错误的。因为在所有的时间和地点，都有在官方认可和指导的艺术之外的歌曲、舞蹈、故事讲述、图片制作这样的流行艺术。不管怎样，世俗艺术总是更直接自然主义；同时，不论何时，当世俗主义侵略体验时，他们的特性会以自然的方式重塑官方艺术。这种曾经的重要性退化的表现到目前还未发生。例如，在欧洲西南部公共广场上目睹退化了的巴洛克建筑。至于达到轻浮的程度，这对于典型的用丘比特画像冒充天使的事例来说，简直是小巫见大巫。

真正的自然主义不同于对事物和特征的模仿，因为它是模仿艺术家的过程，时间赋予这些艺术家华而不实的权威——说华而不实，是因为并非从他们经历和表达的事物的体验中而产生的。这是一个对比的术语，相较之前存在的术语，这个意味着对存在韵律的一些方面有更深刻和更广泛的敏感性。这是一个对比的术语，因为它意味着在某些特定情况，个人感知被传统惯例取代了。再来回顾一下先前提到的在绘画中的美化。某些特定线条代表给定的情绪的设想是一种传统，而非来自观察；它阻碍了反应的敏锐性。当人类特性中的不固定性由于情绪的影响被感知后，当他们自己的韵律多样性变化时，真正的自然主义会随之发生。这里并不是说要给教会的影响限制有限的传统。当艺术家们成为学者的时候，更多的阻碍出现于他们自身和内部，就像意大利后来的折中主义画派和大多数 18 世纪时期的英国诗歌。为了方便，我称之为“现实主义的”艺术（词是随意而取，但事实的确存在），区别于自然主义，重现细节，但忽略了它们推进与组织的韵律。就像一张磨损了的照片，只记录了单调无味的事实。它的磨损，是因为对象只能从一个固定的角度进行接触。从变化的观点来看，形成微妙韵律的关系促进了接触的进程。有多少个性化的个体体验使用了一种形式上相同的韵律，尽管韵律实际上是由构成艺术作品的主题的不同材料区分的！

在对弥尔顿逝世后英国盛行的所谓诗歌用语的批判中，华兹华斯的诗作是一种自然主义的反叛。那个假设（归因于对华兹华斯所写的一些误解）他作品的本质就是用常见习语的运用，未对华兹华斯的实际工作起到任何影响。它假定华兹华斯延续了早期诗歌形式与主题分离的特征，而事实与之截然相反。实际上，它的意义体现在诗人的一个早期的诗句中，这被当作了一个与他相关的评论。

“在明亮的西边，在那边橡树缠绕的地方，

它的枝丫与树叶线条更加明晰。”

这是诗句而非诗歌，是没有情感触动的刻板描述。正如华兹华斯自己所说：“这是苍白无力且不完美的表达。”但他又说：“我清楚地记得它第一次触动我的时候。那是在从鹰舍到安布尔赛德的路上，我感到了极大的快乐享受。那一刻在我诗歌创作史上弥足珍贵；从那时起，我便开始有了对多种多样自然景象的意识，那是之前任何时代和任何国家的诗人都不曾留意到的，当我一开始认识它们，我便下定决心弥补先前的缺憾，那时我还不到十四岁。”

从传统，从既发源于又导致了不完整感知的一般化理论到自然主义的，到与自然变化中的韵律更微妙、更吻合地协调的体验的转变，是一个非常明确的转变的例子。因为这不仅仅是变化和变迁，他旨在表达有序的关系——从强调树叶和枝丫到阳光变化的关系。关于时间、地点和那独特的橡树的细节消失了；即使在这个特殊的例子中，联系依然存在，但不以抽象的形式存在，而是确切地、散文式的具体体现。

韵律主题作为形式的一个条件，讨论中未涉及它的转变。相比“自然主义的”，其他人可能倾向于用其他的词汇来表达逃离传统走向感知。但是，无论使用什么词，只要是美学形式恢复的需要，所用的词就必须强调对自然韵律的敏感性。这个事实让我对韵律有了一个简短的定义。它是一种有序变化。当没有强度或速度的变化而产生统一而均匀的流动时，是没有韵律的。即使是一种匀速运动的停滞，依然是停滞。同样，当变化不存在时，也就没有韵律。“发生”这个短语中含有大量的暗示。改变不仅需要到来，而且是一种存在；它在更大的整体中有着一定的地位。 在引自华兹华斯的诗句中，韵律中最明显的表现便是强度的变化，某些固定的形式会随着其他枝丫和树叶的较弱表现形式而增强。当没有动态和静态的变化发生时，不管描写得多么精致或是广泛，都不会产生任何韵律。但是，在一些复杂的韵律或节奏中，强度的变化并不是全部。它们帮助定义在数量上、面积上、速度上和内在本质差异上的变化，如色调、声调等，也就是说，强度的变化与直接感应到的主题相关。每一个在整体区分了部分的节拍，不仅增强了此前已出现的要素的力量，同时设置悬念，为此后出现的东西做了铺垫。增加了之前的力量，创造出一个悬念，这是对未来的需求。它不是具有单一功能的变化，而是整个普遍和统一的定性基础的调整。

一种均匀充满容器的气体、一股冲走所有阻力的洪流、一个一潭死水的池塘、一片完好无损的沙滩和一声单调的咆哮都是没有韵律节奏的整体。一个泛着涟漪的池塘、叉状的闪电、风中摇曳着的树枝、挥动着的鸟儿翅膀、萼片和花瓣的螺纹，以及草地上云朵变幻的光影，都是简单的自然韵律。* 必须有能量的相互制约。在一段时间内，某一种能量有一定的强度，因此，它会压制处于对立面的能量，直到后者在扩展的过程中战胜另一种松懈了的能量。接着，力量反转，在这里不一定是相同的时间段，但在某种程度上看是有秩序的。阻力积蓄能量；在释放和扩张之前，它将能量积蓄起来。在反转那一刻，有间隔、停顿、静止，这样相互对立能量的相互作用就可以被明确地定义和描绘。停顿是对抗力量的平衡或对称。这就是韵律变化储蓄的一般模式，论述中没有考虑到扩张和收缩同时发生的次要变化，这些变化持续在有机整体的每一个阶段和方面，也持续在一个事实中，即连续的波动和脉冲本身就是对最后的完满结局的积累。

* 我们指定它为“螺纹”的事实表明，我们潜意识里意识到了所涉及能量的张力。

就人类情感而言，对于表达来说起致命影响的即时发泄对于韵律是不利的。那样没有足够的阻力来制造张力、周期性的积累以及释放。能量未被保存以促进有序的发展。我们会得到一声呜咽或尖叫、一个鬼脸、一副愁容、一个扭曲的姿势和一个狂暴挥舞的拳头。达尔文的书《情感的表达》——更准确地说应该是“情感的释放”——讲述了许多情绪仅仅是一个有机状态随心所欲，在环境中直接做出外显行为的后果的事例。当完全的释放被推迟，并最终通过一连串有序的周期积累和保存而最终释放，这种释放就被周期性停顿的平衡划分为许多间隔。伴随着习得的审美素质，也只有这样，情感的表现就变成了真实的表达。

情感能量持续起着作用，但现在是做了真正的工作，它完成了一些事情。它能唤起、聚集、接受和拒绝记忆、图像、观察，并通过同样的即时情感将它们变成统一色调的整体。因此，就呈现出一个统一的、卓越的贯穿始终的对象。对情绪即时表达的阻力恰恰是迫使它成为一种有韵律形式的事物。这实际上是柯勒律治在诗体中对韵律的解释。关于它的起源，他提到，他“将会在脑中找到那种平衡，那种由无意识的努力所影响的平衡，在这无意识的努力中，努力抑制着激情的作用……这种有益对立由可抵消的状态辅助，通过意志和判断随之而来的行为，为了可预见的快乐目的，这种对立的平衡有意识地变有序为韵律”。存在着一种“激情和意志，无意识的脉冲和自发的意志的互相贯通”。如此一来，韵律“就增加了普通感觉和注意力的活泼性和敏感性。它产生的这种由于惊奇的持久兴奋和好奇的快速回馈的效果使人感到满意和二次兴奋，这些效果在任何时刻都是不同意识的客体，那么微不足道，但在它们的总体影响下却又变得相当重要”。音乐复杂化和加剧了友好交互对抗、悬疑和再执行的进程，在这一进程中，各种各样的“声音”同时相互对抗，相互解答。

桑塔亚纳确实提到过：“感知不会停留于头脑中，就像由印章和蜡这个陈腐比喻所暗示的那样，感知是被动的、不变的，直到时间打磨掉它们的棱角，使它们褪色。”不，感知落入大脑中，就像种子进入一垄田地里，或者像火花变成一桶火药。每一幅图像都会产生上百种其他的图像，有时缓慢而隐蔽，有时(就像一辆充满激情的火车开启时)会突然迸发出奇特的幻想。即使是在思想的抽象过程中，与大脑的连接也没有完全切断，并与交感神经系统和内分泌系统中的能量储蓄联系在一起。以一个观察或一个在脑海中一闪而过的主意开始，结果可能是一种过于直接的发泄，以至于失去韵律性。可能会有粗鲁且不守纪律的力量的表现，也可能在漫无目的的白日梦里，会有虚弱使力量消散。当活动采用了有时仅被“实际”所做而认定的形式，由于习惯已经变成了盲目的惯例，某些渠道可能会过于开放。一个对支配欲望不友好的世界的无意识恐惧滋生了对所有行为的压抑或在熟悉的渠道的局限性。在不温不火的冷漠与粗鲁的暴躁之间有许多不同的表现方式，在这其中，能量一旦被唤起，就不能在达到最终体验完满的累积、对立、悬念和停顿的有序关系中变化。后者是不成熟的、机械的、松散的和扩散的。相比之下，这种情况界定了韵律和表达的本质。

从物理上讲，如果你只把水龙头关小一点，对于水流的阻力就会迫使能量守恒，直到这个阻力被战胜。然后，水就会以水滴的形式，隔一定的时间滴下。如果一股水流掉落足够远的距离，那么就像在瀑布里那样，表面张力会使水流以水珠的形式到达底部。对于将原本统一的整体和广阔的区域分解为个体形式的定义和界定来说，能量的两极或对立面自始至终都是必要的，与此同时，相互对立能量的平衡分布提供了度和有序秩序，从而防止混乱无序的异质性。绘画、音乐、戏剧和小说都以张力为特征。在其明显的形式中，可以看到无论中间和边缘的物体中，都有互补色彩的使用以及前景和背景的对比。在现代绘画中，明暗的必要对比和关联并非通过浓淡处理、涂以红褐色以及棕色来实现，而是以明亮的纯色来实现。运用相似但方向相反的曲线来勾勒轮廓，如上下、前后。单一的线条同样可以表现张力。正如利奥·斯坦所说："如果沿着一个花瓶的轮廓，并注意到轮廓线弯曲时所需要的力度，就可以观察到这条线的张力。这取决于直线的内在弹性以及前面部分奠定的方向和能量，等等。"在艺术作品中，间隔的普遍使用非常重要。因为它们带来的是个体的界定和相称的分配，所以这些间隔不是破裂。它们之间界定清楚，同时也相互关联。

能量运行的媒介决定了最终形成的作品。歌曲、舞蹈和戏剧表演中克服的阻力在一定程度上属于有机体本身，同时也部分来自观众，如窘迫、恐惧、尴尬、自我意识、缺乏生动性。抒情的话语和舞蹈、乐器发出的声音拨动着气氛和大地。他们不需要面对重塑外部材料时的反对派。不论是站在生产者还是消费者的角度，阻力和后果都是属于个人的。然而，雄辩的言辞不是写在水上的。生物体和相关联的人在一定程度上是重新塑造的。作曲家、作家、画家、雕刻家在一个比演员、舞蹈家和音乐表演者在一个离观众更远的媒介中工作。他们重塑了一种外部材料，这种材料提供了阻力，并在内部设置了张力，同时也消除了现场听众所施加的压力。这种差异很深入。在观众中，不同的性情、天资，以及情绪被吸引都会产生差异。绘画和建筑不会获得像剧场、舞蹈和音乐表演所引起的直观的激动兴奋和欢呼。由口才雄辩、音乐和戏剧所建立的直观的个人联系是自成一格的。

造型艺术和建筑艺术的即刻效应不是根本的，而是在一个持久萦绕的环境中。同时它又是更间接和持久的。记录在信里的歌曲和戏剧，成文的音乐都在造型艺术中占有一席之地。在造型艺术中，客体修改所带来的影响是双重的。一方面，在人与世界之间会有一个张力的直接削弱。人更容易在家里发现自己，因为在家里，他处在一个自己参与创造的世界里。他会变得习惯并相对轻松。在一些情况下，在特定的限制下，由此产生的更大的住所和环境，对彼此的深入美学创作是不利的。一切都太顺利了，没有足够的不规则来激发新的表现形式和新的韵律。艺术变成了陈词滥调，满足于对陈腐主题的风格和方式上的细微变化，因为那些主题令人愉悦，并且会令人产生愉快的回忆。到目前为止，从美学角度来说，环境是快要枯竭的。艺术中学术和折中主义的再生和循环是一个不容忽视的现象。如果我们通常将学术与绘画和雕塑联系在一起，而不是与诗歌或小说联系在一起，那么，后者对于股票行情、熟悉场景的变化、易识别人物的乔装打扮的依赖拥有所有令我们称之为理论学术图片的特征，就依然是真实的。

但随着时间的推移，这种熟悉感迟早会在一些人心中产生阻力。熟悉的事物被吸收，形成沉淀，新事物的种子或火花会在其中引起骚动。当旧的没有合并在一起时，结果仅仅是古怪。但伟大的原创艺术家把传统融入自己。他们没有回避，而是消化了它。然后，他们自身所具有的新的东西与传统之间产生冲突，在环境中产生张力，这种张力要求一种新的表达方式的出现。莎士比亚可能有着“些许的拉丁和希腊风格”，但他是这样一个对可及素材的不知疲倦的吸收者，如果不是因为他对周围生活源源不断的好奇心，引起素材与他个人视野的反抗与融合，他可能早已变成一个抄袭者了。相比于建立起当代时尚的模仿者来说，现代绘画中的伟大革新者对于以往绘画作品要更勤奋一些。但是，他们个人视野中的素材与旧传统的相抵触，从而在相互冲突和加强中产生新的韵律。

事实表明，美学理论的基础建立在艺术上，而非一些无关的偏见上。理论只能基于对内在与外在能量的核心作用的理解上，以及能量的相互作用上，伴随着积累、保存、悬念和间隔，以及合作发展最终实现有序的或有韵律的体验的完满。然后，内部能量在表达中得到释放，同时，外部能量以形式的方式呈现。在这里举一个更完整和详细的例子，关于有机体与环境的所作所为与经历之间的关系，其结果是一种体验。所作所为与经历之间的不同关系所形成的独特韵律，是各项要素间分布与分配的源泉，这些要素形成了感知的直观性和统一性。缺乏适当的关系和分配会产生混乱，从而阻碍感知的单一性。通过艺术作品激励与构成的东西，关系生成体验。当体验的结果带来一种平静状态，所作所为会活跃起来。一个彻底的相关的经历会引起能量的积累，这是在活动中进一步释放的源泉。由此产生的感知便是有序的、清晰的，同时在情感上是缓和的。

在艺术中可以夸大宁静的特性。所有的艺术都是沉着镇静的，这种沉着与客体中的设计和构成相符。但同时，所有的艺术也都是具有阻力、张力和令人兴奋的事物；否则平静所引起的就不是完满了。在概念上，事物区别于那些在感知和情感上一体的事物。这些差异不存在于艺术作品中，它们在感官上与想象中、表面与内容或意义上、镇静与兴奋的哲学反思中是对立面；它们没有存在于艺术中，不是因为概念上的对立已经被克服，而是因为艺术作品存在于一个体验的阶段，在此阶段这些思想反映的差异还未出现。但从各种可能出现的兴奋点来看，在少量的变化中没有需要克服和会引起停滞的阻力。没有什么比在人行道旁等着搬家货车的到来的家具更具多样性了。然而，当这些东西被挤在货车里时，秩序和平静并没有出现。它们必须各自分布，相互联系，就像在房间里布置成整体时那样。分配与统一的合作带来了引起兴奋的变化运动，以及使之平静的完满。

在自然和艺术中有一个古老的关于美的准则：多样性的统一。一切都取决于如何理解介词“in”的含义。盒子里可以有许多物品，一幅画里可以有许多数字，一个口袋里可以有许多硬币，保险箱里可以有许多文件。统一性是外部的，内部的大多数组成部分也都是不相关联的。重要的是，当物体或场景的统一性是形态上的并处于静态时，统一性与多元性总是类似的或近似的。只有当术语被理解为能量间的关系时，公式才有意义。如果没有差异，就没有整体和部分。但是，只有当这些差异取决于彼此之间的阻力时，它们才具有美学特性，就像在音乐短语中的丰富性一样。只有当相互对立的能量之间产生合作和相互作用，并将阻力产生的焦虑解决，统一性才会产生。公式中的“一”是通过它们各自能量相互作用的部分实现的。“许多”是最终维持平衡的对立力量而定义的个体化的表现。因此，下一个主题是艺术作品中的能量组织。因为，形成艺术作品的多样性的统一是动态的。

第八章

能量的组织

人们一再暗示，艺术产品（像雕塑、绘画或其他）和艺术作品之间存在着差异。前者是有形的、潜在的，后者是主动的、有经验的。这就是产品的作用。无论是一个看似无形的事件，还是一个思想上系统化的主题，抑或是一个以统一的思想和情感的关爱来阐述的对象，没有什么东西会进入单调的、无人陪伴的体验。它是从复杂交互的开始进入的，这种交互作用的本质决定了最终体验到的事物的特性。当物体的结构是这样时，它的力就会与从经验本身产生的能量愉快地（但不是很容易）相互作用。当它们的吸引力和对抗力一起工作时会产生一种物质，这种物质会逐渐积累并肯定地（但不是太稳定地）达到冲动和紧张的状态，从而真正成为一件艺术作品。

在前一章中，我强调了这最后的艺术作品本质上取决于韵律的存在，正如我所指出的，韵律是形式在体验中的条件，因而也是表达的条件。然而，审美体验即艺术在现实中的作用是感知。只有当这些韵律成为体验中的韵律，那么即使它们是在一个本身是艺术产品的外在物体中体现出来的，它们也是审美的。而这种经过体验的韵律，与认为外在的物体是有韵律的这种思想上的认知是截然不同的，就像是对一个科学探索者来说，从数学方程式中去感知发光的和谐的色彩是愉悦的。

我从运用这一观念开始，来消除人们对韵律的一种错误观念，即韵律在某种程度上会严重影响审美理论。因为没有考虑到审美韵律是感知这一事实，因此这种对韵律的误解包括自我在主动感知过程中所贡献的一切。奇怪的是，这种误解存在于另一种观点，即审美体验是一种即时的感知，而我指的概念是认为韵律是不断变化的元素有规律地重复。

在谈到这一概念之前，我想指出它对理解艺术的作用。空间物体元素的顺序相对来说是固定的，这和它们进入产生体验的交互过程是不同的。除去缓慢的风化过程的影响，雕像的线条和平面保持不变，建筑物的结构和间隔也是如此。从这一事实得出结论，有两种艺术形式，即空间和时间，而只有后者是有韵律的。与之对应的错误观念是，只有建筑和雕塑具有对称性。如果这个观念影响到了理论，那么就很严重。事实上，否认绘画和建筑物的韵律阻碍了对其审美效果不可或缺的特性的感知。

认为韵律是文字重复和相同元素规律性的重复是从静态上或结果上，而不是从功能上来设想重复。因为后者是通过元素的能量，在促进的基础和一个完整、圆满体验的基础上解释重复的。持有此理论的人最喜爱的例证是钟表的滴答作响，因此可以把这个理论称之为滴答理论。我们一想就会知道，如果一直听相同的滴答声，那么我们要么会睡觉，要么会恼怒。然而，对这种规律性的认识是初步的，然后会通过叠加一些同样都很规律的韵律来使它复杂化。当然可以从数学上分析一种经过实际体验的韵律，它是基本的规律性和一些次要的规律性的结合。然而结果只是机械上接近任何至关重要的韵律或富有表现力的韵律。这与试图构建审美上令人满意的曲线（就像希腊花瓶一样）的结果是相似的，这些曲线都是由一系列曲线组成的，每条曲线都是根据严格的数学计算而构建的。

一名调查员在录音设备的协助下对歌手的声音进行了调查。调查发现，那些被认为是技艺精湛的优秀艺术家，他们的声音都是略高于或略低于精确音高线的，而那些还在培训中的歌手的声音很可能与精确音高线重合。调查员说，艺术家们对音乐总是“随意”的。事实上，这些“随意”标志着机械或纯客观的构建与艺术生产之间的区别。因为韵律是不断变化的。在韵律作为能量表现的有序变化的定义中，变化不仅与秩序同样重要，而且是审美秩序不可或缺的一个系数。假设秩序不变，变化越大，效果越有趣。事实证明，我们所谈论的秩序不是按照客观规律性来表述的，而是需要用另一个原则来解释。这一原则就是根据经验本身的完整性不断地累积，形成经验。有些东西虽然不使用外部材料观察或想象就无法获得，但它不是用外部条件来衡量的。

我可以用随意挑选的诗句来阐述这一点。这些诗句虽然有趣，但不是最高的秩序。华兹华斯的《序曲》中的一些诗词可以说明这一点：

"……寒风雨雪，
一切的一切，
形单影只的羊，枯萎凋谢的树，
老石墙上响起凄凉的音乐，
树林和流水的声音，还有薄雾
弥漫在两条阡陌上，
千姿百态地前行着。"

把诗歌变成散文以解释诗歌意思的做法总是有些愚蠢的，但是我此处用散文来分析的意图不是为了解释诗词的含义，而是为了说明一个理论。我们注意到，首先，诗词里没有一个词是字典里的固定意思。"风""雨""羊""树""石墙""雾"是用来表达整个情境中的词，因此它是这个情境的一个变量，而不是一个外部常数。诗词中的形容词也是一样的：雨夹雪的、单个的、枯萎的、凄凉的、千姿百态的。它们的感觉是由个人对诗词中营造的荒凉体验决定的。每一个词都有助于认识的进一步深化，反过来每一个词也因它作为一个能量因素进入到营造的体验中而合格。然后是物体的变化，一些相对静止的与一些运动的作对比；看到的和听到的事物：雨和风、墙和音乐、树和声音。接着随着事件的发生，"树林和流水的声音"，缓慢的韵律加快了，最后在无情弥漫的雾中达到高潮。正是这种影响每个细节的变化使这样的诗歌和对称对偶句是不同的。然而，"秩序"积极地保持不变，不是真正的物质重复或形式重复，因为每一个元素都是在营造的整个意境中发挥作用，没有一个元素是多余的，没有一个元素因冲突和破坏意境而不和谐。从审美上来说，秩序是由功能特点和操作特点定义和衡量的。

我们拿这些诗句与其他的事物做个对比，比如说一些福音圣歌，它轻快和摇摆的调子使成千上万的人获得了基本的审美满足感。后者的相对外在和物理特征表现在对时间的物理控制的倾向上，情感的贫乏缘于物质和处理的相对统一性。即使是在民谣中，副歌在体验中的一致性并不是孤立的。因为当它们进入不断变化的环境时，它们会产生不同的累积效果。艺术家有时会采用外表上完全重复的东西来传达一种无法改变的命运。但这个效果取决于一个总和，而不是数量相加。因此在音乐中，也许是在一个交响乐的开始时，一段重复的乐句会使人获得力量，因为它是在新的语境下为它着色，给它赋予新的价值，即使这只是对主旋律更强调、清晰和累积性的表述。

当然，没有不重复的韵律。但是当重复被解释为文字重复时，无论是物质的还是精确的间隔，物理科学的反思分析代替了艺术体验。机械重复是物质单位，审美重复是指关系的总结和延续。反复出现的元素会提醒自己是孤立的，从而远离整体，因此它们减少了审美效应。重复的关系可以定义和限制部分，赋予它们自己的个性。但它们也会相互联系，因为与其他个体之间的关系、联系以及相互作用，它们会标记出个体需求，因此部分在一个扩展的整体中有至关重要的作用。

野蛮人敲击鼓的声音也被当作韵律的典型，因此“滴答”

理论变成了“手鼓”理论。“手鼓”理论认为简单的、比较单调的鼓声的重复是标准，然后加入其他本身是统一的韵律而产生变化，而无韵律变换的使用则使人刺激。不幸的是，作为理论的客观基础，手鼓节拍不是单独出现的，而是作为一个融入各种歌唱和舞蹈的更加复杂的整体中的因素出现的。这不是重复，而是一种发展，一种更大程度的兴奋，也许是一种狂热，它开始于相对缓慢而平静的运动。更重要的是，音乐史表明，像非洲黑人那样的原始节奏实际上比那些文明人的音乐更微妙、更富有变化性，就像美国的北方黑人通常比南方的黑人更传统。部分音乐的紧急性和和谐的潜能都是为了使韵律更加统一，这一阶段的韵律是由强度的直接变化构成的，而我们所说的理论则需要一种相反的运动。

生物体在其生活中需要秩序，也需要新奇。困惑是令人不愉快的，但是无聊也是如此。“无秩序的介入”会给一个常规场景增添魅力，而这个混乱只是从一些外部标准来看是无序的。从实际经验的角度来看，只要它不阻止从一部分到另一部分的累积，它就有强调和区别的作用。如果它被认为是一种无秩序的状态，它就会产生一种无法解决的冲突，并且会让人不愉悦。另一方面，暂时的冲突可能是阻力的因素，它会召唤能量更积极、更成功地进行下去。只有那些在早期生活中被惯坏了的人才会变得软弱。有活力的人、喜欢生活的人和不满足于生存的人会很容易被人排斥。只有当困难压倒并阻挡能量而不是调整能量的时候，困难才会变得令人反感。一些审美产品有立竿见影的时尚，它们是当时的“畅销品”。它们是“容易”的，因此能迅速吸引人。它们的流行呼唤出了模仿者，于是模仿者在一段时期的戏剧、小说或歌曲中加入了这种时尚。但是经验的迅速同化很快耗尽了它们，它们没有了新的刺激。它们有流行之时，但只是一时流行而已。

我们比较一下惠斯勒和雷诺阿的画。前者的画在多数情况下会有相当多近乎相同的色彩。而作为对比来说必要的因素——韵律仅仅是由他们的对立面大块构成的。在雷诺阿的画中，即使是在一平方英寸的地方，也难以发现两条完全相同且相邻的线条。当我们看他的画时可能不会意识到这一点，但是我们意识到了它的效果。它立即使整个画面丰富起来，并为后续的每一步新的反应提供了新的刺激条件。这种不断变化的元素增强并保持了动态关系，这就是一幅画或任何一件艺术作品经久不衰的原因。

大处是真理，小处也是真理。在统一的间隔内重复统一的元素不仅不是有韵律的，而且是与韵律的体验相反的。棋盘格的效果要比一个大的空白空间或是充满了随机漫步的线条更令人愉悦，线条不能定义数字，而是干扰了视觉的前进。棋盘格的排列并不像物理和几何上的物体那样有规律。当眼睛移动时，它就会进入新的界面，仔细观察会发现新的布局几乎是自动构建的。正方形有时垂直，有时水平，有时是依照一条对角线排列，而有时又是依照另一个对角线排列。小正方形不仅可以组成大正方形，也可以组成矩形和阶梯式的图形。即使没有太多的外部场合，变化也是需要在体验中产生的。就连钟表的嘀嗒声听起来也是变化的，因为我们听到的是物理事件和不断变化的有机反应的脉动相互作用的结果。我们经常会用音乐和建筑举例，因为它们比其他艺术更能直接说明有机重复是由累积关系而不是元素重复影响的。我们的许多建筑，尤其是美国城市街道上的那些建筑在审美上之所以低俗，是因为建筑形式规律性的重复和一致的间距造成的单调，建筑师只依赖偶然的装饰来表现变化。一个更显著的例子是我们糟糕的内战纪念碑和很多市政雕像。

我曾说过，生物体渴望秩序，同样也渴求变化。这个陈述并不有力，因为它提出的是次要特征而不是主要事实。有机生命的过程是变化的。用威廉·詹姆斯经常引用的话来说，它是一个“曾经，而不是经常”。只有当出现不可预料的困难或厌烦了过度贫困或奢侈，想要打破自然趋势时，这种渴望才会出现。每一个完成自我的时刻又回到起点，因为它是对最初需求的满足。但是这个重复是不同的，它从旅程开始就已经不同了。让我们随便举几个例子。多年后回到童年的家、通过一个推理过程而得到证明的命题与当初刚刚提出的命题、与一位老朋友的再次见面，以及音乐中反复出现的乐句以及诗歌中反复出现的句子，都和最初是不同的。

对多样化的需求证明了我们活着是为了生存，直到我们被恐惧吓倒或被日常生活消磨，生活的需要把我们推向未知的世界，这是浪漫的永恒真理。它可能会退化成无形的放纵和兴奋，并以伪浪漫主义的形式表现出来。但是那些宣扬而不是想真正成为古典的古典主义，总是会对生活恐惧，遇到紧急状态和挑战就会缩回去。当以适当的韵律排序时，浪漫就成为经典，无论冒险是何时发生的，都足以考验并唤起人们的力量，《伊利亚特》和《奥德赛》是永恒的见证。韵律是品质中的理性。在人类未耕作时期，韵律秩序最低，人们渴望混乱中的秩序。甚至数学家的方程式也证明了在最大的重复中也需要变化，因为它们表达了等价，而不是确切的恒等式。

总之，审美重复是至关重要的，是生理的、功能性的。它们是关系而不是元素的重复，它们在不同的环境中反复出现，并产生不同的结果，因此每一次重复都是新奇的，也是一个提醒。为了满足被唤起的期望，它也产生了一种新的渴望，激发了新的好奇心，建立了一种改变的悬念。这两个功能在抽象概念上是对立的，而统一的是，它们是整合在一起测量生产和感知的艺术性，而不是用一个装置来激发能量，用另一个装置来休息。一个实施良好的科学调查在它的测试中发现，在它探索的过程中证明。它是通过结合两种功能的方法来实现的。如果对话、戏剧、小说和建筑有一种有序的体验，就能到达一个曾经记录并总结出事物之前的价值的阶段，并唤起和预言未来会发生什么。每一次停止都是一次觉醒，每一次觉醒都有收获，这种状态定义了能量的组织。

坚持韵律的变化似乎是显而易见的。我的理由在于，不仅是有影响力的理论忽视了这一特性，而且还有一种趋势，那就是将韵律限制在某种艺术产品的某一阶段，例如音乐的韵律、绘画中的线条、诗的音步和雕塑的平坦或光滑的曲线。这种限制总是倾向于鲍桑葵所谓的“简单美”，而无论通过理论还是实践来看，结果都会产生没有形式的物质以及随意强加某种形式的物质。

在波提切利的《春》和《维纳斯的诞生》中，人们很容易感受到作品的活跃和有韵律的线条的魅力。它的魅力很容易诱使参观者无意识地将这种韵律作为评判其他画作的标准，而这会导致在与其他画家比较时高估了波提切利。这个问题本身是次要的，因为对形式的一方面敏感要好过仅仅把绘画当作插图来判断。更重要的是，它会使人对实现韵律的方法不敏感，这种韵律会立即变得更稳定、更微妙，例如平面的关系、块的关系以及没有鲜明色彩的关系。正如菲迪亚斯的雕像，希腊雕塑运用扁平或圆浑的平面来表达人物的方法是足以值得赞赏的。但是，当这种特定的韵律模式被当作唯一标准时，情况就不太好了。人们就会感知不到埃及雕塑最好的特点——大块的关系，感知不到黑人雕塑尖锐的棱角，感知不到爱泼斯坦作品中大量依赖从连续残破的表面获得的光的韵律。

同样的例子说明了当韵律被限定为单一特征的变化和重复时，物质和形式就产生了分离。熟悉的想法、标准化的道德忠告已经是传统浪漫的主题，如达尔比对琼的爱、玫瑰和百合等事物的既定魅力，当这些被包裹上百里香并有韵律地断句时会更讨人喜欢。但是这些只会产生一种短暂的快感，我们最终会以一种令人愉快的方式想起我们经历过的事物。当所有的材料都被渗透进了韵律，主题或“表现对象”就变成了一个新的题材。这是一种突然的魔法，它给了我们一种内在的启示，有些事情我们本应该知道得更透彻。简而言之，我们所看到的构成一件艺术作品的部分和整体的相互解释受作品所有成分的影响，不论是绘画、戏剧、诗歌或建筑，与同类型的其他成员保持有韵律的联系。在一幅画中，线条与线条、色彩与色彩、空间与空间以及光线与阴影，所有这些独特的因素都相互影响、构成变化，形成了一种复杂的体验。如果否认一个物体的所有审美特性，那将是迂腐和吝啬的。韵律会加强和组织体验中的能量。但是衡量伟大的客观尺度恰恰是各种因素的多样性和范围，这些因素每个都是有韵律的，它们在积累实际经验的过程中仍然在积累和相互促进。

人们试图通过对比“美好”和“伟大”来说明艺术作品中的实质内容与形式是有区别的。当艺术作品的形式完善时，人们就说它是美好的；而当艺术作品的内在视野和主题比较广阔时，即使它的形式不是很好，人们也会说它是伟大的。简·奥斯汀和沃尔特·司各特先生的小说被用来说明所谓的区别。我不认为这种方法是有效的。如果说司各特的小说在视野和广阔性上比奥斯汀小姐的小说更伟大，那是因为他的主题更广，而形式也达到了某种程度，虽然手段的使用方式没有奥斯汀那么完美，这是她所擅长的。这不是一个关于形式对抗主题的问题，而是关于合作形式关系的种类数量的问题。一个透明的水池、一颗宝石、一张微型图、一份引人启发的手稿、一个短篇故事，都有它们自己的完美。对于视野更广阔、更复杂的事物，它的一个占主导地位的特征都可能比任何一个单一的关系系统更充分地发挥作用。但是，当引导后者成为一个统一的经验时，后者就会产生乘法效应，就会让它变得“伟大”。

当这是一个技术性问题、国内经济问题或是社会政体问题时，我们不需要被告知它的合理性和可理解性是通过手段的有序的相互适应来衡量的，并走向一个共同的终点。荒谬的是，它们互相宣布无效并走向终结，而当它们被成功执行时，就变成审美的或“好笑的”。相应地，我们认识到一个人的实践能力是由他调动各种手段和措施去实现最大经济成果的能力决定的。如果只把注意力放在经济上，那么经济在审美上就是令人不愉悦的。而当有大量相应的经济结果时，手段的范围就是宏伟的，不是愚蠢的表现。我们也认识到思想是将各种各样的含义整理、总结并保存下来，然后得到一个结论。我们可能不太清楚的是，这种能量组织不断累积，最终成为一个包含了所有手段和媒介价值的整体，这就是艺术的本质。

在日常生活的实践和推理中，组织不那么直接体现，结论或圆满的感觉相对来说只是在最后出现。这推迟了完成的感觉，缺乏持续不断的完善，当然也就减少了对单纯手段的使用。它们是不可缺少的先行条件，但并不是最终的内在组成部分。换句话说，在这种情况下，能量的组织是支离破碎的，是一种取代另一种，而在艺术过程中，它是累积的和保存的。这样我们就又回到了韵律。当每一步向前迈进都是对前面的总结和实现，而每一次圆满都带着期待而紧张地前行时，那就是韵律。

在日常生活中，我们大多是被外部需求推动着向前的，而不是像海浪那样向前运动。同样地，我们大多是由于疲惫而休息，这也是为外部事物所驱使。在有韵律的排序中，像音乐的停歇一样，每一次的结束和停顿都是划界和个性化。音乐中的停顿不是空白，而是一种有韵律的沉默，是对前面的打断，而与此同时，它传达了一种前进的冲动，而不是停留在它所定义的点上。当我们在看一幅画或是读一首诗或欣赏一出戏剧时，有时我们在它的定义处，有时我们在它的结尾处，有时我们在它的过渡处捕获到它的特征。通常情况下，我们在某一特定点上的兴趣方向决定了我们采取的方式。但在一些艺术产品中，一种元素坚持只采取一种方式。于是我们发现了佛罗伦萨学派绘画中夸张的线条、达·芬奇的光线及其影响下的拉斐尔作品，还有彻底的印象派画家氛围。要使向前的融合以及起强调和定义作用的停顿达到准确的平衡是非常困难的。我们可以从没有完成的物体中获得真正的审美满足感。但是在这种情况下，能量的组织依然是局部的。

与人们行为韵律的形态学特点不同的是，艺术能主动地表示停顿和前进的动力，这一点可以在艺术中的一个事实那里得到清楚的印证。那就是艺术家们经常会在绘画中使用那些丑陋的东西来达到审美效果，比如冲突的色彩、刺耳的声音、诗歌中的不和谐音、看似昏暗的地方，甚至是纯粹的空白，如马蒂斯的作品。这是事物之间的联系方式。关于这一点比较熟悉的例子是莎士比亚在悲剧中使用喜剧元素。这不仅仅是为了减轻观众的压力，它更本质的地方在于强调悲剧性。任何质量不是很“简单”的产品都显示出了通常与它连接的东西的变位和分离。绘画中的扭曲是为某些特定韵律服务的。然而它有更多的作用，它带来了明确的感知价值，这种价值由于习惯化已经被隐藏在日常经验中难以发现。如果要唤起审美体验所需的能量，就必须打破常规。

不幸的是，在写美学理论时，人们不得不用广义的术语来表达，因为以作品中材料的个性化形式来呈现作品是不可能的。但是我要对一幅真实的画进行图式性描述。* 当我看到这个特别的物体时，我的注意力首先被大块的点朝上的物体吸引住了，这给人的第一印象是一种从下到上的运动。这句话并不是说参观者明确地意识到垂直的韵律，而是说，如果他停下来分析，他会发现第一印象和主导印象是由模式决定的，而模式又是由韵律构成的。与此同时，虽然兴趣还在模式上停留，而眼睛却在画上移动。当视觉出现在对面较低的角落而角落下是一个大块时，就有了一个停止，一个阻止，一个强调性的停顿，这样就把人的注意力转移到水平放置的大块的重量上，而不是放在垂直模式上。如果画面不佳，变化将会是一种令人不安的干扰，

* 巴恩斯的《绘画的艺术》《法语原语及其形式》及《亨利・马蒂斯的艺术》对绘画作品有详细的分析。

一种体验的中断，而不是对兴趣和注意力的重新引导，从而扩大了物体的意义。事实上，一个阶段的结束会给人一个新的期待，这是随着视觉的回来，并通过一系列主要是水平方向上的彩色区域来实现的。接着，当感知阶段完成时，注意力就会被这些块的颜色特征中的有序变化吸引。然后，当注意力被重新定位到垂直模式时，在我们开始的那个点上，我们错过了由颜色变化构成的设计，并将注意力转向由一系列渐弱和相互交织的平面所决定的空间间隔，以特有的韵律秩序去感知深度，当然是含蓄地。

在这个绘画感知的构建中，融合在最初的总印象中的四种有机能量变成特殊的动作强度，然而经验并没有打断，故事也没有在此结束。人们更清楚地意识到构成空间深度的因素，远处一个场景非常引人注目，这是通过明显的光度来表现这个场景所指示的距离。然后，视觉就会更明确地感知光度的韵律，这给整体画面带来了更大的价值。这里有五种韵律系统。如果深入探究，你会发现每一种韵律系统里都有许多次要韵律。而每一种韵律，无论它是主要的还是次要的，都与其他韵律相互作用来参与不同的有机能量系统。它们的相互作用还必须使能量协调组织起来并被唤起。有时在一个新事物中，你会遇到一个令人不安的震惊。这种现象会发生在几乎没有价值的古怪的东西上，也会发生在首次面世就有很高审美价值的作品上。我们需要时间来辨别这种震惊是由物体组织的内在打破引起的，还是由感知者的没有准备引起的。

前面所讲的似乎夸大了感知的时间方面。我坚定地把或多或少压缩了的元素伸展开来。我们绝不会感知到没有经过时间发展的物体。如果仅仅是兴奋，这是可能的；但这不是一个被感知的物体，不只是认识一种熟悉的物体。如果我们对世界的观察是一连串短暂的一瞥，那我们将无法看清世界或任何事物。如果尼亚加拉瀑布的轰鸣声和奔腾的水流被限制在瞬间的噪音和窥视中，我们就不会感知到任何物体的声音或景象，更不用说感知到被称作尼亚加拉瀑布的特殊物体了。即使是噪音也不会被抓住。耳边持续的外部噪音如果仅是孤立的，除了会增加混乱以外，不会有任何影响。我们感知不到任何事物，只有当各种感觉相互联系在一起工作时，只有当一个“中心”的能量被传达给其他感觉时，新的运动反应模式被激发，进而唤起新的感觉活动。我们感知不到景象或物体，除非这些各种各样的感觉运动能量互相协调作用。但是同样地，因为事实上一个条件不可能完成感知，当使用单一的感觉时，我们什么都感知不到。如果眼睛是主要活跃的器官，那么颜色的质量就会受到其他感官的影响，这些感官在早期的经验中明显活跃。这样它就会受到历史的影响，这个物体就有了过去。而这些运动元素的推动力会影响到未来的发展，因为它已经为将要发生的事情做好了准备并预测了将要发生的事情。

否认图画的韵律、建筑的韵律和雕像的韵律，或者仅仅是隐喻地承认它们的韵律，是源于对每一种感知固有本质的无知。当然，瞬间的识别是存在的。但是这种情况只存在于自我已经成了某些方面的专家，凭着过去的经验，只是简单地看一眼就知道某个物体是一张桌子，或者一幅画是由某个艺术家创作的，比如是莫奈创作的。这是因为现在的感知利用了过去产生的一个能量组织，所以不会消除感知的时间特性。在任何情况下，如果感知是审美的，那么瞬间识别只是它的开始。在识别一幅画时，我们没有固有的审美价值。这种识别可能引起人们的注意，使人们停留在这幅画上，这样部分和关系被呼唤组成一个整体。

当我们说一幅画或一个故事没有生命，而另一幅画有生命的时候，我们几乎没有意识到任何隐喻。要解释我们说的意思并不容易。一个事物是软弱无力的，另一个事物有着无生命物体严重的惰性，而还有的事物似乎是从内部自发运动的，这些意识都是同时出现的。物体中一定有什么东西在鼓动它。区别于死亡的有生命的东西不是喧嚣，也不是一幅画字面上的运动。有生命的物体是有过去和现在的，过去和现在构成现在，而不仅仅是外在的。我认为，当我们从一件艺术作品中获得对待事业和历史的感悟时，这是在某一特定发展点上感知到的，我们就对生活有所感知。死去的事物不会延伸到过去，也不会激起人们对未来的兴趣。

所有的艺术，包括技术的和有用的，它们共同的元素是产生结果的手段——能量的组织。在那些对我们来说仅仅是有用的产品中，我们唯一关心的是事物之外的东西，如果我们对这个东西不感兴趣，那么我们对这个物体本身就不感兴趣了。我们没有真正看它，或者只是漫不经心地看它，它就被我们忽略了，因为对于那些我们被告知是非凡的奇珍异宝，我们只是随便看看。在审美对象中，当然是一个有外部用途的对象也可能会在各种场合处理各种事情的分离的能量时拉回到一起，带给它们特殊的韵律组织，我们称之为（当想到其实现的效果而不是其模式时）澄清、强化和集中。保持潜在状态的能量互不干扰，而实际中的它们会为了产生的经验而互相激发和加强。

在原始作品中是正确的，在欣赏的感知中也是正确的。我们说的是感知和它的对象。然而感知和它的对象是在一个相同的连续操作中建立并完成的。所谓的对象，像云、河、衣服，都是独立于实际经验而存在的，更多的对象像碳分子、氢离子，科学实体也通常是如此。但是更好的感知对象不是一般的，如云或河，而是此时此刻存在的个体，这种存在有着不可重复的特性。感知对象的能力存在于它与构成感知活动的生物体相同的交互作用中。在外部环境的压力下，或者由于内部的松弛，我们现在大部分日常感知的对象都缺乏完整性。当有识别时，即当对象被认出是某一类别或是此类别中的某一种时，它们就被剪短了。因为这样的认识足以使我们在习惯中使用对象。知道这些对象是雨云，我们就会带上伞，这就足够了。如果仅仅把它们当作个体的云去感知，就会把它们当作一种特殊的、有限的行为指数。而审美感知则是完整的感知和与它相关的对象或事件。这样的感知伴随着，或更确切地说，包含在以最纯粹的形式释放的能量中，正如我们所看到的，它是有组织有韵律的。

因此当我们说一幅画是活的，它的人物、建筑和雕刻形式都好像是运动的，我们不需要感觉我们用了隐喻的说法，也不需要为万物有灵论道歉。提香的《埋葬基督》不仅仅是暗示悲伤的重负，而是一种传达或表达。德加的芭蕾舞女孩们确实是踮着脚尖跳舞，雷诺阿画中的孩子们专注地在阅读或缝纫。在康斯特布尔的画中，绿色是潮湿的。在库尔贝的画中，峡谷的水滴和岩石泛着湿冷的光。当鱼不是在猛冲或懒洋洋地平衡自己时，当云朵不在漂浮或迅捷地飞驰时，当树木不反射光线时，它们就不会唤起实现对象全部能量的能量。如果知觉通过回忆或由文学产生的情感联想而维持，一个模拟的审美体验就出现了，绘画中经常出现这种情况，这被普遍认为是诗意的。

那些全部或部分死亡的绘画是因为画中的时间间隔阻碍了前进，它们是“洞”，是空白。从感知者的角度来说，我们所谓的死点是执行部分或挫败的流出能量组织的事物。有些艺术作品仅仅是令人兴奋的，活动被激发了，却没有满足的平静。能量没有组织，于是戏剧变得夸张，裸体画是色情的，我们所读的小说让我们对这个世界不满，因为我们没有机会去体验浪漫的冒险和故事书中提到的崇高的英雄主义。在那些小说中，角色是作者的玩偶，我们的厌恶来自生活是虚假的，而不是被制定的。通过生动活泼的表演来模拟生活和不停地闲聊造成的不完整性，同样会使我们恼怒。

我可能有些夸大了韵律的重要性，而忽略了对称性。就明确的言语而言，我这样做了，但这仅仅是在言语方面。因为有组织的能量意味着韵律和平衡是不能分开的，尽管它们可以通过思想来区分。简而言之，当注意力尤其集中在完整的组织所表现出来的特征和方面时，我们会尤其注意到对称性，即衡量一件事物与另一件事物之间的关系。对称性和韵律是同样的东西，只是因为兴趣注意的侧重点不同而已。当表示停顿和相对完成的时间间隔是尤其描述感知的特征时，我们就会意识到对称性。当我们关注的是运动，是来和去，而不是到达的时候，韵律就显得引人注目了。但是，由于对称性是抵消能量的平衡，所以它总是涉及韵律，而只有当运动在停顿的地方时，韵律才会发生，进而涉及测量。

当然，有时这两者在一件艺术产品中会土崩瓦解。这说明这件艺术产品在审美上是不完整的，一方面它有洞和死点；另一方面，它的刺激是动机不明和未解决的。在这样的反思经验和由问题产生的调查中有一种韵律，它寻找和发现，寻求一个站得住脚的结论，并得到一个至少是试探性的结论。但是作为一个规则，这些阶段过于偶然，不会影响到具有显著审美特性的过程。当它们变得显著并与主题一致时，就会有同样的意识存在于任何艺术建构中。另一方面，在仅仅是模仿和学术艺术中，平衡与主题不一致，而是一个任意的姿态，由于与运动隔离而变得极其乏味。

强度和广阔性的关系以及它们与张力的关系不是口头上的问题。在压缩和释放交替进行的地方没有韵律。阻力阻止了立即的排放并积聚了使能量紧张的张力。它从这种延迟的状态释放必须采取连续的分散的形式。简要地说，在一幅画中，冷色和暖色、互补色、明和暗、上和下、前和后以及左和右都是在一幅画中呈现对立面的方式，从而达到平衡。在早期的绘画中，这种对称性主要是通过左右位置的对立或明显的对角线排列来实现的。现在有了位置的能量，因此即使是在这些图画中，对称也不仅仅是空间的。但它是无力的，就像十三、十四世纪的剪影画一样，重要的人物被放置在精确的中心，而几乎相同的人物被放置在基本对应的侧面上。后来，人们就依赖金字塔形的结构。这种排列在很大程度上要归功于外部因素。物体的稳定性是通过提醒我们熟悉的模式来达到平衡的。因此，对称性在画面中的效果是联想而非内在的。绘画的发展趋势是关系的发展，这种平衡不能通过选择特别的形状而从地形上表现，它是整个画面的一个功能。图画的“中心”不是空间上的中心，而是交互作用的中心。

静态术语对对称性的定义是错误的精确的通讯员，即韵律被认为是元素的重复。平衡性按照它们相互作用的方式来分配权重。当天平的两个秤盘彼此的推力和拉力被调整好后，它们就平衡了。而且，只有当它们的秤盘对抗性地互相作用以达到一个平衡，天平才会实际存在（而不是潜在的）。由于审美对象依赖于逐渐获得的经验，平衡或对称的最终衡量标准是整体的能力，即在自身内部将最大范围的对立元素和最多的种类结合为一个整体的能力。

平衡与重量压力的关系是固有的。任何领域的工作都是通过对抗力量的相互配合完成的，就像肌肉框架的对抗系统一样。

因此在一件艺术作品中，一切都取决于它想要达到的规模，这是它从崇高到荒谬的原因。没有力量本身的强与弱、大和小。微型画和四行诗有它们自己的完美，而单纯的大会使人对其空洞的虚夸产生厌恶。我们说一幅绘画、一部戏剧或小说的一部分太过无力，则意味着相关的部分太过强势，反之亦然。绝对地说，没有任何东西是强或弱的，这只是它工作和在工作的方式。在一个建筑的远景里，看到一个被恰当放置的低矮的建筑物是如何将周围的高楼聚集起来而不是被它们消灭的，这有时会让人感到惊讶。

在一些自称为艺术作品的作品中，最常见的错误就是试图通过夸大某一元素来获得力量。正如在任何门类中的畅销品一样，作品起初会立即有反应，但是这样的作品经不起时间的考验。随着时间的流逝，由平衡因素加强的部分显示出的虚弱无力会越来越明显。如果它是和其他因素互相抵消，尽管其数量庞大，也没有感官魅力，让人厌烦。在孤立状态下，甘味是消耗最快的品质之一。文学中的“男子汉”风格很快就会令人厌倦，显而易见（即使只是潜意识地），尽管有暴力活动，但没有显示真正的力量，抵消的能量就仅仅是纸板和石膏上的数字。一个元素看起来获得的力量是以其他元素的削弱为代价的。即使是小说或舞台表演的哗众取宠，也只是指缺乏影响整体质量的关系，而不是任何一件事本身。一位评论家注意到，奥尼尔的戏剧缺乏阻碍，一切都进行得太快、太容易了，结果就是过度拥挤。画家在工作时不得不在这里和那里，而不是一下子就画上一幅画。他们也意识到，在任何特定的时间，需要“控制”他们正在工作的部分。每个作家都必须解决同样的问题。除非它被解决了，否则其他部分就不会被“保留”。在大多数情况下，对艺术作品中道德、经济或政治宣传的审美异议，是在以牺牲其他价值为代价，而夸大了某些价值的重要性的分析之上发现的，除了那些在一种片面的热情、疲倦而不是恢复精神的相似状态下的作品。

处于孤立状态下的一种单一形式的能量会导致不协调的运动，事实上，人的有机体是复杂的，因此需要调整许多不同的因素。暴力和行动的强度有很大的不同。观察那些有意在游戏中表演的小孩就会注意到一系列不相关的动作。他们打手势、摔倒和打滚，以自己的解释做的每一个动作都很可爱，他们不在意别人在做什么。即使是同一个孩子的表演也没有什么顺序。这个例子通过对比说明了强度与外延之间的艺术关系。因为能量不受其他因素的限制，这些元素同时是对抗和合作的，行动是由痉挛和抽搐引起的，是不连续的。当能量由相互对立面变得紧张时，它在有序的延伸中展开。一个组织和处理得都很好的戏的演出，与孩子无规则地乱爬，没有任何审美价值的情况构成了一个极端的对比。绘画、建筑、诗歌、小说都有不同程度的体积，不要为此感到困惑。它们在审美上是厚而薄的，坚固和破碎的，结实的和松散的。在相关的多样性中，这种扩展的性质是运动的，它标志着在有序的停顿间隔中被约束的能量的释放。但是这些间隔的顺序（构成了作品的对称性）不是按照时间或空间单位规定的。当它如此规定时，效果就是机械的，就像秋千发出的叮当声一样。在一个艺术产品中，间隔是规律的，它们是根据总体效果，由部分之间的相互加强决定的，这就是说，对称是动态的和功能的。

在看一幅图画或一座大厦的时候，与在听音乐、读诗或小说、看戏剧时存在着同样的时间压缩。没有任何艺术作品能瞬间被感知到，因为那时没有机会保持和增加张力，因此也就没有能给一件艺术作品带来体积的释放和展开。在大多数的脑力劳动中，除了那些明显是审美的闪光，我们必须后退。我们有意识地追溯以前的脚步，清楚地回忆具体的事实和想法。思想上超前依赖于这些有意识的记忆进入到过去。但是，只有当审美感知被打断时（不管是因为艺术家还是感知者的一时走神），我们才不得不回头，比如在舞台上看到一场戏，我们问自己以前发生了什么，才能获得前进的线索。过去保留下来的东西被嵌入现在感知到的东西中，它是通过压缩被嵌入那里，它迫使大脑向前延伸到将要发生的事情。从一连串连续的先前的感知中被压缩得越多，现在的感知就越丰富，向前的冲动也就越强烈。由于浓度的深度，所含的材料随它的释放，使随后的经历有了更广泛的跨度，其中包含了大量的定义特性，就是我所说的扩展和体积，它们与由于增加电阻而产生的能量的强度相对应。

由此可见，韵律和对称的分离以及把艺术划分为时间的和空间的做法，不只是一种误用的独创性。它是基于一种迄今为止对审美的理解具有破坏性的原则，而且它现在已经失去了它原本应该拥有的科学方面的支持。对于物理学家来说，凭借他们自己主题的特点而被迫发现他们的单位不是时间和空间，而是时空。艺术家一开始就没有意识到这一迟来的科学发现，然后他们行动了。因为他们总是用感知的而不是概念性的材料来处理，而在被感知的对象中，空间和时间总是在一起的。有趣的是，当发现概念抽象化的过程不能在不破坏证实的可能性，而被带到排除观察的行为的点上，就有了这一科学发现。

因此，当科学询问者必须联系他的主题考虑感知行为的结果时，他从空间和时间来到一个他只能描述为时空的统一体中。接着他会偶然发现一个事实，这个事实在每一个普通的感知中都有例证。除非当某些能量以一种广泛的方式显示出来，否则对于一个物体的扩展性和体积来说，它的空间属性不能在数学上直接被体验或感知到，事件的时间属性也不能被体验到。因此，艺术家只做和感知材料的时间和空间质量相关的，和他所做的与普通感知的所有内容相关的事物。他根据韵律和对称性来选择、强化和集中，当韵律和对称性经历了艺术的澄清和排序时，它成为材料所需要的形式。

除了失去了原有的科学支持，艺术时间和空间的分离总是不恰当的。正如克罗斯所说，只有当我们从感知过渡到分析性反思时，我们才会特别地（或分别地）意识到音乐和诗歌中的时间顺序以及建筑和绘画的空间共存。假设我们直接听到时间中的音乐的音调，直接看到空间中的颜色，然后立即变成一种经验，这是反射后的解释。我们在图画中看到了间隔和方向，我们在音乐中听到了距离和音量。如果仅在音乐中感知到运动，在绘画中感知到停顿，音乐就会完全没有结构，绘画就只有干骨头。然而，空间艺术和时间艺术的区别是错误的，因为所有艺术对象都是感知的问题，而感知不是瞬时的。音乐更明显地强调时间，说明了音乐也许比其他任何艺术的感觉都好，在感觉中形式是经验移动的整合。在音乐中，即使是音乐片也必须为形式找到空间语言，甚至是经常视形式为一种结构，这种形式随着音乐的听觉而发展。因为之前所发生的以及音乐上的撞击或预言，音乐发展中的任何一点，即任何音调都是它在音乐对象或知觉上的表现。旋律是由主音音符设定的，设定返回的期望是引起注意的紧张。音乐的"形式"在聆听中成为形式。此外，音乐的任何部分和它的任何横截面在和弦和和声中都精确地包含平衡和对称，在一幅画、一座雕像或一座建筑物中也是如此。旋律是时间的和弦。

"能量"这个词在讨论中已经用了很多次。也许坚持认为能量与艺术有关的想法在某些人看来是不合适的。但有一些与艺术相关的老生常谈说来是合适的，但是难以理解，除非能量的事实成为中心，如它移动和搅动的力量、镇定和平静的力量。当然，无论是韵律还是平衡，都不是艺术的特点或其他艺术的特点，因为它们是基本的作用，所以只能定义为能量的组织。关于艺术作品对我们和为我们做了什么，我只看到了两种选择。艺术的产生要么是因为某些卓越的本质（通常被称为"美"）而降临在经验上，要么是由于艺术是记录世界万物的能量的独特的记录本而产生的审美效果。在这两种选择之间，我不知道仅仅争论是如何决定选择的，但是必须要知道做出选择的过程中涉及什么。

将我的立场放在审美效果和一切经验的品质的关系上，直到任何经验都是统一的。我想问艺术如何具有表现力而不是模仿或生搬硬套，除了通过作用在我们身上并使我们感兴趣的事物来选择和排序能量。如果说艺术在任何意义上都是复制的，但既不再现细节，也不复制一般的特征，那么它必然会遵循艺术的运作方式，即选择那些经验有其意义和价值的事物的效能。消除了使人困惑、分心和麻木的力量，秩序、韵律和平衡仅仅意味着对经验来说，有意义的能量是最有效的。

“理想”一词在情感流行的使用中被贬低了，在哲学的论述中也被用来掩饰存在的不协调和残酷。但是存在着一种确切的感觉，在这个感觉中，艺术是理想，这种感觉就是刚刚指出的感觉。通过选择和组织，那些作为任何一个经验都值得拥有的特征，通过艺术为相称的感知而准备。尽管自然界对人类的利益漠不关心和敌视，但与人或生命的某种一致性是不可能存在的。在艺术中，志趣相投的力量不是维持这个或那个特殊目的，而是享受体验本身的过程，这样的力量是自由的，释放给了它们理想的品质。什么样的理想可以使人真诚地快乐？只有一种环境的理想，在这种环境中，所有事物都共同使偶然和部分体验到的价值变得完美并保持下来。

我想起来，英国作家高尔斯华绥曾这样定义艺术：“艺术是能量富有想象力的表达，它通过对情感和感知的技术性凝固，想要通过刺激人的非个人情感来调解个人与宇宙的关系。”能量构成了世界的物体和事件，从而决定了我们的经验是“普遍的”。“和解”是指人与世界在完整的经历中，以一种直接的不论证的形式实现和谐的合作时期。由此产生的情感是“非个人的”，因为它不是依附于个人的财富，而是依附于客体，而自我已经在奉献中放弃了自己。欣赏同样是非个人的情感品质，因为它也涉及客观能量的构建和组织。

第九章

各门艺术的共同实质

什么主题适合艺术呢？是否有些素材本身就合适，而有些本来就不合适呢？或者说，凡是与艺术处理相关的内容，都与众不同、纯粹圣洁呢？各门艺术本身正在循序渐进地对最后一个问题做出肯定回答。然而，经久不衰的传统观念却坚持主张，艺术理应进行歧视性区别。因此，对于这一主题的简要探究便可以作为本章专题的引论，即“艺术质料中所有艺术共同具有的方面”。

我曾在其他场合论述过，某一时期的通俗艺术与官方艺术之间的区别。即使受优待的艺术受到神职人员及统治者的庇护与掌控，即便“官方”这个词已不再是一个合适的名称，关于艺术种类的区别仍然得以保留。哲学理论只关心这样一种艺术，即得到位高权重阶级认可、经过加盖图章权威认定的艺术。虽然通俗艺术一度得以繁荣发展，但是在文学领域却无人问津。因为这种艺术在理论探讨中不值一提，更有甚者，通俗艺术在有些学者眼中根本不能算作真正的艺术。

然而，抛开艺术中歧视性区别的早期形式不谈，我将在本章中选取一种现代代表，简要阐述一种反抗行为的几个方面，正是这种反抗打破了前人曾经建立起来的重重藩篱。约书亚·雷诺兹爵士向我们进行了如下表述，既然绘画中唯一适合处理的主题就是那些引起“普遍兴趣”的内容，那么这些主题就应该是“某些杰出的英雄行为或者勇武的英雄事迹”，比如“希腊、罗马寓言与历史中的宏大事件；再比如《圣经》中浓墨重彩描绘的事件”。据雷诺兹爵士所述，过去所有的伟大绘画作品都属于这一“历史学派”，此外，爵士继续说：“正是依照这一原则，罗马画派、佛罗伦萨画派以及博洛尼亚画派形成了其一贯做法，也因此当之无愧地获得了最高赞赏。”——从严谨的艺术角度出发，为了做出论据充分的评论，这里忽略了威尼斯画派与佛莱芒画派，也未能对折中画派进行赞扬。倘若他可以预见到德加笔下的芭蕾舞女、杜米埃创作的《三等车厢》，以及塞尚画的苹果、餐巾与盘子，他又会做何评论呢？

在文学领域，占主导地位的理论传统亦是如此。人们一贯认定，亚里士多德曾经一劳永逸地给悲剧这一最高文学模式划定了范围。他宣布，德高望重之人与身居高位之辈所承受的不幸才是该文学模式的适宜素材；至于普通大众所遭受的苦难，从本质上来说，当属于较低层次的喜剧模式。狄德罗在指出需要资产阶级的悲剧时，实际上是宣布发起一次理论上的历史性革命。他提出，这种资产阶级悲剧并非仅仅让国王与王子登上舞台，而是通过让无职无权的个人遭受突如其来的挫折坎坷，以激发观众的怜悯与恐惧之情。此外，他还断定，家庭悲剧虽然与古典戏剧在情调与动作上颇为迥异，但是也不失自己独到崇高的一面——这种预测后来无疑在易卜生身上得到了实现。

19 世纪初期，在豪斯曼称为虚假诗歌或伪造诗歌（即用韵诗伪饰成诗歌）的时代之后，华兹华斯与柯勒律治的《抒情歌谣诗集》掀起了一场新革命。柯勒律治提出诗歌的两个核心要点，鼓舞了该诗集的创作者们，他指出："创作诗歌的两个关键点之一在于，忠实于一类人物与事件：每当作者沉思冥想、用心体察时，便会在每一个村庄及周边地带留意到的人与事，抑或是在他们自我展示、映入你眼帘之时。"我甚至无需特别指出，早在雷诺兹时代来临很久以前，在绘画发展史上就出现过一次类似的革命。威尼斯人在庆祝生活的奢华繁荣之余，还对其名义上的宗教主题进行了别具一格的世俗化处理，这标志着一次飞跃性的重大进步。除了荷兰风俗作家以外，诸如老勃鲁盖尔与夏尔丹一类的法国画家，都十分坦诚地转向了日常的主题。随着商业的蓬勃发展，肖像画也不仅限于贵族阶级，而是延伸到了富庶的商贾之家，之后又囊括了不甚引人注目的小人物。到 19 世纪末期，凡是造型艺术所涉及之处，所有的界限都荡然无存。

一直以来，小说都是导致散文文学嬗变的重要工具。小说先是将注意的中心从宫廷王室转向资产阶级，再移至"贫困群体"与劳动人民，继而又转到各种身份地位的普通人民。卢梭在文学领域的巨大影响是永久性的，这在很大程度上确实要归功于他对"人民"展示出的极富想象力的激情，而非归功于他个人的高深理论。由民间音乐演奏的部分，特别是在波兰、波西米亚与德国，对于音乐的扩展与更新作用是众所周知的，根本无须赘述。就连在所有艺术形式中最为保守的建筑领域，也能感受到这种与其他艺术形式所经历的转变相类似的影响。火车站、银行建筑、邮局、甚至教堂等地，也不再局限于对希腊神庙和中世纪教堂的简单模仿。对社会阶级固有规则的反抗，极大地影响了已确立“等级”的艺术；这种影响力度之大，丝毫不亚于水泥和钢材技术发展所带来的冲击。

上述简短的描述只有一个目的：向读者阐述，尽管受到形式理论与批评规则的束缚，艺术界依然掀起了一场绝无倒退可能的革命。冲动超越一切外在规则限制，存在于艺术家作品的天性之中。而独属于创造性思维的特征，就是向外探索、捕捉任何令其思绪激荡的素材，正是通过这种方式，素材的价值才得以发挥，成为一种全新体验的原料。拒绝承认由惯例所划定的界限，是艺术对象常常遭到谴责、被视为不道德的根源。但是，艺术的功能之一恰恰就是消除道德怯懦心理，正是这种怯懦感让头脑规避某些素材，拒绝用清晰、透彻的感知加以分析与解读。

艺术家的兴趣是限制素材使用的唯一因素，然而这一限制并不具有局限性。这种限制仅仅表明，在艺术家的作品中，感情真挚是一种固有特性；同时，艺术家也不能弄虚作假、妥协退让。有一种选择原则是以重要兴趣为依据的，艺术的普遍性不是否认这种原则，而是依靠兴趣进行甄选。不同艺术家就有不同的兴趣所在，纵观他们的作品合集，皆不囿于一成不变、先入为主的规则，并涵盖经验的所有方面和各个阶段。唯有兴趣不再坦率真诚，换上奸诈、诡秘的面孔时，才会变得片面、病态——这一点毫无疑问，正如当代对性的诸多不当利用。托尔斯泰将真诚看作独创性的本质，这一点弥补了他论艺术的短文中许多怪异乖张之处。托尔斯泰批评诗歌只会墨守成规，并宣称诗歌中的很多素材都是借用的，艺术家就像食人族一样，相互取食、拾人牙慧。他还评论道："各种传奇故事、长篇小说、古代传统；少女、战士、牧羊人、隐士、天使、各种各样的魔鬼；月光、雷鸣、山脉、海洋、悬崖、花朵、长发；狮子、羔羊、鸽子、夜莺构成了老套的素材——因为，先前的艺术家常常在其作品中使用这些素材。"

托尔斯泰想要将艺术素材限定在一定范围内，只从普通人、工厂工人尤其是农民的生活中选取主题，因此，他描绘出一幅毫不协调、深受惯例制约的图画。但是，这幅画作也饱含真理，足以阐述艺术中一大至关重要的特点：无论适用于艺术的素材范围有多狭窄，该范围都将艺术家作为个体的艺术真诚性包含在内。这对艺术家来说颇为不公，既未给艺术家探寻乐趣的机会，又禁锢他们的理解力，迫使艺术家重回旧轨，也剪断了其想象的双翼。依我之见，如下观点简直是艺术历史的倒退：认为艺术家有道德责任使用"无产阶级"素材，或者应该使用任何与无产阶级命运攸关的素材。但是，只要无产阶级利益指明了关注的新方向，并观察为前人所忽略的素材，就一定能调动人们的积极性，即使他们不曾受到之前素材的触动，不曾表达自己。通过这种方法，也一定能够揭示并打破先前不曾察觉到的界限。

我有些怀疑莎士比亚所谓的个人贵族偏见。我认为莎士比亚的局限性在于他的循规蹈矩与为人熟知，这也是他的作品老少咸宜、受到不同阶级青睐的原因。但是，无论其源头是什么，这一点都限制了莎士比亚作品的“普遍性”。

艺术历史运动废除了对其主题的限制，这种主题一度以所谓的理性为基础，不过，这一证据并不能证明，在所有门类艺术的质料中都存在某种共性。但这一证据却说明，艺术因其领域范围之广阔，（可能）接纳任何事物，甚至是一切事物。所以，假如艺术失去共同实质这一核心，便会失去统一性，而分散为相互联系的不同艺术门类，直至我们只见树木不见森林，只见枝干不见树木。对这一推论最显而易见的回答是：艺术的统一性存在于不同艺术的共同形式之中。然而，承认这一回答就意味着，我们认为形式与质料是分开的，从而引导我们回到如下结论：艺术产品是获得了形式的实质。并且，在一种兴趣占据主导地位时作为形式出现在思想中的东西，会在兴趣发生转变时表现为质料。

除某种特殊兴趣之外，每个艺术产物都是质料，且仅是质料而已。因此，存在对比的不是质料与形式，而是相对不成形的质料与充分形式化的质料。思想在图画中寻得独特的形式，这一事实无法与单纯由颜料涂在画布上构成图画的事实相比较。这是因为，任何安排与设计都只是实质的一种性质，而别无其他。同理，如今的文学也只是由许许多多字词组成，或是口述的，或是写出的。“材料”是一切，是在注意力主要关注某些方面时，为这些方面的命名。一件艺术作品是能量的构成体，而构成体的本质至关重要，这并不妨碍能量的系统性，也不会影响组织无法脱离能量而存在的事实。

承认不同艺术门类的形式一致性，就暗示了相应的实质一致性。我现在要对这种言外之意加以探索、进行发展。我在前文曾指出，艺术家与鉴赏者很像，二者皆是从一种可称为总体把握的方式入手，这种涵盖性的整体把握未能清晰表述性质，也没有区别各个部分。席勒在谈到其诗歌起源时说："对我而言，知觉在最初始阶段并没有清晰明确的对象，对象是在随后才形成的。在此之前，它只是一种独特的音乐性思绪。在此之后才出现诗的观念。"我将这段话理解为上面所说的那种情况。此外，"情绪"不仅最先出现，而且在出现区分后持续处于基础地位；实际上，这些区分是作为情绪的区别而出现的。

甚至从一开始，性质作为一个巨大的整体就具有自身的独特性；即使模糊不清、界限不明，也依然如此。知觉如果继续发展下去，就会不可避免地出现区别。注意力也必会移动，随着注意力的变化，部分和成分就会从背景中浮现出来。注意力如果沿着一种统一的方向移动，而不是漫无目的地活动，就会受到无所不在的性质统一体的控制，因为该统一体在内部起作用。韵文即诗歌，是诗歌的实质，这无须多说，不言自明。但是，除非首先诗意地感受到质料以统一、大量的方式出现，且该质料可以决定其自身的发展，具体分化为独特的部分，否则这一事实记录就不能存在。感知者之所以能察觉到艺术作品中的缝隙与机械的结合之处，是因为实质不为遍布四处的性质所控制。

这一性质必须存在于所有的“部分”之中，并且只能为人所感觉，即被直接体验到。我不想对其加以描述，因为根本无法描述，甚至不能明确指出。因为，一件艺术品中，凡是具体说明的内容，都是性质的诸多区别。我唯一想引起注意的是，某种人人都能意识到的东西，就存在于他对一件艺术品的经验之中，但是由于这种存在十分彻底、无所不在，人们便把它视为理所当然。一直以来，哲学家用“直觉”表示很多事物——其中一些性质颇为可疑。但是，性质贯穿一件艺术品的所有部分，并将部分合成个性化的整体，只能从感情上通过“直觉”体会到。一件艺术品的不同成分与具体性质，以一种独特的方式融为一体，这是物质性事物无法效仿的。这种融合是所有部分的同质统一在感觉上的呈现。“部分”是被区分出来的，而不是通过直觉感受到的。但是，如果没有直觉的包容性，各部分之间就只能通过外在机械地联系在一起。然而，艺术品是个有机体，与其部分或成分并无不同。部分就是作为成分存在的——这一事实再次将我们带入这个无处不在的性质问题，这一性质在分化时仍保持同质。因此，所导致的整体感具有纪念性、期待性、暗示性与预兆性。

人们没有给它起名字。当它变得生机勃勃、栩栩如生，就彰显出艺术品的精神。当我们感到艺术品的真实在于其本身，而非现实的展示时，艺术品就是艺术的实质。它是一种惯用语，独特的作品通过它有所构成、得到表现、赋予个性的印记。它是一种背景，却是比空间更重要的参考坐标，因为它进入了一切作为焦点的事物之中，对其进行整体与部分的区分。我们习惯于认为物质性的物体都有固定的边界，诸如岩石、椅子、书籍、房屋、贸易和科学等等。因对上述事物经过精确测量，所以我们对此深信无疑。然后，我们无意识地将这种所有经验对象固定特征的信念（此举的最终意义在于可以指导实践），带进了我们关于“经验”本身的认知中。我们假定经验与其相关事物具有相同的明确限制。但是，任何最普通的经验，都有一个不确定的外延。事与物只是在此时此刻，将某一整体的各个焦点无限延伸，这是一个定性的“背景”，定义并明确了特定对象、指定其属性与质量。于是，直觉一词带有某种神秘感，任何经验在不受限制、无比强烈的感觉与感情裹挟之中，都会生出神秘之感——就像对艺术对象的体验一般。正如丁尼森所说：

“经验是一座穹顶，
世上的真知之光罕能穿越于此，未曾抵达世界的边缘。
而当我靠近时，它却一次次后退，直到永远。”

尽管存在起限制作用的地平线，但这种边界也会随着我们的移动而移动。因而我们永远无法摆脱一种对于目光所及之外事物的感觉，试图探索远方的远方究竟为何物。在可以直接观察到的有限世界里，一棵树下有一块石头；我们把视线固定其上，再转向岩石上的苔藓，或是取来显微镜，观察一些微小的地衣。

但无论我们的视界或大或小，我们都认为那是从一个更大、包罗万象的整体中经验到的一部分，我们只是将经验聚焦于此而已。我们可以把这个视界从狭义范围扩展到更宽广的领域。但是，无论这一领域多么广阔，在感觉中却仍然不是整体；它的边沿延伸到无限广阔的空间中，其广远甚至超越我们所能想象的宇宙。这种“隐含在日常经验中的包罗万象”感在绘画和诗歌的结构中得到了强烈彰显。这种感觉凌驾于任何净化之上，让我们接受了悲剧事件。象征主义者正是利用了艺术意象的无限层面。爱伦·坡说过，“一种暗示的模糊无限性及由此带来的精神效果”，而柯勒律治则提到，每一件艺术品都必须包含一些不可理解的东西，以达到预期效果。

每一件明确而处于焦点中的事物，都有一种退向含蓄隐晦的倾向，这是令人无法理解的。在反思中，我们称之为黯淡与模糊。但是在原初经验中，这并不被认为是“模糊”。每件事物都是整体，而不是其中的一部分，必须如此，才能进行模糊理解。暮色四合之时，黄昏是整个世界最令人愉快的特质，是世界最合适的展示。只有在我们试图辨别某件事物却难以看清之时，这一特性才会显得突兀而恼人。

经验的普遍共性在于，将所有确定的成分联系在一起，把我们集中注意的对象结合成一个整体。对此最好的例证是，我们总是感觉到事物是否有所归属，是否相关，是否具有即时性。这并不是思考的产物，虽然我们要经过反思才能确定，某种特定考虑是否与我们所做所想相关。若没有即时的感受，我们就无法指导自己的思考。广泛而潜在的整体是每一种经验的基础，也是理智的本质。对我们而言，疯狂失常的事物，是脱离普通背景、孤立于整体而单独存在的，正如任何发生在与我们所处世界截然不同的事物一般。倘若没有模糊未定的背景，任何经验素材都是支离破碎的。

艺术作品突出强调作为整体的性质，也强调了从属于更大的、包罗万象的、作为我们生活其中的宇宙整体的性质。我认为，这一点可以解释我们面对事物进行审美时所体验到的无比精妙的清晰透明感。这也可以解释，伴随着强烈的审美认知，宗教感就此产生。经验似乎将我们引入了现实世界之外的世界之中，而这个世界不过是比我们日常经验世界更深的现实。在这里，我们超越自我，探寻自我。通过每一次正常的经验，艺术作品总是能加深和唤醒我们对于包罗万象、无穷无尽世界的认知，除此之外，我看不出经验的这一特性有怎样的心理基础。更广阔的整体被感受为自身的外延。一个人只有如麦克白一样，在特定对象上欲念投入甚多，却屡屡受挫，不能遂愿，才会发觉生活是一个白痴所讲述的故事，充斥着喧嚣与狂怒，毫无意义。但自我中心论并不是衡量现实和价值的标准，我们是广阔世界中超越自我的公民，当我们深刻意识到，世界与我们共存、世界存在于我们心中时，便会获得团结统一的满足感。

每件艺术作品都具有一种独特的媒介，通过这一媒介，在性质上无所不在的整体得以呈现。每一次经验中，我们通过某种特殊的触角感知世界；通过与之交往，借助我们的感官触碰到这个世界。整个有机体凭借其过去的负载与多种多样的资源起作用，但这是通过特定媒介完成的，我们看到景象，听到声音，触到物体，是眼、耳、触觉相互作用的结果。美的艺术抓住了这一要义，并将其重要性推向极致。在任何普通的视知觉中，我们都是通过光来看；通过色彩的反射与折射进行区分，这是一条不言而喻的道理。但是，在普通的知觉中，色彩媒介是掺杂混合的。我们在看的同时也在听；感到压力的同时也感受到冷热。而在一幅画作中，色彩构成图像，却没有和其他元素掺在一起，十分纯粹。不纯的杂质已经在极致的表现过程中得到过滤和排除。媒介只剩下色彩本身，此时，由于色彩必须代替其他媒介承担动静、触感和声音等性质，在普通视觉中以其本身形式得到物质性呈现的过程中，色彩的表现性与能量也得到了加强。

据说照片对于原始人来说，有令人恐惧的魔力。在他们眼中，如此立体生动的事物这样鲜活地呈现出来，是违背常规的。有证据表明，无论是何种图画，一开始出现时，都被人们认为具有魔力。人们认为，再现景象的力量只能来源于超自然世界。对于一个常常与图画再现打交道却还没看腻的人来说，画作确实有一种神奇的力量，能将万物压缩，化作平面上的统一图像，描绘广袤无垠、丰富多彩的世界，将一切有生命和无生命的物体纳入画布之中；可能就是因为画作的这种魔力，"艺术"通常倾向于表示绘画，"艺术家"通常指代画家。原始人同样认为语言具有超自然的控制力量，能够控制他人的行动，获悉机密。

倘若掌握了正确的词句，自然之力也尽在其掌控之中。就连文学中表达的声音也同样神圣非凡。

我认为这些事实已证明了艺术媒介的作用和意义。初看上去，似乎每种艺术都有特定的媒介，乃至于不值得花笔墨详述。那为何我们要大费笔墨，白纸黑字地论述没有颜色就没有绘画，没有声音就没有音乐，没有土木就没有建筑，没有大理石与青铜就没有雕塑，没有词句就没有文学，没有鲜活的肉体就没有舞蹈呢？我相信自己已经给出了答案。在每一种经验中，无尽的性质上的整体潜藏于不同的艺术活动内，借由不同的媒介将整体活动组织展现在我们面前，构成神秘的人体结构。但是在每一个经验中，这种复杂的、经过区分和记录的机制是通过特定的主导结构运作的，而不是同时通过所有的感官杂乱无章地进行——只有在我们手忙脚乱、昏头涨脑之时，才会出现这种情况。在美的艺术中，“媒介”表示某种特定经验感官的专门化与个性化，直到发展至所有可能性都得到利用的程度为止。最具活力的眼与耳在承担特殊的审美活动之时，并不会失去自己独有的特征与独特的合适性。在艺术中，普通知觉里分散混杂的看和听被集中起来，保证特殊媒介的特定功能可以不受干扰，全力发挥作用。

“媒介”首先表示所有的中介物。“手段”一词的含义也是如此。它们指中间的、介乎其中的事物，通过它们，相距甚远的物体得以沟通。但并非所有的手段都是媒介。存在两种手段。一种存在于要完成的事物之外；而另一种被纳入所产生的结果之中。有些目的仅仅是令人愉快的结局，而另一些则是对于过去发生之事的完结。一个劳动者出卖体力，仅仅是因为这是他获取工资的手段；就如汽油的消耗之于交通运输，只是一种交通方式而已。“目的”一旦达成，手段就不再起作用；通常，如果既能够达成目的又不用使用手段，人们便会很高兴。手段不过是达成目的的工具罢了。

这类外在或单纯的手段（称谓取决于我们的定义），通常可以用其他手段替代，采用特定手段往往是出于某种外在因素考虑，比如价格低廉。但当我们谈“媒介”时，我们指的是那些被纳入到成果之中的手段。就连砖头和灰浆在用于建筑时，也会成为建造房子的一部分；它们不只是建造房子的手段，更是媒介。色彩就是绘画，音调就是音乐。用水彩绘制的画作在性质上与油画截然不同。审美效果在本质上都属于其媒介，当用其他媒介取而代之，我们得到的就不再是艺术品，而成了绝技表演。即便媒介的替换具有极为精湛的技巧，或是为达到其他目的，其产物也只有两种可能：要么机械刻板、要么虚假庸俗——就像是给木板漆上颜色，伪装石头建造教堂一样，建筑需要的不仅是石头的外观，还有石头的实质，这两点对于实现整体审美效果都是不可或缺的。

外在和内在手段的区别，贯穿于生活的一切事务当中。一个学生为了通过考试和升学而学习。而对另一个学生来说，学习活动的目标和手段一致，完全为了学习而学习。结果、教益、启示，与过程是一回事。有时候，我们去某地旅行，是因为我们在那里有公务要处理，这种情况下，若能取消旅行，我们会觉得很高兴。但其他时候，我们旅行是为了享受四处走走看看的快乐时光。手段和目的合二为一。回想一下诸如此类的例子，我们很快就能发现，手段和目的互为外在性的例证，都是非审美的。这种外在性甚至可以给非审美下定义。

为了避免惩罚而做“善”事，无论这种惩罚是进监狱还是下地狱，都会令行为变得不甚可爱。这就像是牙医为了避免持续性伤害，给病人用麻药一样。希腊人在辨识行动中的善与美的同时，感知优雅、举止得体，体现出一种手段与目的合二为一的知觉。冒险对海盗至少有着浪漫的吸引力（对谨守法律的人来说则会引起痛苦的结果），只是因为他认为，这样做可以得到更好的报偿。道德哲学对功利主义的反感，很大程度上是因为其对纯粹计算的夸大。“得体”与“妥帖”曾因具有审美特性而备受喜爱，如今却为人轻视，只因人们认为，二者是为了达成特定外在目的才呈现出一本正经、装模作样的姿态。在所有经验的范围内，手段的外在性就决定了经验的机械性。许多称作为“精神性”的东西也是非审美的。但这种非审美的特性，是由于这个词表达的事物也证明了手段和目的的分离；“理想”从现实中割裂开来，人们只是追求现实，生活就变得索然寡味。“精神性”只有寄宿在特定的实际事物中，才具备审美所必备的形式。正如天使也不得不在想象中被添上身体和翅膀。

我曾不止一次地提到，审美也可以存在于科学著作之中。对于外行来说，科学著作通常令人生畏。但对于研究者来说，科学著作体现了达成完美的履行性，因为结论是对达成结论条件的总结和完善。此外，这些作品有时还是十分高雅、甚至严谨万分的。据说，克拉克·马克斯韦尔曾经引入一个符号，使一个物理学方程式得以对称，直到后来，实验结果才赋予了这个符号的意义。我想在商业活动中也是如此，若商人真如对该行业不满的局外人所想，只是一群唯利是图之徒，那么对他们来说，商业恐怕也不会如此具有吸引力。实际上，这种行为或许具备某种游戏性，虽然对社会有害，但痴迷于此的人也会沉醉其中，体会到它的审美特性。

也就是说，手段在不仅仅是预备或起始工具时，才是媒介。作为媒介的色彩起中介作用，是微弱、分散的普通经验与由绘画引起的新的集中直觉间的协调者。一张留声机唱片只是效果的传达载体，除此之外别无他效。从中发出的音乐也是一个载体，但音乐还有其他作用；这是一个与所负载的东西合为一体的传达载体；它与所传达之物相结合。从物理的角度看，无论画笔还是在画布上涂抹色彩的手的运动，都存在于画布之外。但在艺术中并非如此。笔触是感知一幅画的审美效果时不可或缺的组成部分。某些哲学家认为，审美效果或者“美”是种虚无缥缈的特质，需要以外在的感性素材为载体才能获得实体，犹如灵魂之于肉体。这一观点在暗示，如果灵魂未受困于肉体之中，绘画就不需要色彩，音乐就不需要声音，文学就不需要文字。然而，虽然批评家告诉我们，他们可以越过表现形式，在不了解媒介的情况下直接触及作品的内核，但除了将情感发泄等同于审美的人以外，媒介与审美效果是完全融合的。

所有艺术创作与审美感知的核心，都在于对作为媒介的媒介保持敏感。这种敏感性并不会将外在的无关材料强扯进来。比方说，人们将绘画看作是历史场景的描绘，看作是文学或是熟悉的场景时，他们就不是根据其媒介进行感知的。再或者，人们在欣赏绘画时，若只是考虑到创作绘画时所采用的技巧，便也不是从审美的角度来感受的。因为，在这种情况中，手段与目的仍是分离开来的。对前者的分析替代了对后者的欣赏。的确，艺术家自己在着手完成一件艺术品时，常常从纯技术性的角度着眼——在服下一剂名为"欣赏"的方子之后，结果至少令人耳目一新、重焕活力。但事实上，在大多数情况下，艺术家对艺术品整体的感受都是如此，因此，他们无须用言语对目的与整体详加论述，也因为这一原因，他们可以天马行空地纵情想象，究竟整体是如何产生的。

媒介好比是中间人，在艺术家与感知者之间进行调解与周旋工作。托尔斯泰在身陷道德偏见囹圄时，常以艺术家的身份发表言论。在他的发言中，曾引用过一句关于艺术起统一作用的话，这句话赞美了艺术家的一大功能。在艺术理论中，有很重要的一点：这种统一性正是通过使用特殊素材作为媒介实现的。从性情气质或是爱好追求上看，在某种程度上，我们都是艺术家。我们所缺乏的，是艺术家在技巧手法运用上所施展的能力。因为，艺术家有能力捕捉种类特殊的素材，并将其转化为一种真实而具有表现力的媒介。对于我们其他人来说，若赋予欲说还休之物以表现力，则需要多重途径与大量素材。不仅如此，所采用的媒介类别繁多，彼此互相干扰，难免把艺术表达变得混乱不堪；同时，所选素材数量之大也让艺术表达显得纷乱拙劣。艺术家继续依靠自己所选定的感官及相应的素材去感知，因此，通过这种媒介，独自一人、全神贯注感受到的理念既纯粹、又透彻。艺术家就是这样，严谨苛刻而热情洋溢地挥洒着他的才华。

德拉克洛瓦就他同时代画家发表的评论，普遍适用于低层次的艺术家之流。他指出，这些艺术家是在着色而非用色。这句话的意思是，低级艺术家是将色彩运用到他们所再现的对象之上，而不是用色彩将艺术对象再现出来。这一过程表明，作为手段的色彩与所要描绘的对象与景色是彼此分离的。低级艺术家并未怀着完全虔诚的心情使用作为媒介的色彩。这是因为，他们的心灵与经验是分离开来的。手段与目的未能合二为一。在绘画历史上，最伟大的审美革命就发生在对色彩的结构性使用之时；之后，绘画就不单单是着色的素描了。真正的艺术家通过他的媒介来观察、感受，而学会从审美的角度进行感知的人也在效仿前者的做法。其他人则在欣赏画作、聆听音乐时，将阻碍知觉、混淆视听的偏见带入其中。

人们有时将美的艺术定义为创造幻觉的力量。依我所见，这种表述毫无疑问是对真理不甚明智、充满误导的表达——也就是说，艺术家通过把握单一媒介来创造效果。在普通的知觉中，我们依赖于多种渠道，以帮助自己理解正在经历的一切之意义所在。对于媒介的艺术性运用意味着排除无关的辅助材料，集中而强化地运用一种感觉特性完成工作，虽然这种工作通常是在多种感觉的协同作用下不甚严谨地完成的。但是，将结果称之为幻觉，却是对本应加以区分物质的混淆。如果衡量艺术水平的尺度在于，在桃子上画一只苍蝇，让人们看到就想要轰走它；或是在画布上画几串葡萄，让鸟儿看到就飞来啄食；那么，若一个稻草人可以成功吓得乌鸦不敢靠近，便可以称其为一件最完美的艺术佳品了。

我在前文所谈到的混淆是可以得到澄清的。存在某种实体的东西，它在一般意义上是真实存在的。存在着由色彩与声音所构成的媒介。并且，也存在一种具有现实感的经验，更像是一种经过突出强化的经验。这种感觉如果与属于媒介真实存在的感觉相类似，那么它就是幻觉。但是，这种感觉却是截然不同的。在舞台上，媒体、演员及其声音、手势都是真实存在的。因此，有教养的听众会对一般经验事物的真实性产生一种突出的感觉（假如这场戏具有真正的艺术性可言）。只有无教养的看戏人才会对所演的现实抱以幻觉，这种人将演出本身与通过演员所展示出来的现实存在等同，入戏太深，试图加入到演出中去。一幅有关树木或岩石的画作所呈现的特征，可能要比树或石本身所具有的特点更为显著。但这并不意味着，观众就会把画中之物当作一块真正的石头，任人敲打或坐于其上。正是由于用素材表达意义，而非将其作为单纯的物质性存在，素材本身才变成媒介：素材的意义不在于它在物质上是什么，而在于它表现出什么。

我们在对经验的性质意义、通过特殊媒介将独特意义与价值投射其上的讨论中，都面临着各个艺术门类的共同实质。在不同的艺术中，媒介都各不相同。但是，所有艺术形式都拥有媒介。否则，艺术将不具备表现力，也会失去其形式。我在前文曾提到过，巴恩斯博士曾把形式定义为色彩、光影、线条与空间通过关系所达到的融合。显然，色彩是媒介。但是，其他艺术门类不仅有色彩的对应物作为媒介，而且还具有一种特性，这种特性在实质上与线条和空间在绘画中所起的作用相同。在后者中，线条区分、勾勒与结果呈现出独特的物体、人像或形状。通过这些手法，在其他情况下不可区分的团块得以确定，描画成可辨认的物体、人物、山峰、草地。每一门艺术都具有个性化的、确定的成分。每一门艺术都使用实质的媒介，通过创作来赋予各个复杂的成分以统一性。

在初步思考之后，我们可能会赋予线条以形式的功能。线条形成关系与联结。线条是决定节奏必不可少的手法。然而，进一步的反思却显示，从一个方向看上去十分合适的关系，倘若换个方向，就会变成个别的部分。假设我们正在观赏一片“自然”风景，背景中有树木、灌木丛、一块绿茵草地及几座小山。但是，就整体而言，它们之间组合得并不好。群山与某些树木并没有放对位置，我们打算对其进行重新安置；此外，虽然某片灌木丛构成了较好的背景，但是其他部分却模糊不清，十分碍事。

从物理学上讲，上文提到的诸物都是景色中的一部分。但是，如果我们将景色看作审美意义上的整体，那么它们便不再是各个部分。此时，用审美的眼光进行观察，我们最初可能倾向于指出形式上的缺陷，指出轮廓、团块、与位置间关系不当与混乱的一面。我们也会清楚无误地感觉到，不和谐与干扰就是出于这一原因。但是如果我们做进一步的分析就会看到，关系上的缺陷与单个结构上的缺陷，其实是同一问题的两个方面。我们应该发现，为了得到更好结构而做出的改变，也让各个部分在知觉中比以前更加个性化、更具确定性。

在讨论强调与间隙问题时也是如此。正是这种维系将部分结合成整体的必要性决定了二者。但是，如果没有这些因素，那么各个部分也将乱作一团，漫无目的地相互碰撞，缺乏个性化的分界。在音乐或诗句中，会存在无意义的中断。如果一幅图片要成为画作的话，不只需要节奏，还必须有以色彩作为共同根基的团块描绘成图像；否则，就只剩下污迹与斑点。

在有些画中，色彩虽受到抑制，但绘画仍能给予观众一种热烈辉煌之感；但在另一些画中，色彩却过于明亮到鲜艳夺目的程度，导致整体效果单调枯燥。倘若不是出自艺术家之手，生动明亮的色彩一般都会理所当然地让人当作石印图画。但是，经过艺术家的妙手，本身充满俗气的色彩、甚至是泥土也能增加能量。对这些事实的解释是，艺术家使用色彩来定义物体，通过彻底完成对其个性化的描述，将色彩与物体融合在一起。色彩成了物体的色彩，而物体的所有特性都通过色彩得到了表现。因为，是物体在闪光——宝石与阳光；是物体很辉煌——皇冠、礼服、阳光。素材在日常经验中体现出重要的色彩性质，色彩除了通过这一性质来表现物体之外，只起到短暂的刺激效果——正如红色起激发作用，而另一种颜色起抚慰作用一样。选一个人喜爱的任何一种艺术形式，媒介都会彰显其表现力，因为媒介就是用来赋予物体个性化与意义的，而且这一点不只是就物理轮廓而言，还在于表现出等同于物体特点的性质；媒介通过强调令特点与众不同。

如果一部小说或戏剧没有不同的人物、情景、动作、观念、运动与事件，那么将会成为什么样子？在技巧上，这些要素通过戏剧中的场次与场景、各种各样的入场与出场以及所有舞台技巧设施划分开来。但是，这些技术性的措施只是一种突出各成分的手段，使对象与情节具有自足性——正如音乐中的休止符不是空白，而是在继续节奏时起强调与确立个性的作用。如果建筑结构没有做团块的区分，不仅区分物质与空间，而且要分出部分、门窗、檐口、支撑梁柱、屋顶等结构，那将会是什么样子？但是，我对任何复杂且重要的整体中呈现出来的事实，总是加以过度揣摩，这样也许会从我们最熟悉的经验中寻得难解之谜：对我们来说，没有重要的整体，除非整体由本身就很重要的部分构成，这些部分对其从属整体来说同样重要。换句话说，除由重要个体组成的社群外，没有一个重要社群能够存在。

美国水彩画家约翰·马林谈到艺术品时如是说：“身份犹如最后的依托，逐渐显现出来。正如自然在创造人类时严守规则一般，身份、头、四肢及其各自的内容，本就各司其职，调动自身功能，与其他部分及其相邻部分合作，尽其所能以达到美的平衡。可见，这件艺术产品本身就是由相邻身份构成的。在这种构造中，如果一种身份未能履行本职，它便是一个坏邻居。而如果将所有邻居联系在一起的纽带未能尽职尽责，则会提供糟糕的服务，成为不合格的联系。因此，艺术产品本身就是一个村落。”这些性质在艺术作品的质料中，本身就是作为单独的整体存在的部分。

在伟大的艺术中，不会去限制个性化部分中的部分。莱布尼茨教导过，宇宙是一个无限的有机体，因为每一个有机物都是由其他有机物无限地构造而成的。人们在论及宇宙时，也许会对这一命题的真理性持怀疑态度。但是，作品中的每一部分作为衡量艺术成就的尺度，因为容易在知觉上无限度分辨，所以可能至少都是如此构成的。我们看到，一些建筑物除了奇丑无比之外，几乎没有任何引人注目的部分。我们的目光只是扫过它们而已，什么印象都没有留下。在浅薄的音乐中，各部分只是用于过渡的方法；其作用不是抓住我们的注意力，随着音乐的继续，我们也不会将正在进行的乐曲视作部分；至于在审美意义上的廉价小说，我们可能受到激动人心的情节“驱使”而阅读下去，但除非有个性化的对象或事件，否则没有什么可以让我们驻足思考。另一方面，当每一个细节都有着清晰明确的表述时，散文便可以产生一种和声效果。有关部分对整体的贡献越清楚，各个部分本身就越重要。

怀着了解如何遵守清规戒律的目的去品鉴一件艺术作品，会令知觉变得贫乏。但是，努力注意以何种方式满足某些条件，比如媒体如何通过有力手段表现、承载特定部分，或者如何解决充分个性化的问题，都能令审美直觉更敏锐，知觉内容更丰富。因为每一位艺术家都以其自己的方式完成操作，不会在两件自己的作品中出现一模一样的重复。他有权使用一切技术手段以达到预期效果，而领会他的独特方法就是审美理解的开始。一位作家用流动的线条与色彩的融合彰显个性，另一位艺术家则用极其分明的轮廓以期达到相同效果，前者可以体现得更细致入微。一位艺术家用明暗法达到了另一位艺术家用高光法实现的效果。不难发现，在伦勃朗的素描中，人物之内的线条要比勾勒人物外在轮廓的线条更加强有力——而个性非但没有失去，反而有所提升。大致说来，有两种对立的方法：一种是对比的、中断的、突变的；另一种是流动的、融合的、渐变的。从此出发，我们可以得到更加精微的发现。我们可以引用利奥·斯泰因的一段话作为这两种方法的一般性例子："比较莎士比亚的诗句'在猛烈狂暴波涛的摇篮里'与'当冰柱悬于高墙之上'。"在前面一行诗中，有像摇篮与波涛、猛烈与狂暴这样的词的对比，也有元音和音步的对比。至于后一句诗，他说道："每一行都像轻轻悬挂着的链条的一环，甚至像一个悬臂，与后续部分轻松地衔接在一起。"突变法有助于最直接的清楚表达，连续法旨在建立联系，这也许是艺术家喜欢颠倒整个过程，从而增加所产生的总能量的原因。

感知者与艺术家都可能偏爱某种取得个性化的特殊方法，

导致混淆方法与目的，在对达到目的的手段感到厌恶之时，就否认目的的存在。从观众角度来看，这一点在很大程度上是通过艺术家不再使用明显的阴影来勾画人物，转而利用色彩之间的关系阐明的。从艺术角度而言尤其明显，此人在绘画方面声名卓著（特别是素描），诗歌创作亦很杰出，他就是布莱克。他对鲁本斯、伦勃朗及威尼斯和佛兰德斯画派的审美特点一概反对，认为他们使用了“断裂的线条、破碎的团块与断裂的色彩”，而这些因素正是19世纪末绘画伟大复兴的特征。他补充道：“艺术与生活伟大的黄金规则是：轮廓线越是明确、清晰、精细，艺术品就愈加优秀；反之，越是不强烈、不清晰，想象力就愈发匮乏，与剽窃和粗制滥造品别无二致……这种决定与限制性形式的缺乏，证明艺术家头脑的匮乏、思想的空洞，进而导致在艺术各个分支上的抄袭作假行为。”这段话之所以值得我们在此引用，是因为它强调有必要对艺术品诸成分的个性化做明确的认识。但它同时也表明，一种特殊的视觉方式变得强烈时，就会体现出局限性。

还有一样东西是所有艺术品共有的。时间与空间——或更确切地描述是时空——可以在每一件艺术品的质料中找到。在各门艺术中，它们既不是空空如也的容器，也不是哲学流派有时呈现出的形式结构。它们是实质性的，是每一种素材在艺术表现与审美实现中的属性。设想我们读到麦克白企图将石南丛生的荒原与女巫分开，或是读到济慈的《希腊古瓮颂》中将有形体的牧师、少女、母牛与那些称为灵魂或精灵的物质分开。

在绘画中，空间当然是必不可少的；因其起到构成形式的作用。但是，空间也作为性质被直接感受与感知。如果不是如此，那么一幅画就会充满使知觉经验解体的空洞。在威廉·詹姆斯给出更好的教导之前，心理学家已经习惯于只在声音中发现时间性质，并且部分人甚至将此当作一种理性的关系，而非如其他声音特征那般独特的性质。詹姆斯指出，声音也具有空间上的体积——每一位音乐家无论是否在理论上阐释过这一点，都在实际中有所使用与展现。至于我们所探讨过的其他属性，美的艺术从我们经验到的事物中发现并提取出这种性质，可以比原有事物得到更为清晰有力的表现。正如科学将定性的时间与空间关系简化为等式一样，艺术也使所有事物的重要价值在其自身意义上更加丰富。

直接经验中的运动是物体性质的变化，经验到的空间是这种性质变化的一个方面。上下、前后、来回、这边与那边，或是左与右、此处与彼处，皆有所不同。这是因为物体不是本身静态事物中保持静态的点，而是一直处于运动之中，是价值的性质变化。因为“后”是向后、“前”是向前的省略形式。速率也是如此。从数学角度看，根本没有快与慢之说。速率只代表一定数字范围内的大小。在经验中，它们性质上的不同犹如噪音与安静、冷与热、黑与白般迥异。被迫长久等待一个重要事件的发生，与钟表指针运动所表现的时间长度是截然不同的。后者是定性的。

时间与运动在空间中还有另一层重要的纠葛关系。它不是由定向的趋势——比如上与下，而是由相互接近、彼此疏远所构成的关系。远近亲疏皆是意味深长的性质，通常具有悲剧意味，而不只是像科学中所度量的那样经验它们。这些性质表示松与紧、扩张与收缩、分离与紧凑、飞扬与降落、上升与下降；散乱的、分散的、翱翔盘旋的、虚幻的轻松与沉重的打击。这种行动与反应正是组成我们经验到的事与物的材料。可以对其进行科学描绘，因为在科学里，这些性质具有数学上的区别。科学只关注遥远的、相同或重复的事物，它们是实际经验的条件，并非经验本身。但是在经验中，它们是无限多样的，无法加以描绘；而在艺术作品中却得以体现。这是因为，艺术是对重要事物的甄选，也是以同样标准对无关事物的拒绝，由此，重要事物得到了压缩与强化。

例如，音乐让我们了解事物升降、涨退、加快与减慢、收紧与放松、迅速挺进与迂回放松的本质。这种表现是抽象的，因为它不依附于此物或彼物，同时也是极为直接具体的。我认为可以断定：如果没有艺术，对诸如体积、容量、形体、距离、方向等性质变化的经验只能是初步的、粗浅认识的，几乎难以清晰传达。

尽管造型艺术强调空间上的变化，而音乐与文学强调时间的变化，其实差异的本质相同，只是强调的重点不同。二者各取所长，而他们各自的优点构成了一种背景，如果没有它，无论如何强调突出的特性都是徒劳无功的，乃至化为灰烬，消失得无影无踪。比方说，贝多芬的《第五交响曲》开头的几个小节，与塞尚《玩纸牌者》的重量感与庞大感异曲同工。无论是交响乐还是油画，都具有气势磅礴、坚韧有力的特点，宛如一座结构良好、硕大无朋的拱桥。二者皆表现出了耐久性，即结构稳定性。两位艺术家运用了不同的媒介来传情达意，用图画和一连串复杂的声音来表现岩石的性质。一位使用色彩组合空间的方法，另一位使用声音组合时间的方法，但后者却表现出了空间上的庞大感。

我们经验的时间和空间不仅是定性的，而且具有无限多样的性质。我们可以将这种多样性归纳成三个主要类型：场地、外延、位置——广袤性、广延性和间距，或者从时间上来说，转变性、持久性和节点。在经验中，这些特点以单一效果相互限定。一种特点经常压倒其他特点，然而，尽管他们共同存在，但我们仍能在思想中加以区分。

空间是场地，即（德语的）Raum，而场地就是宽敞性，在其中，我们有机会生存和活动。“喘息空间”一词说的正是事物受到限制和压迫时会产生窒息感。而愤怒正是对因受到限制而失去行为能力的应激反应。缺乏场地令人无从生存，而开放的空间意味着潜在的可能。过分拥挤即便不对生活构成妨碍，也会令人焦躁不安。适用于空间的道理，也同样适用于时间。当我们想要完成具有重大意义的事情时，就需要“时间的空间”。不适当的匆忙会使我们处于环境的压力之中，这样的环境令我们产生怨恨。在被催促时，我们总是喊着“给我点时间！”确实，大师总是脱胎于种种限制之中，而完全无限的场地只会让我们的行动散乱无章。但是，限制和动力必须构成恰当的比例，二者必须成协同选择的关系，而绝不能是强加的。

艺术品将空间表现为行动与运动的机会。这与性质感觉的比例有关。一首抒情诗或许能有所体现，而自诩的史诗却难以企及。小幅的画作或许能够让我们感觉到空间感，而巨幅画作却让我们有拘束感。对广袤性的强调是中国画的特征之一。与集中化、需要框架的画作不同，这些全景化的画轴向外延展，跨越普通的边界，展现出了一个世界。而西方的画作采用了不同的绘画手法，它们高度集中、细心勾勒，从精心描绘的一方图景中展现世界的广远。甚至室内画，如凡·艾克的《阿诺弗尼夫妇肖像》，也可在划定范围之内传达室外之景的感觉。提香给每幅人物肖像画都加上了背景，因此我们看到的不仅是帆布，还有人物背后更广袤无限的空间。

如若只有完全不能确定的机会与可能性，场地将只是空白与空虚。经验中的空间和时间也是一种填充物，而不只是某种外在填充物。广延性是物的厚重性与体积，而时间不只是抽象持续的，更是物的持久性。声音能像颜色一样收缩和扩张，颜色也能如声音一般升与降。我之前提到过，威廉·詹姆斯说明了声音的量的性质，当音调被描述为高与低、长与短、尖细与浑厚时，并不是在打比方。在音乐中，声音既能持续又有回旋，既连续不断又有间隙。这与前面提到过的绘画中的色彩既辉煌又黯淡一样。它们从属于对象，并非漂浮而孤立的存在；同时，它们从属的对象存在于一个拥有广延与体积的世界之中。

小溪喃喃低语，树叶沙沙作响，水波微微荡漾，巨浪磅礴怒吼，奔雷轰鸣狂啸，风声如泣如诉……凡此种种，以至无穷。我并非在说，长笛尖细的音调和风琴巨大的轰鸣是我们将其直接与自然物结合的成果。但我的意思确实是指，这些音调表现了广延性，因为只有在理性的抽象之中，始终进行着的事件才能和开始或经历着变化的事件相区分。虚无的时间不存在，作为实体的时间也不存在。所存在的只有事物的行为或变化，这些行为的持续性是时间性的。

体积，如宽敞性一样，是不同于单纯尺寸和容积的性质。小幅的风景画同样可以传达自然景观的丰富多样。塞尚的静物画以苹果和梨构图，传达出它们相互之间及与周围空间之间体积本质的动态平衡。脆弱不一定是审美意义上的缺陷，同样也可以是体积的体现。小说、诗歌、戏剧、雕塑、建筑、人物、社会运动、论题，以及绘画与奏鸣曲，都是由坚实与厚重，以及它们的相反面表现出来的。

一旦没有间距这一第三属性，充塞物将会一片混乱。地点与位置，是由间距产生的间隔分布来定义的，这一属性十分重要，能赋予之前所说的特征以个性。但地点具有直接、定性的价值，是本质的一个固有部分。感知能量，特别是非同一般的能量，而是此物或者彼物所具备的力量，正来源于位置的正确布局。与位置能量相对，也存在运动能量。前者有时在物理学上称为势能，以区分于动能，即后者这样直接被感知到的实际能量。在造型艺术中，这确实是运动得以表现的手段。有些间隔（不一定只是横向的，而是所有方向的）有利于能量的展现；有些则会阻碍能量的显现，拳击和摔跤就是明显的例子。

事物之间离得太远，或者靠得太近，或者相互之间的位置或角度不对，都不能容纳行动的能量。其结果就是拙劣的构造，无论是人体、建筑、散文、绘画，皆是如此。诗歌微妙的音韵效果得益于各词句的合理分布——最显著的例子是常常颠倒散文的顺序。一旦把扬抑格换成扬扬格，一些思想就会被毁掉。小说和戏剧中，停顿太久，或是留白太长，就会使得观众注意力涣散，甚至昏昏欲睡，而事件与人物若是接踵而来，又会削弱整体的力量。与使用平面来表现空间感和广袤感不同，一些画家的核心技巧正是间距的良好运用。正如塞尚是后者的大师一样，柯罗对前者有着准确无误的手法，尤其是在人物肖像画和所谓的“意大利画”之中，以及虽然出名，却略显逊色的银色风景中有所体现。我们通常认为，置换和音乐相关，但从媒介上讲，这同样也是绘画和建筑的特征。关系，而非成分，在不同语境中的重现构成了性质上的置换，因此可以在知觉中直接体验到。

各艺术门类的进步——不必是前进，事实上也从未在所有方面有所前进——显示出表现手法从明显到精微的过渡。我已在另外的场合中提到过，在早年间，文学的地位与社会惯例、经济与政治阶级相一致。早期的悲剧中，社会地位决定了势能。距离早已在戏外决定。而在现代戏剧中，易卜生的戏是杰出范例，用外在惯例和个人冲动的对比有力表现势能，描绘角色之间的关系，比如丈夫与妻子、政客与民主社会的公民、老人与谋取自身利益的年轻人（后者往往通过竞争或是引诱获取利益）。

现代生活的纷扰繁乱把有条不紊的细节安排变成了艺术家最为头疼的任务。节奏过快，事件太密集，导致无法达到确定性——这种缺陷常见于建筑、戏剧和小说中。丰富的材料和活动的机械力量都阻碍了有效的布局。所强调的更多是狂热而非强度。注意力一旦缺乏不可或缺的舒缓，为避免重复而出现的过度刺激便会趋于僵化。只有在偶然情况下，我们才发现这一问题得到了解决，如托马斯·曼恩的小说《魔山》，或是纽约的建筑丛林。

我曾说过，空间与时间的三种性质相互影响，并在经验中相互限定。若空间不为活动体积占据，空间就是空洞的。若留白没有强调团块、赋予人物以个性，留白就是徒然的。若广延不能合理布局，不能与其位置相呼应，没有清晰的分布，广延就是散乱的，并最终僵化麻木。团块并不是一成不变的，它根据自己与其他广阔持久事物的关系收缩和扩张，坚持和屈从。我们或许会从形式、节奏、平衡与组织的角度来看待这些特征，但那些理解为思想的关系在知觉中呈现为性质，存在于艺术的本质之中。

在艺术的质料之中，存在着共同的属性，若没有一般条件，经验就不可能存在。正如我们先前看到的，基本的条件是感受到有机体与环境相互作用时做与受的关系。位置展示了生物在环境中受到周围力量影响时体现出的受力平衡，去忍受、坚持、延伸、扩展，以对抗自身之外那无动于衷、充满敌意的环境。通过向外进入环境，位置展开成体积；通过环境的压力，团块收缩为势能；而空间始终存在着，在物质收缩时，为下一步行动提供可乘之机。区分整体中的成分、协调各个成员，正是才智的功能所在；一件艺术作品的价值，取决于在知觉中如何将独具个性的含义直接呈现给受过训练的感官。

第十章

各门艺术的不同实质

艺术是正在发生与已经发生的一切的实质。因此，名词性的词语只能给艺术做表面的解读。鉴于艺术坚持做的方式与内容，其本质具有形容词的性质。我们说打网球、唱歌、表演以及许多其他活动是艺术时，其实是在用一种省略的方式表达，在从事这些活动的过程之中，艺术得以体现；并且这种艺术描绘所做与所制成之物的性质，进而产生活动，在感知这些活动的过程中也存在着艺术。艺术产品——神庙、绘画、雕像和诗歌——并不等于艺术作品。当一个人与其产品合作，因为产品具有解放而有序的属性，会形成一种令人愉悦的体验。此时，艺术作品就此衍生。从审美的意义上讲，至少是如此：

“……我们所得皆出自我们之手，
大自然仅存于我们的生活之中；
是我们给她以婚袍，给她以尸衣！”

假如“艺术”表示物体，如果它的确是一个名词，那么艺术物体就可以按照不同的类别区分开来。这样，艺术就可以分为不同的属，而属又可以分为不同的种。如果人们认为动物本身具有固定不变的属性，那么这种分类对它们也同样适用。但是，一旦发现动物是生命活动长河中的变异物时，这种分类体系就必须做出改变。分类成为遗传学的，尽可能精确地表示地球上生命连续性，以及其特殊形式的特别位置。如果艺术是一种内在的活动性质，那么我们就不能对其进行划分与再划分。我们只能在活动遇到不同的材料、适用不同的媒介之时，随着活动的区分进入到不同的模式之中。

性质作为性质本身是不可分类的。甚至连为甜与酸的附属种类命名都是不可能的。要想这么做，到头来，我们还要一件件列举世界上所有或甜或酸的物体，因此，所谓的区分将仅仅是毫无意义的重复，是以“性质”的形式重复此前以物体的形式出现过的目录。这是因为，性质是具体的、经验性的，因此，由于个体中充满其独特性，性质会随着个体而发生变化。我们也许可以确实地先谈到红色，再谈到玫瑰红或日落之红。但是，这些术语在本质上都是实践性的，并对应该转向何处给予了一定的说明。在现实中，没有哪两次日落具有完全相同的红色。它们不可能完全一样，除非有一次日落完完全全重复另一次，在每一个细节上都保持绝对一致。这是因为，红总是那个经验的素材。

逻辑学家为了某些目的将诸如红、甜、美等性质看成是普遍的。对于形式逻辑学家来说，他们并不关心存在着的物质，而这些恰恰是艺术家所关心的问题。因此，一位画家知道，在一幅画中不会存在两种完全一样的红色，因为两种红色各自都会受到它们所处语境中不计其数的细节的影响，而这些红色在语境中是作为独立整体出现的。“红”在用来表示一般性的“红色”之时，是一种手段，一种处理方式，一种在给定范围内的行动的界定，比如为一个谷仓买红颜料，在这种情况下，限定范围内的任何一种红色都是可行的；在买货物时选择符合条件的样品，也是同样的情况。

语言远远不能与多种多样的自然面貌相对应。然而，作为实际工具的语词可以成为中介，通过语词，自然的存在显示出不可言喻的多样性，于人的经验之中起作用，此时则被纳入到可管控的秩序、等级与类别之中。语言不仅没有可能复制存在的个性化性质的无限多样性，人们也完全不要求、也不需要这样做。一种性质的独特性是在经验本身中发现的；这种独特性存在于此，自给自足，无须复制到语言之中。语言服务于科学或是理性的目的，并指示人们如何在经验中觅得这些目的。这种指示越是一般化、越是简单，就越好。指示越是冗余无用，就越会混淆视听，而非起指导作用。但是，语词在一定程度上服务于其诗意的目的：它们在积极地起作用时，召唤并唤起有活力的反应,而每当我们经验事物的性质时,这种反应都会出现。

一位诗人最近表示，诗歌于他而言“更是身体的，而非理智的”。他进而指出，他是通过身体的表征来理解诗歌的，比如毛发倒竖、脊柱颤抖、喉咙发紧以及像济慈的“长矛刺穿了我”那样腹部遇刺之感。我并不认为豪斯曼的意思是，这些感觉就是诗的效果。成为一件事物与成为该事物呈现的标志，是不同的存在方式。但是，正是这些感觉，与其他作者所说的有机的“嘀嗒”声，成为完全有机参与的总体表示。同时，正是这种参与的完满度与即时性，构成了经验的审美性质，也正由于此而实现了对理性的超越。出于这一原因，我对诗歌“更是身体的，而非理智的”一说的严格真理性提出质疑。但是，诗歌是超越理智的，因为诗歌将理智的因素吸收进了直接的性质之中，而这些性质是通过属于生命体的感官直接经验到的，这既是在证明包含在这个说法中的夸大之词，也是在反驳认为性质是通过理智凭直觉发现的共相的说法，上述两点对我来说都是毫无疑问的。

当定义成为目的本身，而不是为了经验的目的而使用的一个工具时，定义的谬误就是严格分类的谬误和抽象谬误的另一面。如果一个定义具有远见卓识，那么这个定义就是好的。如果这个定义能够指明一个方向，便于我们迅捷地获得经验，那么它便是有用的。物理学与化学通过其研究任务的内在需要了解到，定义通过向我们表示事物是怎样制成的，从而让我们预见到它们的出现，检验其存在，并在有些时候，将事物变成我们自己。理论家与文学批评家已经远远落后。他们仍在很大程度上拘泥于古老的关于本质的形而上学，根据这种学说，如果一个定义是“正确”的，那么它就须向我们揭示某种内在的现实，这种现实把导致事物成为外在固定不变的物种中的成员之一。随后，人们便宣布该物种比个体更加真实，或者说，物种本身才是真正的个体。

为了实际目的，我们根据类来思考，正如我们根据个体来经验一样。因此，一个外行很可能认为给一个元音下定义是一件十分简单的事。但是，一位语音学家则通过密切接触实际的题材，被迫认识到，一个严格的定义，如果严格到在所有方面都将从属于一个类别的内容与其他东西分开，那么它只是一个错觉。只有一些或多或少有用的定义；称其有用是因为定义在连续发声的过程中，将注意力指向重要的倾向——这些倾向如果局限于离散型的状态，就会产生这样或那样“精确的”定义。

威廉·詹姆斯评论道，对像人类情感一样融合变幻的事物进行精细的分类，是枯燥乏味的。在我看来，试图对美的艺术进行精确而系统的分类，也同样枯燥无味。列举性的分类十分便利，对于易于参照的目的来说，这是必不可少的。但是，编制一个包含绘画、雕像、诗歌、喜剧、舞蹈、风景园林、建筑、唱歌、乐器演奏等方面的目录，并不假装要看明白所列举事物的内在价值。只有在一个地方才能看清楚这种价值——单个的艺术作品。

严格的分类是不适当的（如果认真考虑这种分类的话），因为这种分类将注意力从审美上的重要之处——一件艺术产品在性质上的独特性与经验的完整特征——转移开去。同时，对于学习审美理论的学生来说，这也是充满误导意义的。它们在两个理智理解的重点上是混淆的。它们不可避免地忽视过渡与联系的环节；结果就是，它们设置了不可逾越的障碍，使得无法智慧地跟进任何艺术的历史发展。

依照感觉器官，人们做出过一个颇为流行的分类。我们在后面会看到，什么真理成分会存在于这种分类方式之中。但是，如果严格按照字面意思理解的话，它并不能产生出一个连贯的结果。对于康德将艺术素材限制在“高等的”理性感官（即眼与耳之中）所做出的努力，近年来的作家已经探讨得够多了，因此我在这里将不再重复这些具有信服力的论点。但是，一旦感觉的范围以最普遍的方式扩展，一个特殊感官只是一个整体有机活动的前哨而已，在这个活动中，包括自主系统功能在内的所有器官都有所参与。眼睛、耳朵和触觉在一个特殊的有机体活动中起着领头作用，但它们不再具有排他性，甚至也不总是最为重要的代表，就像一个哨兵不能代表一支完整的军队一样。

在将艺术分为眼睛的艺术与耳朵的艺术时，诗歌是一个容易引起混淆的特例。诗歌曾经是吟游诗人的作品。就我们所知，诗歌在当时的存在形式就是耳闻口诉之声，除此之外别无其他。它是某种歌唱或吟咏的内容。几乎无需说明，自从发明了书写与印刷之后，大量的诗与歌之间相距甚远。如今，人们甚至试图使用由印刷形式制成的图像设计，以强化诗歌在映入眼帘之时我们的感觉——就像《爱丽丝漫游奇境记》中的老鼠尾巴那样。但是，除了任何夸张的情况外，尽管静静读诗时听到的“音乐”仍是一个因素（在上一段中说明了这一点），但是诗作为一种文学形式在今天仍然是视觉性的，这一点显而易见。那么，它在过去的两千年中是从一个“类”移到另一个“类”了吗？

接下来是前面已经提到过的艺术的分类，将其分为空间的艺术与时间的艺术。现在，即便这种区分是正确的，它也是按照事件、根据外部所做的区分，对于任何艺术作品的审美内容都没有启示作用。这一分类不能帮助知觉；不能分辨要寻找何物，也不知道如何去看、去听、去享受。除此之外，它还有一个严重的缺陷。正如我们前面指出过的，这种区分否认建筑结构、雕像与绘画，以及歌曲、诗歌、雄辩术等事物的节奏。而且这种否定的内涵是拒绝承认对于审美经验最为根本的东西——即审美经验是知觉的。这种区分是基于艺术产品的特征产生的，即艺术产品作为外在的与实体的存在。

在某一版《不列颠大百科全书》中，一位作者在论述美的艺术时，对这一谬误做了非常漂亮的描述，值得我们在这里引上一段。为了证明将艺术分为空间的与时间的正当性，他在谈到雕像和建筑时说："眼睛从任何角度去看，都是在顷刻间看到了一切；换句话说，我们所看到的任何事物的诸部分都只填充或占据空间，而非时间，并通过单一的瞬间知觉从空间的各点影响我们。"他又说："他们的产品（即雕塑与建筑艺术的产品）本身是坚实、固定而永恒的。"

这几句话中包含了许多模棱两可之处，也涵盖了由此导致的误解。首先，关于"顷刻间"。任何空间中的物体（并非所有物体都是空间的）都是一下子发出振动，并且物体的各物质部分顷刻之间就占据了空间。但是，物体的这些特征并不是说，也不是要将一种知觉与另一种知觉区分开来。空间的占据性是任何事物存在的一般条件——如果鬼魂存在的话，那么它们也会占据空间。它是拥有任何或每一个“感觉”的因果条件。相类似地，从物体中发出的振动是每一种知觉的因果条件，所以，它们并不将一种知觉与其他知觉区分开来。

因此，“同时影响我们”最多不过是一个知觉的物理条件而已，而非被知觉物体的组成要素。只有在“同时”与“单一”被混淆时，才会推导出后者。当然，影响我们的任何物体或事件给予我们的所有印象，都必须融合为一个知觉。取代知觉单一性的唯一备选条件，无论该物体是在时间还是在空间之中，都只能是一些不连贯的抓拍照片，这些照片甚至无法形成任何事物的典型代表。这种难以捉摸又支离破碎的东西，就是心理学家所谓的感觉。而感觉与知觉的区别就在于，后者具有单一性，从而构成一种综合的整体。无论是物理存在还是生理接受的同时性，皆与这种单一性毫无关系。正如上文刚刚指出的一样，只有在一个知觉的因果条件与实际的知觉内容相混淆时，二者才被视为一回事。

但是，根本性错误在于物质产品与审美对象之间的混淆，而只有后者才被人们知觉到。从物质角度讲，一座雕塑就是一块大理石而已，并无其他。它是静止不动的，并且只要它能够经受时间长河的冲刷就是永恒不灭的。但是，要将物质的团块与作为艺术品的雕像等同起来，并将画布上的颜料与一幅绘画等同起来则是十分荒谬的。那么，要如何看待建筑物上光线的变幻、不断变化的阴影、强度与色彩以及移动着的光的反射呢？

如果该建筑或雕像在知觉中，像在物理存在中一样是“静止不动的”，那么它们将是僵死的，不会引人注目，人们最多只是匆匆一瞥，视线不会停留其上。这是因为，一件物体是由一系列的相互作用累积而成、为人知觉的。眼睛作为人体中起主宰作用的器官，产生出一种经受性的、一种回复的效果；这种效果呼唤着又一次的行动，以新的、相类似的、增加的意义与价值作为补充，如此等等，成为一个持续的审美对象的建构过程。所谓的一件艺术品的无穷尽性，正是这种总的知觉行动持续性的功能之一。“同时性视觉”是知觉的一个突出定义，其中极少有审美因素，因而甚至不能称之为一种知觉。

我可以想象，建筑结构为艺术品空间与时间的区分提供了绝好的反证。如果任何事物以“空间的占有”方式存在，那么就只有建筑了。但是，哪怕是一间小棚屋，如果时间性质不能进入的话，也不能成为审美知觉的内容。一个大教堂，不管有多大，都可以给人以瞬间印象。一旦通过视觉机制与有机体相互作用，一种总体性质的印象就会从中释放出来。但是，这只是基础与框架，在其中，一种持续相互作用的过程被引入，对成分起到丰富与限定的作用。匆匆经过的观光者对圣索菲亚大教堂或者鲁昂大教堂的审美感受，并不比驱车以时速 60 英里看飞速闪现而过风景的司机体会更多。作为观赏者的人们必须在教堂前来回走动，进进出出，还需要多次造访，才能在各种各样的光线中与自己多变的情绪相联系，逐渐把握到教堂的结构。

也许会有读者认为，我对一个不甚重要的论断花了太长篇幅进行赘述，这是毫无必要的。但是，本文所引的话中所包含的意义对整个艺术即经验问题都有意味深长的影响。瞬时经验无论在生物学还是心理学中都是不可能发生的事。经验是有机的自我与世界经过持续、累积相互作用的产物，人们几乎可以将经验称为这种相互作用的副产品。审美理论与批评并不存在于其他基础之上。如果一个人不允许这一过程完全自然地起作用，那么他就开始处于这样一个转折点上：以无关的个人想法取代对于艺术品的经验。下面所描述的现象十分精准地体现出令审美理论与批评备受折磨的问题："当累积性相互作用的持续展开过程及其结果受到忽视时，人们看到的物体就只是其全体的一部分，而由此构成的理论的其余部分就变成了主观的幻想，而非增长。这一理论在最初对部分细节的感知之后就停止了；这一过程的其余部分便仅仅存在于大脑之中——这是一种片面的、只从自身内部取得动力的活动。这一活动不包括来自环境的刺激，而这种刺激可以通过与自我的相互作用而消除空想。"

无论如何，艺术关于空间与时间的分类必须为另一个分类所补充，即再现与非再现艺术的分类。依照这种分类，建筑与音乐就被归入到后一种类别中。亚里士多德提出了"艺术是古典形式的再现"这一概念，至少避免了这种区分的二元主义。他将模仿的概念理解得更为宽泛、更具智慧。于是，他宣布音乐是所有艺术门类中最具再现性的艺术——一些现代理论家认为，恰恰是这门艺术才完全属于非再现性一类。他并非愚蠢地认为音乐再现了啁啾鸟鸣、哞哞牛啼或是汩汩溪唱。他的意思是，音乐通过声音，重现了感情与情感印象，而它们是在战斗的、悲伤的、胜利的乃至性兴奋的对象与情景中产生的。具有表现意义的再现涵盖了任何可能的审美经验的所有性质与价值。

如果我们将“再现”这个术语理解成了复制自然的形式而复制的话，建筑就不是再现性的——不像一些人所说的那样，大教堂“再现”了森林中的高树。但是，建筑所做的远不止利用自然的形式：拱形、柱形、圆柱形、长方形、球形的某些部分。它表现着它们对于观察者产生的独特效果。如果一座建筑物不使用、不再现重力、压力、推力等自然能量，那么这座建筑又是什么呢？这个问题必然要留给那些认为建筑是非再现性的人来解释。但是，建筑并不将再现结合到这些物质与能量的性质之中，建筑还表现出人类集体生活的持久性价值。它“再现”了记忆、希望、恐惧、目标，“再现”了人们为家庭遮风挡雨而建造房子体现出的神圣价值；“再现”了人们为神祇修筑祭坛，建造地点以制定法律，抑或建起城堡抵御外敌攻击。如果一些建筑物对人类的利益与价值不具有高度的表现性，而是被称为宫殿、城堡、家、市政厅、会场，那么很多人便会对此颇感费解。除了人脑中的幻想之外，显而易见，每一个重要结构都是历史上有名的记忆宝库，也是我们无比珍视的、对于未来期望的不朽纪念。

除此之外，将建筑（在这里也包括音乐）与诸如绘画与雕塑这样的艺术门类区分开来，就将艺术门类的历史发展搞得乱七八糟了。雕塑（人们公认为是再现性的）在很长时间内都是建筑的有机组成部分，有帕特农神庙的饰带与林肯和沙特尔大教堂的雕刻为证。我们也不能说，它从建筑类别日益独立而来——随着雕像四散分布在公园与公共广场中，半身胸像被放在早已塞得满满当当的居室内的底座上——与雕塑艺术的进步具有同步的关系。绘画在最初期是画在洞穴墙壁之上的。在很长的时间里，绘画继续在神庙和宫殿的外部和内墙上起着装饰作用。壁画则用来激发信仰、恢复虔诚，给崇拜者讲述关于本宗教的圣徒、英雄和受难者的丰功伟绩。当哥特式建筑只给壁画留下很少的墙壁空间时，彩色玻璃以及之后的平板画就取而代之了——仍像祭坛和祭坛背后的雕饰一样，这些都是建筑整体的组成部分。当贵族和商业巨头们开始搜集画在画布上的绘画时，这些画便被用来装饰墙壁——人们甚至常常将画切开或修剪，以便更好地适用于墙壁装饰这一目的。音乐是与歌曲联系在一起的，其不同的风格用以适应大的危机和重要事件的需要——死亡、婚姻、战争、祭拜、宴会。随着时间的推移，绘画与音乐都不再从属于特殊的目的。既然所有的艺术门类都具有利用自身的媒介达到独立地位的倾向，这一事实便可以更好地用来证明，没有哪一个艺术门类是在进行严格字面意义上的模仿，它只不过是为了提供一个理由，能在艺术门类之间划出严格的界限而已。

不仅如此，一旦划出界线，设立这些界限的理论家就会发现有必要找出例外，并引入过渡性形式，甚至说某些艺术门类是混合的——例如，人们就说舞蹈既是空间的，也是时间的。

既然任何艺术对象的本性都是单一而统一地实现其自身，那么这种“混合”艺术的说法无疑可以让整个严格的分类工作归于谬误。分类可以依照浮雕中的高浮雕与低浮雕、依照坟墓前的大理石人像、木门上的雕像与青铜门上的铸像来进行吗？可以用柱头、檐壁、檐口、挑篷、托座上的雕刻来分类吗？怎样才能将一些次要艺术放进来，如牙雕、雪花石膏像、熟石膏像、陶俑、金银器、铁艺支架、标牌、铰链、屏风与烧烤架？同样的音乐在音乐厅里演奏时具有非再现性，而在教堂里成为盛典仪式一部分之时可以具有再现性吗？

人们并非只是要对艺术进行严格的分类与界定。类似的方法还被用于审美效果之上。在美本身获得其“本质”之后，许多天才的努力被花费在列举美的不同种类上：崇高的、奇异的、悲剧性、戏剧性、富有诗意的，等等。现在无疑存在着这些术语所适用的现实——正如合适的名称被用于一个家庭的不同成员一样。一个符合资质的人可能会谈论一些崇高、雄辩、诗意、幽默的事物，这实际上加强并澄清了对物体的知觉。它也许会帮助一个叫乔尔乔涅的人事先拥有一个关于什么是抒情的明确意识；并且，在听贝多芬《第五交响曲》的主题时，有一个清晰的概念，了解艺术中有什么力量，没有什么力量。但是，不幸的是，审美理论并不满足于澄清这样一种性质，即单个整体中所强调重点事物的性质。审美理论把形容词变成名词性实体，然后用浮现出的固定概念演奏出辨证的曲子。由于严格的概念化只能发生在直接审美经验之外形成的原理和思想的基础之上，所有这类演奏都是“大脑中空想”的较佳例证。

然而，如果我们将诸如生动性、崇高、诗意、丑陋、悲剧性等一些术语理解为标明倾向，从而像可爱、甜美、可信这样的术语一样具有形容词性质，那么，我们就将回到“艺术是活动的性质”这一事实上来。像所有的活动一样，这是由朝向这个或那个方向的运动所标明的。这些运动可以以这样的方式来区分，让我们与这里所讲的活动的关系得到更加智慧的展示。一个倾向，一个运动，出现在某种方向确定的限制之内。但是，经验的倾向并不具有精确固定的限制，它们不是没有宽度和厚度的数学意义的线。经验太过于丰富、复杂了，不允许有如此精确的限制。这些倾向的目标是带状而非线状的，它们的性质形成了一个谱系，而不能分散在各自的格子里。

因此，任何人都可以选出一些文学段落，并毫不犹豫地说，这是诗意的，那是散文性的。但是，这种性质的指定并不意味着存在一种称为诗歌与另一种称为散文的实体。再次重申，它意味着一种向某一受限制运动被感受到的性质。因此，性质存在于许多程度与形式之中。某些性质程度较低，会在意想不到的地方出现。海伦·帕克赫斯特博士曾从天气预报中引用了下面一段话：“落基山以西，爱达荷州，哥伦比亚河以南，直到内华达州为低气压区。沿着密西西比河流域直到墨西哥湾维持飓风状况。北达科他州与怀俄明州报告有暴风雪，俄勒冈州有雪和冰雹，密苏里州温度在零度左右。有强风正从西印度群岛向东南方向吹去，沿巴西海岸航行的船只已收到警报。”

没有人会说这段话是诗歌。但是，只有太过迂腐的定义才会否认，这段话中有诗意的内容，部分原因是这里有地理名词的悦耳声音，更有“转移了的价值”；引经据典的堆砌创造出一种大地的广袤感，来自遥远而陌生国度的离奇事件，最为重要的是，这是飓风、暴风雪、冰雹、大雪、寒冷、暴风雨等各种各样自然力动荡的奥秘所在。意图是对于天气状况散文式的陈述。但是，这些词肩负重担，赋予它们一种偏向诗意的冲动。我想，在某种情况下，就连由化学符号构成的等式也可引申为对自然的洞见，这对于某些人来说，具有诗意的价值。尽管在这种情况中，效果有限且别具一格。但是，经验具有不同的素材与运动，针对不同种类的结论也会不尽相同，其两极的情况相距甚远，预先就决定了其一极为完全的散文式，而另一极具有令人激动的诗意。这是因为，在有些情况下，发展倾向是完成作为一个经验的经验；而在另一些情况下，所导致的结果只是为另一个经验所用的沉积物。

我想，对看重喜剧性与幽默的文学作品的考察会显示出两种相同的事实。一方面，偶然与附带的谈话会把某些特别的倾向变得更加清楚，并使读者在实际情境中变得更活跃，更有辨识力。这些例子与那种一个形容词的性质、一个倾向在受到考察时的情况相同。但是，建立一种由一组例子的集合所描画的严格的定义仍需复杂而艰苦的努力。任何属于种的划分怎样才能将如此多样、甚至由下列几个通用的术语所表示的倾向，简化为概念的统一性：荒谬、可笑、有趣、滑稽、欢乐、闹剧、娱乐、诙谐、欢闹、戏谑、玩笑、取笑、愚弄、嘲笑、放松？当然，如果一个人足够机智的话，他可以从一个定义出发，比如不协调性，或者从某种反向的逻辑和比例的意义出发，为每个种类找到一种特别的种差。但是，显而易见，这时我们就加入到一种辩证的游戏之中了。

如果我们只是限于一个方面，即可笑，笑，喜剧性就是我们嘲笑的对象。但是，我们还存在着笑的状况，我们得意时、纯粹地情绪高昂时、亲和适意时和在欢宴场合中的笑，还有轻蔑和窘迫的笑。为什么要将所有这些倾向的多种变异限制在一个单一而固定不变的概念之中呢？不仅这些构想不是思维的核心，而且它们真正的功能是作为工具来研究具体素材的变化活动，而非将那些素材固定在严格的静止状态中。由于素材是偶然的，而非形式的定义，起着特殊经验中的知觉的强化作用，附带的谈话便起到了构想的真实功能。

最后，在这一点上，固定的等级观念与固定的规则的观念不可避免地相互共存。例如，如果文学中存在着很多不同的类别，那么就有某种不变的原则将每一类划分出来，并规定一个使每一个类别有其固有的本质。因此，就必须遵守这一原则；否则，从属于这门艺术的“本性”就会被违反，结果造成“坏的”艺术。艺术家不是用他手头的素材或他所能控制的媒介来肆意创造，而是一定要在深谙规则的批评家的批评责难下，服从基本原则的种种规定。他不服从主题，而是服从规则。因此，分类限定了知觉的界限。如果所依据的理论影响深远，则会限制创造性作品。新的作品，就其新的程度而言，不适合已经提供的鸽巢式分类。它们在艺术中就如同异端在神学中一般，足以在任何情况下对真正的表现构成障碍。分类带来的规则则更加不利。固定分类的哲学就其在批评家那里（不管这些批评家是否知道它，他们都服从哲学家给予了更为明确的阐述的这个或那个立场）流行而言，鼓励所有的艺术家（除了那些具有异常活力与勇气的艺术家之外）都以“安全第一”为他们的指导原则。

前面所说的意思并非像初看上去那样消极。因为它以一种非直接的方式吸引人们去注意媒介的重要性以及它们难以穷尽的多样性。我们大可放心地从媒介的决定作用这一事实展开任何对艺术门类的多样性物质的讨论——从不同的媒介具有不同的内在潜力，并被适用于不同目的这一事实开始。我们不用油灰来造桥，也不用我们所能找到的最不透明的材料作为窗户以透过阳光。这一负面事实本身就迫使我们在诸艺术作品中做出区分。从正面意义上讲，色彩在经验中起某种特殊的作用，而声音起另外的作用；乐器的声音与人的声音有所不同。同时，我们应该记住，任何媒介效能的严格限制都不能由任何先验的规则决定，每一位伟大的艺术独创者都打破过某种曾经被认为是天然的屏障。此外，如果我们在媒介的基础上确立我们的论述，我们会认识到，它们形成了一个连续体，一个光谱。尽管我们也许会区分艺术门类，正如我们区分所谓的七种基本颜色一样，没有人能够说出一种颜色结束、另一种颜色开始的准确位置。并且，如果我们将一种颜色从它的环境中取出来，比方说，取出一种特殊的红色的色带，它就不再是原来的颜色了。

当我们从表现媒介的立场来看艺术时，我们所面临的一个巨大区别是那些以艺术家的身体组织（即精神－肉体为媒介的艺术）与那些在更大程度上依赖身体之外的素材为媒介的艺术之间的区别，即所谓的自动的与造型艺术的区别。舞蹈、唱歌、传奇讲述——一种与歌唱联系在一起的文学的原型——都是“自动”艺术的例子，身体的刺痕与文身等等也是如此，属于这一类的还有希腊人在运动会与运动场上强身健体。增强嗓音、姿势与手势方面的修养以增加社会交往时的风度，则是另一方面的例子。

由于造型艺术必须首先等同于技术性艺术，它们与工作联系起来，也在某种程度上（即使是很小的程度上）具有外在的压力，这与自动艺术自发的、与闲暇自由相伴的情况形成对照。因此，希腊思想家认为，造型艺术高于那些从属于使用身体、通过工具的介入处理外在素材的艺术。亚里士多德将雕塑家与建筑师——甚至那些帕特农神庙的建筑者们——视为工匠，而不是自由的艺术家。现代趣味将美术作品视为更高，因为它们改造材料，其产品流芳百世而非变化无常，且能够诉诸更广的大众，包括尚未出生的人，而唱歌、跳舞以及口头讲述的接受者只能是直接的观众。

但是，所有的高低等级划分，最终都是不合适的、愚蠢的。每一个媒介都有着自身的功效与价值。我们所能说的只是，技术性艺术门类的产品带入的自发与自动艺术的程度有多高，它们具有的美的程度就有多高。除了由操作员机械地操纵机器制作出的作品情况之外，个人的身体运动进入到所有素材的重塑之中。当这些运动用来处理物质上的外在材料时，有机体就从内部以自动艺术来推动它们，令它们在此范围内变成“美的”。具有生命的自然表现的节奏的某些内容，某些仿佛是舞蹈和哑剧的东西，必须进入到雕刻、绘画、造塑像、设计建筑物与写故事之中，而这正是技法从属于形式的又一个新的理由。

甚至在艺术门类之间存在这种巨大区别的情况下，我们所面对的仍是一个谱系，而非各自分离的类别。抑扬顿挫的讲话如果没有芦笛、弦乐与鼓的帮助，就不会向着相距甚远的音乐方向发展，而这种帮助并不是外在的，因为它修改了歌的内容本身。音乐形式的历史其实就是乐器发明与使用实践的历史。乐器并不只是像留声机的唱片一样的载体，而是像所有的媒介一般，这在钢琴中就有明显体现，它起到了将今天我们普遍使用的音阶固定下来、统一使用的作用。同样，印刷术起着深刻改变文学内容的作用或反作用；通过一幅单一的插图，改变了形成文学媒介的语词本身。这种变化的不利一面表现为越来越多地把“文学的”一词作为一个贬义词来使用。口头语言在印刷与阅读逐渐风行以前从来不是“文学的”。但从另一方面说，即使众所公认没有一部文学作品超出过如《伊利亚特》那样的口头作品（甚至这部作品也无疑是为了书写和广泛传播而组织了此前散乱材料的产物），然而印刷除了强迫形成一种此前不存在的组织以外，唯一的结果就是造成了巨大的量的扩张与质的多样和精细。

然而，我并不打算对此做进一步研究，而只是表示，甚至在这种将不同的艺术门类如此粗略地划分为自动的与造型的之时，我们也面临中介的形式、过渡与相互影响，而不是像档案柜一样相互分离。重要的是一件艺术作品将它的媒介使用到极致——记住，材料并非媒介，除非当它被用作表现的器官之时。自然材料和人的联系是多种多样、无穷无尽的，每当任何材料找到一个媒介来表现其在经验中的价值——即它的想象性与情感性价值之时，它就成为一件艺术作品的内容。因此，持久的艺术斗争是将在日常经验中无法表达的材料转化为雄辩的媒介。记住，艺术本身表明一种正在进行与已经完成事情的性质，在某种程度上，每一件真正的新艺术品本身就是一种新艺术的诞生。

那么，我应该指出，关于正在讨论的问题存在着两种阐释的谬误。一种谬误是将各艺术门类完全分开；另一种是将它们全部熔铸到一起去。后一个谬误常常在一些批评家的解读中找到，他们满足于引述佩特的一句话，即所有的“艺术总是趋向于音乐的状态”。我说解读，而不说佩特本人，是因为全段话显示出，他的意思并不是每一种艺术都向这一点发展，在那里，它将提供与音乐同样的效果。他认为音乐“最完善地实现了形式与内容完美结合的艺术理想”。这种结合是其他艺术所追求的“状态”。不论他的观点是否正确，即音乐最完善地实现了这种内容与形式的相互融合，将其他观点转到他的头上都是不应该的。这是因为，除了其他原因之外，这种观点显然是错误的。既然他写道，绘画与音乐本身都朝着一种建筑学的方向运动，而背离在其有限的意义上的“音乐性”，那么在一定程度上，诗歌同绘画一样都是如此。值得注意的是，佩特谈到，每种艺术都在转入到某种其他状态之中，音乐也具有图形——“曲线、几何形式、交织”。

简言之，我的意思是，像这样一些词，诗意的、建筑的、戏剧的、雕塑的、图画的、文学的——就其表示在文学中其性质得到最好体现的意义而言——表示了在某种程度上属于每一种艺术的倾向，因为它们限定任何完整的经验。然而，与此同时，某种特殊的媒介最适合于强调一种特征。当适合于一种媒介的效果在使用另一种媒介时也显得尤为突出，就会出现审美缺陷。因此，当我在下面将艺术的名称作为名词使用时，在我头脑中出现的应被看成是一系列的对象，它们重点强调、而不是排它地表现了某种性质。

强调意义上的建筑的特性在于它的媒介是（相对）属于生糙的自然及自然能量的基本方式的素材。它的影响依赖于那些在主要判断标准上恰好属于这些材料的特征。所有的“造型”艺术都扭曲自然的材料与能量的形式，以服务于某种人类的欲望。建筑在这一普遍事实前没有什么独特之处。但是，在使用自然力的范围与方向方面，建筑具有独特之处。将建筑物与其他艺术产品做比较，你就会立刻对它用来达到自身目的的无限多样的素材范围深深震撼。与绘画、雕塑和诗歌所用的相对有限的材料相比，建筑利用木、石、钢铁、水泥、烧制过的黏土、玻璃、灯芯草等各种材料。但同样重要的是，建筑更加纯粹地运用这些材料。它不仅大规模地，而且第一手地使用这些材料——所使用的钢材和砖块并非由自然直接提供，但比起颜色与乐器来说，却更加接近自然。即使对此有任何疑虑，对于建筑所使用的自然能量却毋庸置疑。没有其他产品在展示压力与张力、冲击与反击、重力、光线、内聚力方面可在规模上与建筑相比，它比起任何其他艺术都更为直接地，即更少间接性和替代性地承担这种力量。它表现了自然的结构构造本身。它与工程方面的联系是不可避免的。

由于这个原因，建筑物与其他所有艺术对象相比，最接近于表现存在的稳定性与耐久性。建筑之于高山，犹如音乐之于大海。由于其固有的耐久力，建筑比任何其他艺术都更多地记录与展示我们共同人类生活的普遍特征。也有一些人，他们在理论偏见的影响下，认为在建筑中所表现的人的价值是与审美无关的，只是对实用不可避免的让步。他们认为建筑物由于表现出对权力的炫耀、政府的权威、家庭关系中的孝敬亲情、城市里忙碌的交通、参加礼拜者的虔敬，在审美上就会更加糟糕，这种说法是站不住脚的，这些目的有机地进入到建筑结构之中，这一点已经无须讨论。同样清楚的是，这一目的常常降格为服务于某种特殊用途，也在艺术上有害的说法。但原因在于目的的卑微或者材料没有很好地以既适应于自然状态的情况，也适应于人的状态的方式进行平衡处理。

完全排除人的使用（像叔本华所说的那样）表明将“使用”

局限于一个狭窄的目的，而且它依赖于忽视这样一个事实，即美的艺术总是人类与其所在环境的一种相互作用的经验的产物。建筑是这种相互作用的结果，是其中一个值得注意的例子。素材经过改变，成为人们防御、居住与崇拜目的的媒介，但是人的生活也不同往昔，这远远超出了那些从事建筑的人的预见意图。与建筑作品对相应经验的重新塑造相比，也许除文学之外的所有其他艺术都更直接而广泛。它们不仅影响了未来，而且还记录、传达了过去。不仅是废墟，而且神庙、学院、宫殿、住宅都告诉我们，人们曾经希望什么，为什么而奋斗，有什么成就，遭受过什么苦难。人类通过他的业绩而永世长存的欲望，表现在金字塔的建造上，也在较小的规模上体现在一切建筑作品之中。这种性质并不只限于建筑。某种可称为建筑要素的东西出现在每一件艺术作品之中，其中大范围地呈现出持久的自然力与人的需要和目的和谐地相互适应。结构感与建筑性密不可分，建筑要素存在于任何作品中，不论它是音乐、文学、绘画，或具体意义上的建筑，在其中建筑性质都强烈地显现出来。但是，为了成为审美的，结构不能只是物理的与数学的，它还必须是人的价值在持久的时间中经过支持、增强、扩展而得到使用的。缠绕着的常春藤对于某些建筑物的合适性显示出建筑效果与自然的内在统一；在更大的范围内，这被理解为建筑物必须自然地适应周围的环境，以保证完整的审美效果。但是，这种无意识中的重要结合，必须与相对应的将人类价值吸收到对建筑的完满经验效果之中相伴。例如，绝大多数的厂房建筑之丑陋与普通银行建筑之令人厌恶，尽管这取决于技术与物质方面的结构缺陷，但同时也反映了一种对人的价值的扭曲，而这种扭曲又融入建筑相关的经验之中。并非仅仅是技术上的巧妙就能使这种建筑变得像神庙曾有过的那种美。首先，一种高雅的转换必须出现，使这些结构能自发地表现一种如今并不存在的欲望以及并不需要的和谐。

正像我们曾提到过的那样，雕塑与建筑是紧密的同盟。我想，甚至在达到很高的审美高度时，雕塑性与建筑性是否分离也是一个值得商榷的问题。在公共广场或公园里单独而孤立的塑像，很难不给人以某种不适宜之感。无疑，当塑像厚重而具有纪念性，且具有某种近于建筑背景的东西（即使它不过是一张宽大的长椅子）时，就会获得巨大的成功。雕塑也可以包括一些或许多不同的图像，像埃尔金大理石群像就是如此。但是，请想一想这些人物形象要集体地再现一个单一的行动，却在物质上相互分开，你头脑中的意象就会令人莞尔一笑。但是，将雕塑效果与建筑效果分开的差异却是存在的。

雕塑选择和强调建筑的记录与纪念性的一面。它可谓是将纪念碑专用于一个目的。建筑物进入并直接地帮助形成与指导生活；雕像与纪念碑，提示英雄主义、献身精神、过去的荣光。花岗岩圆柱、金字塔、方尖碑，都是雕塑性的；它们是过去的见证，然而，它们没有被时间的兴衰交替征服，而是具有一种承受并超越时间之上的力量——是人世间不朽性的高贵或悲惨的展示。另一个区分标志着一个更具决定性的差异。雕塑与建筑两者都必须拥有和表现统一性。但是，一个建筑整体的统一性是众多因素的聚合产生的。雕塑统一性更为单一而明确——如果是以空间为标准的话，就不得不如此。只有黑人雕塑企图通过牺牲所有直接联系的价值，在一个狭窄的范围内提供布局安排的性质，而这种性质是一个令人印象深刻的建筑所固有的，是通过线条、色块和形体的节奏取得的。但是，就连黑人的雕塑也不得不遵守单一性原则——其安排建立在人体各部分的结合之上：头部、胳膊与腿、躯干。

素材与目的的单一性（因为就连一座神庙这样专门化的结构，也为一组复杂的目标服务）使得雕塑有必要将自身限制在具有重大而易于被感知的整体材料表现上。有生命的物体只实现这一条件——动物和人，或者在直接依附于建筑物时，花、水果、藤本植物，以及其他形式的植物。建筑表现人的集体生活——离群索居的隐士并不建造而是寻找岩洞。雕塑表现的是以个性化形式表现的生活。这两门艺术各自的情感效果符合这一原理。建筑被说成是“凝固的音乐”，但是，从情感上说，这只说出了它们的动态结构，而非其内容的效果。总体说来，它的情感效果依赖于该建筑所参与的人的事务，或与这种事务紧密相连。希腊神庙离我们太远了，我们无法经验，而只能感受到其自然力精美的平衡。但是，如果我们进入到一座中世纪的教堂，而不感到自己参与进历史所赋予它的作用的话，也是不可能的；甚至一位西方人在进入到一座佛教寺庙时也有某种类似的感觉。我不愿将“借来的”一词用于属于住宅与公共建筑的经验的类似效果，因为它们的价值完全结合在一起，用这个词是不适当的。但是，建筑的审美价值对吸收来自人类集体生活的意义具有特别的依赖性。

雕塑所唤起的情感必须是那些明确而长久的——除雕塑被用于说明性目的之外，这种用法对该媒介很合适。这是由于，音乐与抒情诗本身就适合表现独特的心灵震颤与情感转折（像激发它们的场合一样），而雕塑在性质上则绝不是“场合性”的，这一点与建筑相似。模糊、过渡而不确定的情绪不适合这样的媒介。尽管在这方面与建筑相似，但需要重申的是，此与彼之间的区别，是单一的与集体的区别。人们所说的艺术是普遍与个体的结合，用在雕塑上特别贴切；这种情况导致这样的思想，即这种结合为所有艺术提供了一个公式，这一思想也许在希腊雕像中有其根源。米开朗基罗的《摩西》是高度个性化的，却并不比其描绘的事件本身更具有一般性，因为“普遍”与一般有着很大的不同。所塑造的人物精力充沛，具有冲动又克制的态度，对这位遥望乐土却又深知自己不能进入的领导者做出了表现。但它以一种高度个性化的价值与感情，传达出欲望与结果的永恒分离。

雕塑以一种异常细腻的力量传达一种运动感——希腊的舞蹈人像与带翅膀的胜利女神就是证明。但是，这是一种被固定在一个单一而持久的姿态上的运动——正如济慈的诗句中所赞美的——而不是运动的起伏变化，后者最适合用音乐来表现。一种时间感就其本身，或就形式而言是雕塑效果本身不可缺少的一部分。但是，这是在被中止、而不是在持续或流逝的意义上讲的时间。简言之，这种媒介最合适的情感是结束、凝重、休止、对称与平静。希腊雕塑的效果很大程度上归功于它表现理想化的人的形体以至达到这样的程度：它对后世雕塑的影响并不完全令人愉快，由于直到最近，它都以一种表现理想化的倾向使欧洲的全身雕像和半身雕像承受过重的负担，所以这些雕像，除了出自处于完全适应环境条件下的大师之手（例如希腊的那些雕像），往往是浮华的、浅薄的，图解如愿以偿状态的。在神和半神的英雄的外表下用雕塑表现人的形体，并不是一件轻而易举之事。

甚至一个孩童也能知道，只有借助光线，世界才变得可见。他只要闭上眼睛不看眼前的景观，就意识到了这一点。然而，当这一不言自明的真理在力量被把握之时，对于作为绘画媒介的色彩的独特效果，就传达了比卷帙浩繁的语词解释更多的东西。这是由于绘画将自然与人类景观表现为景象，而景象的存在是由于活的存在物主要通过眼睛，与纯粹的、反射的和折射成色彩的光线之间的相互作用。（这个意义上的）形象化存在于许多艺术门类之中。光与影的作用是建筑中的关键因素，也是那些并非过于受希腊模式束缚的雕塑的关键因素——希腊人为他们的雕像着色，也许是一个补偿。散文与戏剧也常常达到一种生动如画的效果，而诗歌则真正是形象化的，传达了事物的可见景观。但是，在这些艺术门类中，这种因素处于被抑制和次要的状态。将这种因素变成主要因素的努力，正像“意象派”

所做的那样，无疑教给了诗人某种新的东西，但是，媒介的这种强制力只能作为一种强调而不是一种占主导地位的价值存在。与此对应的真理是，当绘画超出了景观与景象的范围而讲述故事时，就成为“文学的”。

由于绘画直接将世界当作一片“风景”，当成一个直接看到的世界来对待，所以比起其他门类的艺术来说，就更难在没有对象的情况下讨论这门艺术的产品。图画能够表现每一个可作为一个景观而呈现的对象与情境。只要事件提供一个景观，而这个景观又足够简单与连贯，在其中过去得到总结而未来得到表示时，它们就能表现事件的意义。否则，它就只是一个文献记录，例如保存在波士顿图书馆里的艾比的画就是如此。然而，说一幅画可以呈现出对象与情境，远没有说出它的力量，如果我们没有将绘画通过眼睛所传达的对象得以区别的性质以及它们的本性与构造本身在知觉中得以确立的无与伦比的能力包括进去，反而就会给人误解。这种本性与构造包括水的流动性、岩石的坚固性、树的脆弱性与抵抗性的结合、云的组织等等，通过所有不同的方面，我们将自然当作一个景象与一个表现。由于绘画所到之处，一种阐明它所涉及素材范围的企图都会陷入一种无止境的列举之中。只要指出自然景象可以呈现出众多的方面，无可穷尽，这就足够了。绘画史上的每一个重要进步都会伴随着对某种过去没有得到发展的视觉可能性的发现与利用：荷兰画家捕捉住了室内画的隐秘性，形成了一种以家具陈设及其独特的透视关系构成的安排；收税的卢梭引出了不仅有异域情调而且有家常生活的节奏；塞尚重新觉察到处于动态关系中的自然力的量，一种由不稳定部分恰当的适应构成的整体稳定性。

耳朵与眼睛起互补的作用。眼睛提供景观，事物在其中进行，变化投射到它之上——留下的仍是一个景观，甚至是一个处于混乱骚动中的景观。耳朵以视觉与触觉行动所提供的背景为理所当然的事实，使我们将变化当作变化来认识。这是因为，声音永远是效果，是撞击、冲击与抵抗，以及自然力的效果。它们根据这些力在相遇时的相互作用来表现这些力；它们相互改变，也改变作为它们永不止息冲突的场所。流水拍岸声、小溪低语声、风的呼啸声、门的破裂声、树叶的沙沙声、树枝的摇动和断裂声、物体落地的重击声、沮丧时的哭泣声和胜利时的欢呼声——这些，以及它们所发出的声音，都是些什么东西？只是由力的斗争所引起的变化的直接呈现？任何自然的搅动都是由振动产生的，但是，一个均匀而无间断的振动不产生声音；必须存在间断、冲撞与抵抗。

因此，以声音为媒介的音乐必然要以浓缩的方式表现震惊与不稳定、冲突与解决方案，这是施加于更为持久的自然与人类生活背景之上的戏剧性变化。紧张与斗争具有其能量的聚集与释放，其攻击与防守，其强有力的战斗与和平的相遇，其抵抗与解决，都通过音乐编织成网。因此，音乐性处于与雕塑性相对立的另一极。正如一极表现持续、稳定与普遍，另一极则表现激动不安、运动、存在的特殊性与偶然性一般——然而，这种存在的结构上的永久性在本性上是根深蒂固的，而在经验中是典型性的。如果只有背景，就只存在单调不变与死亡；如果只有变化与运动，就只有混沌，一种甚至不能当成被搅动或搅动的状态。事物的结构产生与变化，但所依照的是一个长久不变的节奏，而送到耳朵里的事物却是突然的、出乎意料的、变化迅速的。

在大脑中，与耳朵间的联系要比与其他感官间的联系占据更大的大脑皮质组织。通过动物和野蛮人，就不难看出这一事实的意义。不言而喻，可见景观是显而易见的；所谓清楚、平常，与映入眼帘是一个意思——我们说平常的景象，就是这个意思。平常看到的事物本身不会令人烦恼；平常是通过解释而变得平常的。它意味着保证、信心；它提供了有利于计划形成与执行的条件。眼睛是距离的感官——不只是说光线从远处来，而是通过视觉，我们与远处的东西联系在一起，因而可为将要到来的事提供预警。视觉提供展开了的景观——正如我曾说过的，变化在其中或其上发生。动物在视知觉中机警、警惕，但也有所准备。只有在惊慌失措的状态中，所见对象才使知觉主体深感不安。

耳朵通过声音与我们联系起来的素材，在每一点上都与上面所说的相互对立。声音来自身体之外，但是声音本身就在附近，与人关系密切；它是有机体的一种兴奋状态；我们通过我们的全身来感受到振动的冲击。声音直接刺激一个当下的变化，是因为它就是变化的呈现。一只足球、一根树枝的折断、丛林的沙沙声，也许会表示来自敌对的动物或人的袭击，甚至死亡。它的重要性是由动物与野蛮人在活动时小心弄出声音来衡量的。声音传达即将发生的事，传达某种正在发生的情况，也表示某种可能发生的情况。比起视觉，它更加充满问题感，一种总是有未决定与不确定的气氛的威胁感——所有条件都有利于强烈的情感激动的形成。视觉以兴趣的形式来激发情感。好奇心使我们进一步去考察，但是它又有吸引力；或者说，它构成了一个在退缩与继续探究行动之间的平衡。正是声音让我们闻之雀跃。

一般说来，所见到的东西间接地激起情感——通过阐释和联想。声音直接引起激动，作为有机体本身的震动。听觉与视觉常常被并列为两种“理智的”感官。实际上，尽管听觉已经取得了巨大的理智范围，耳朵在本性上却是情感的感官。它的理智的范围与深度来自它与言语的联系；这些都是次要的，或者是所谓人为的成就，要归功于语言的制度与交流的惯例性手段。视觉从其他感官，特别是从触觉，接受其直接意义的延伸。这种差异是双向作用的。从理智一方对听觉适用的，从情感一方也对视觉适用。建筑、雕塑、绘画能够深刻地激发情感，“恰当的”农舍在某种情绪状态中突然出现，也许会使喉咙发紧，眼睛湿润。就像一些诗句产生的效果一样。但是，这种效果是由于一种与人的生活相联系的精神气氛。除了形式关系的情感效果以外，造型艺术通过它表现的内容激起情感。声音具有直接的情感表现的力量。声音以其本身的性质给人以威胁、哀怨、抚慰、压抑、凶猛、温柔、催眠之感。

由于这种情感效果的直接性，音乐既被划归为最低的艺术，又被划归为最高的艺术。对某些人来说，它的直接生理依赖与共鸣似乎是它接近于动物生活的证明；他们可以引用这样的事实，即一些低于常人智慧的人曾成功地演奏过具有一定复杂程度的音乐。比起其他艺术，音乐的感染力在一定程度上要更为广泛，更不依赖于特殊教养。并且，人们只要观察音乐厅里某些类型的狂热的音乐爱好者，就可看到他们欣赏情感的放荡不羁，一种从普通的压抑状态释放出来，一种进入到无拘无束的兴奋状态——哈夫洛克·埃里斯指出，有人将音乐的演奏诉诸获得性兴奋。而另一方面，存在这样一些音乐的类型，它们得到鉴赏家的高度重视，需要特殊的训练才能感知与欣赏，它的热爱者们形成一种崇拜，因为他们的艺术是所有艺术中最为深奥的一种。

由于听觉与有机体的身体各部分都有联系，因此声音比其他任何感官都更能产生反响与共鸣。那些使人没有音乐细胞的器质上的原因，很有可能不在于听觉器官本身的固有缺陷，而在于这些联系的中断。一般所说的一门艺术的力量在于选取自然的、生糙的素材，通过选择与组织去改变它，使之成为强化而集中的建构一个经验的媒介的说法，对于音乐来说特别具有说服力。通过使用乐器，声音从它通过与言语联系而取得的确定性中解放出来。因此，它回到了原始的激情性质。它取得一般性，从特殊的对象与事件中脱离开来。同时，声音的组织通过艺术家所掌握的众多手段——技术上也许比除了建筑以外的其他任何艺术都具有更广的范围——产生影响，剥夺了声音通常所具有的激发一个特殊而明确行动的直接性倾向。反应变成了内在而含蓄的，而不是在外在发泄中散发出来，因而丰富了知觉的内容。正如叔本华所说，“被琴弦拷问的是我们自己”。

正是音乐的独特与荣光，使它在所有身体器官中拥有最为直接、最具有实践性的感官性质（因为音乐能够激起最强烈的冲动行为），并且，通过使用形式关系，它可以将素材改变为离实践性关注最遥远的艺术。它保留了声音的原始力量，表示攻击与抵抗的力量间的冲突，以及与之相伴的所有情感运动阶段。但是通过使用音调的和谐与旋律，音乐引入无限多样的问题的复杂性、不确定性以及悬置性，在其中，所有的音调都以相互参照的方式排列起来，每一个音调都是此前音调的总结，又是此后音调的预告。

与前面所提到的艺术形成鲜明对照的是，文学展现出了一个独有的特征。直接出现的，或者作为它们的媒介由印刷品所代表的声音，并不像在音乐中那样，是声音本身，而是在文学接触它们之前屈从于变化中的艺术的声音。这是因为，语词存在于书写的艺术之前，并且，语词是通过交流的艺术从原生的声音中形成的。在文学本身存在之前，试图总结出言语所服务的目的——命令、指导、劝告、指示、警告——这种努力都是徒劳的。只有在惊讶与感叹之时，声音才保持原来性质的某个方面。因此，文学的艺术作用就像加重的骰子一样；它的素材中充实进了久远的时代吸收进去的意义。因此，它的素材具有一种超越其他任何艺术的理智力量，同时，它与建筑一样，具有表现集体生活价值的能力。

与其他的艺术门类不同，在原材料与作为文学媒介的材料之间并不存在鸿沟。莫里哀笔下的人物不知道他一生都在谈论散文。的确，人们一般并不知道，他们只要与别人进行口头交流，就是在从事一门艺术。在散文与诗歌之间划分一种界限是困难的，原因之一无疑是，两者的内容都已经对艺术产生了变化性影响。将“文学的”当作贬义的术语使用，表明较为正式的艺术已经与它从中汲取营养的前艺术风格相差甚远。为了不仅仅成为精细的，所有“美的”艺术都必须时时通过更紧密地与审美传统之外的材料接触而得到更新。但是，文学可自由使用的材料已经是雄辩的、意蕴丰富的、生动而且具有普遍吸引力的，然而又最受陈规旧习的影响，因而特别需要不断从这个源泉得到更新。

意义与价值的连续性是语言的本质。它支撑着一个持续的文化。由于这个原因，语词负载着几乎是无限的泛音与回声。情感的“转移的价值”从孩提时代就被经验到，只是不能恢复到从属于它们的有意识的知觉之中而已。言语实际上是衍生其他语言的原始语言，其中包含着人的性情与看待和解释生活的方式，而这构成了一个持续着的社会群体的文化特征。由于科学意在说一种所有这些特征都被消除了的语言，因此，只有科学的文章才是完全可译的。我们所有人都在某种范围内享有做诗人的特权，我们

"……说的语言
莎士比亚说过；拥有的信念与精神
弥尔顿拥有过。"

这种连续性并不局限于书面的和印刷出的文字。老祖母对坐在她膝上的孩子讲"很久很久以前"的故事时，将过去传下来，涂上了色彩；她为文学准备了素材，也许她自己就是一位艺术家。声音具有这样的能力，即保存与报告所有过去的多种经验，并精确地追随感觉与思想的每一个细微变化，给予它们的结合与改变以创造一种新经验的力量，这种经验比起来源于事物本身的经验要更为强烈。如果不是事物将在交流的艺术中发展起来的意义吸收进去的话，与后者的接触就将只是保留在仅仅是物质性的震惊的层面。世间的事件与情境之意义的强烈而生动的实现，只能通过一种已经充满着意义的媒介才能获得。建筑的、图画的与雕塑的性质总是在无意识中为来自言语的价值所包围与丰富。由于我们有机体构造的本性，排除这种效果是不可能的。

尽管在散文与诗歌之间也许并没有被明确定义的差异，但在散文性与诗意之间却存在着作为经验倾向性的最终限制条件的鸿沟。它们中的一种在语词的力量中实现，通过扩展范围来表现天上、地下和海中的事物；另一种则通过提高强度来实现这一点。散文性与描述和叙述有关，与细节的积累和关系的阐述有关。它的展开就像法律文献与目录一样。诗意则将这个过程倒转过来。它浓缩与简化，因而给予词语一种几乎要爆炸的扩张能量。一首诗使素材呈现出来，使之本身成为一个世界，它甚至在作为整体的缩影时，也不是一个胚胎，而是一个通过争论形成的东西。在诗歌中，存在着某种自我封闭、自我限制的东西，而这种自我满足不仅是声音的和谐与节奏，而且也是诗歌仅次于音乐，在艺术中最具有催眠效果的原因。

在诗歌中，每一个词都是想象性的；在散文中，在用于日常记事而受到磨损之前，也是如此。一个词在不纯粹是情感性时，表示了某种所代表对象不具备的东西。当事物在场时，忽视之或使用之，指向之，便足矣。甚至可能情感性的词也不例外；他们所发出的情感也许聚集到缺席的对象之上，使它们失去了个性。文学的想象力量是日常言语中的词所具有的理想化功能的强化。毕竟，语词所提供在我们面前的一个景观的最为现实主义的表现，就其直接的接触而言，只是事物的可能性而已。每一种观念，就其本性而言，表示一种不具有当下现实性的可能。它所传达的意义也许在某些时间与地点上是实际的。但是，由于在观念中被接受，对于那个经验来说，意义只是一种可能性；它是狭义的理想：这里的狭义是指，“理想”也可用来指一种幻想的、乌托邦的，不可能的可能性。

如果理想真正地向我们呈现，就必须通过感觉媒介来实现。在诗中，媒介与意义似乎是由于某种预定的和谐而融合在一起，这就是词的“音乐”与悦耳的音质。这里由于缺少音调，不可能有任何真正意义的音乐。但是，由于语词本身依其意义而刺耳与沉郁，短促与迟缓，沉郁与浪漫，低沉与轻狂，因而具有音乐性。拉塞尔斯·艾伯克龙比的《诗的理论》中论词的声音一章讲得过于详细，但是我仍要提醒人们，对他所展示的不谐和音与悦耳的谐和音同为真正的因素这一点应予以特别的关注。因为我认为，将它的力量作为流动性，必须由本身不和谐的结构因素来平衡，否则，结果就会变得过于甜腻，如此解释是有一定道理的。

有些批评家认为，在传达一种我们想要传达的生活感受与生活状态方面，音乐要胜过诗歌。然而，我却不得不认为，就其媒介的本性本身而言，音乐有一种毫不留情的有机性。我这里所说的“毫不留情”不等于说是“兽性的”，而是说出严酷的事实，由于其不可避免地存在，因而无法拒绝、无法逃脱。这个观点也不是对音乐的贬低。它的价值恰恰在于它能够使用有机确定的且显然是难以驾驭的素材，形成旋律与和谐。至于图画，当它们受到理想性质支配时，就由于过分的诗歌性质而变得虚弱；它们跨越了边界线，在批评性的考察下，显示出缺乏对媒介——颜料的感觉。但是，在史诗、抒情诗与戏剧中，不仅有悲剧，而且有喜剧，与现实性相对立的理想性起到内在与根本的作用。可能有或可能有过的东西所代表的，总是与是什么或曾是什么构成一种只有语词才能传达的对立。如果动物是严格的现实主义者的话，那么，这是由于它们缺乏语言授予人类的符号标志。

语词作为媒介并没有穷尽它们传达可能性的力量。名词、动词、形容词表现一般性条件，即人物。甚至一个合适的名字也仅能表示局限于一个单独范例的人物。语词试图传达事物与事件的本性。确实，如果只通过语言，这些事物与事件才有了一种处于严酷的存在之流之上的本性。它们能传达特征与本性，不是以抽象的概念形式，而是在个人身上展现并起作用，这在小说与戏剧中得到了明显的体现。这些文学形式的任务就是开拓语言的这种特殊功能。这是由于，人物存在于激发其本性的情境之中，给予存在的特殊性以潜在的一般性。同时，情境被限定为具体的。我们对任何情境的了解，都依赖于它对我们，或与我们一道做了什么：那就是它的本性。我们对人物类型的想法，以及这些类型的多重变化，主要依赖于文学。我们根据那些来自文学，当然除了小说与戏剧外也包括传记与历史的眼光来观察、注意并评判我们周围的人。过去的伦理学论文在描绘人物时相对来说是无力的，因为它们停留在人类的意识性之中。人物与情境的相互性在这样的事实中得到了证明，每当情境未成熟与摇摆之时，人物就模糊不定——如果某种东西需要猜测才能体现出来，简言之，说明该事物没有性格。

在前面所说的内容中，我谈到了不同的主题，并分别花了一些篇幅来讨论它们。我只是关注各艺术的一个方面。我想要指出，正如用石头、钢铁或水泥来建造桥梁一样，每一样媒介都有着自己的力量，或是积极的与消极的，或是开放的与受纳的，并且，区分不同艺术门类特征的基础在于它们对能量的利用，而这正是用作媒介的材料的独特之处。绝大多数关于不同艺术门类之所以不同的论述似乎都是从内部说起——我指的是，将媒介当作一个现成的事实，而不问为什么、怎么会是如此。

因此，文学也许提供了比其他门类的艺术更令人信服的证据，说明艺术在利用其他经验的素材，并通过一种随之而来的秩序强化、净化其能量，从而表现其素材，这时，艺术就成为美的。艺术并非通过自我意识的意图，而是在创造活动本身中，通过新的对象、新的经验方式而取得这一结果。每一种艺术都由于其表现而传达。它使我们能够生动而深刻地分享其意义，而这在过去没有表达出来，或者只是从听觉直接传递到明显的行动中。交流并非宣布某一消息，即使大声强调也不行。交流是创造参与的过程，是将原本孤立与独特的东西拿出来共享的过程；它所取得奇迹的部分原因在于，在交流时，意义的传达不仅将肉体与意志带给听话者，而且也带入了说话者的经验。

人们以多种方式形成联系。但是，真正的人的唯一联系形式，不是为了寻求温暖与保护而群居，也不仅是为了外在行动的高效率，而是通过交流，参与实现意义、达成善行。成为艺术的表现是在纯粹无污染的形式中的交流。艺术打破了将人们分开的、在日常的联系中无法穿透的壁垒。这种艺术的力量在所有艺术门类中普遍存在，在文学中得到最完全的呈现。文学的媒介早已在交流中形成，其他任何艺术都不能做到这一点。关于其他门类艺术的道德与仁爱的功能，也许会有独创的论述与令人信服的观点。但关于文字的艺术，将不会再有。

第十一章

人的贡献

用“人的贡献”这个短语，我指的是那些通常被称为心理的审美经验的方面和要素。从理论上想象，心理因素的讨论并不是艺术哲学的必要组成部分，而实际上，它是不可或缺的。因为历史理论中充满了心理学术语，这些术语使用的不是中立的含义，而是由现行的心理学理论对它们进行解读。如果删掉如“感觉”“直觉”“沉思”“意志”“联想”和“情感”这些术语的特殊含义，审美哲学的一大部分将会消失。此外，每一种术语都有不同的心理学流派赋予其不同的含义。例如，术语“感觉”与一种观念相去甚远，这种观念认为感觉是经验唯一的原始成分，认为它是低等动物生命形式的遗产，因此有些东西在人类的经验中被最小化了。美学理论充满了陈旧的心理学的化石，并被各种心理学争议的碎片覆盖。对美学的心理方面的讨论是不可避免的。

这个讨论自然是关于人类贡献的一般特征。由于艺术家个人的兴趣和态度不同，以及每一件具体的艺术作品都有其个性，我们必须在艺术作品本身中寻求特别的个人贡献。但是，尽管这些独特的产品存在巨大的差异，但是所有的正常人都有一个共同处：他们拥有同样的手、器官、维度、感觉、爱和激情；他们吃同样的食物；他们被同样的武器伤害；他们遭受同样的疾病；他们被同样的疗法治愈；他们因为同样的气候变化而变得暖和或凉爽。

为了理解基本的心理因素，使我们免受那些对美学哲学造成严重破坏的错误心理学的影响，我们又回到我们的基本原则：经验是有机体与环境相互作用的结果，它是一种人类和物质的环境，包括传统材料、习俗材料和当地环境。有机体通过自身天然和后天获得的结构，促使环境在相互作用中发挥作用。自我行为和经历一样，它的经历不是在惰性的蜡上留下印记，而是取决于有机体的反应方式。人的贡献是决定实际发生的事情的因素。有机体是一种力量，而不是透明的。

因为每一个经验都是由“主体”和“客体”、自我和它的世界之间的相互作用构成的，因此无论一个因素或者其他因素占多大的主导地位，经验本身既不仅仅是物质的，也不仅仅是精神的。内在贡献占主导地位的经验称为“精神的”经验，它直接或间接地对更客观的经验有参考作用。它们是用于辨别的产品，因此只有当我们考虑到总体经验，即这个经验融合了所有内部和外部因素，每一个因素都失去了它的个性时，我们才会理解这些经验。在一种经验中，物体和事件属于世界，它们是物质的和社会的，它们通过自身进入的人类环境而发生改变，而活的生物则是通过与之前外部事物的交往而改变和发展。

这种经验的产生和结构的概念，是用来解释和评判在审美理论中起主要作用的心理概念的标准。我之所以用“评判”或者评论，是因为很多这样的概念将有机体和环境分离，并宣称这是一种天然的、原始的分离。经验被假定只在自我或头脑或意识中发生，它是某种独立的东西，并且只维持与它碰巧设定的客观场景的外部关系。于是，所有的心理状态和过程都不被认为是与一种活的生物生活在它的自然环境中的功能一样。当自我与世界的连接被中断时，自我与世界相互作用的各种方式也停止了彼此的统一联系。它们变成分离的片段：感觉、感情、欲望、目的、认知和意志。自我与世界的本质联系通过受和做的相互作用产生。心理因素中的所有差别是自我和环境变化但持续的相互作用的不同方面和阶段。接下来我们会主要讨论这两个因素。

然而，在详细讨论之前，我要谈谈历史上有巨大心理差别的方式。他们最初是在社会各部分和各阶层中发现的差异。柏拉图为这一事实提供了一个近乎完美的例证。他观察他那个时代的社会生活，公开地得到了他的灵魂三分说。他有意识地做了许多心理学家做过的分类，而没有意识到他们的根源，把他们从社会可观察到的差异区分出来，而他们认为这是通过纯粹的内省来实现的。从思想上来说，它在社会的一个大印刷版本中体现出来：柏拉图从商人阶层中辨别出感官上的欲望和贪婪；他从那些忠于法律和正确信仰、甚至不惜牺牲个人的士兵中获得“激情的”能力，他们有着慷慨外向的冲动和意志；他在那些适合制定法律的人身上找到了理性的能力。他发现这些差异在不同的种族群体中占主导地位，像东方人、北部的野蛮人和雅典的希腊人。

人性的智力和感官方面、情感和观念、想象和实际阶段没有本质的心理分歧。有些人，甚至是一些阶层的人，他们是有执行力或反思能力的人；有些人是梦想家或“理想主义者”和实干家；有些人是感性主义者和人道主义者；有些人是自我主义者和无私的人；有些是从事体力劳动的人以及专门从事知识探究的人。在一个秩序不佳的社会里，像这样的分歧被夸大了。多才多艺的男人和女人成了例外。但是正如它是艺术的功能，它要统一、要打破经验世界基本要素的传统差别，而把发展个性作为看待和表达这些元素的方式。因而它是个人艺术的功能，它的作用是构成差异，消除我们的元素之间的隔离和冲突，并利用它们之间的对立构建更丰满的个性。因此，一种分区化的心理学最无能之处就是作为一种艺术理论的工具。

在审美哲学中，关于有机体与世界分离的后果的极端例子并不罕见。这种分离的背后隐藏着这样一种观念，即审美特性不属于物体，而是由头脑投射到物体上。它是把美定义为“客观化的快乐”，而不是客体中的快乐的来源，客体和快乐是一体的，不能分割的。在经验的其他领域，自我和客体间的初步区别不仅是合法的，而且是必要的。调查者必须竭尽全力不断地区分从他自己的建议和假设中得来的经验的不同部分的差别，以及个人欲望对某一结果的影响和被调查对象的属性之间的差别。科学技术的改进是为了促进这一区别而设计的。偏见、先入为主的成见和欲望在一定程度上影响着人们在判断上的天然倾向，因此必须努力意识到这一点，才可能消除这些影响。

制作材料和执行项目的人有着相似的义务。他们需要保持这样的态度，说："我所处理的是属于我的。"否则他们就不会进入状态。糊涂的感伤主义者是一个允许自己的感觉和愿望来为自己的目标上色的人。在思考以及实际规划和执行中不可缺少的一种态度变成根深蒂固的习惯。在车流量很大、车速很快的地方，一个人很难过马路，除非他牢记哲学家们用"主体"和"客体"来表述的差异。职业思想家（他自然是写美学理论论文的人）是最常被自己和世界的不同困扰的人。他带着一种很强的偏见来讨论艺术，他是最不幸的一种人，是对审美理解最致命的一种人。因为审美经验的独特性恰恰在于，当有机体和环境协力产生一种经验，它们完全成为一个整体，以至于个体消失了，自我和物体没有差异。

当一种经验被认为是由自我和物体相互作用的方式决定时，所谓的"投射"就没有什么神秘之处了。当带着黄色的眼镜或用有偏见的眼光看到一个风景是黄色时，就不会产生像一个投弹从自我投射到风景上那样黄色的投射。与环境发生因果作用的有机因素会产生黄色的风景，就像相互作用的氢和氧会产生湿的水一样。一位精神病学作家讲述了一个故事：有个人抱怨教堂的钟声是刺耳的，而实际上这个声音是非常动听的。查问后发现原来是他的未婚妻抛弃了他，嫁给了一个牧师。这是一种带有复仇的"投射"。然而，这并不是说，因为某种心理上的东西被神奇地从自我挤压了出来，然后被射进了物质的物体，而是因为钟声的体验所依赖的生物体是如此的扭曲，以至于在某些情况下他的行为是不正常的。投射实际上是一种转移的价值，“转移”是通过已经被创造出来的有机的参与来完成的，并且根据之前的经验通过有机的修正产生行为。

倒立时看到的风景的颜色会更加生动，这一点我们都不陌生。物理位置的改变并不会产生新的心理因素，但它确实意味着某种不同的生物体在起作用，而原因上的差异必定会导致结果上的差异。绘画教师力求还原原本纯真的眼睛。这是影响元素分裂的问题，这些元素之前是被紧紧束缚在一起的，诱使经验与二维平面上的表现是相对的。根据触觉来体验的有机体必须被重新调整以离眼睛尽可能近的角度来体验空间关系。审美视觉通常涉及的投射包括在追求特殊目的的过程中所建立的一种类似压力后的放松，这样整个个性就可以自由地相互作用而不会产生偏差或限制，从而达到一个特定的和预想的结果。对一种艺术新模式的第一反应是敌对的，这通常是由于不愿意从事某种必要的分解。

简而言之，对于在所谓的“投射”中发生了什么的误解，完全是因为没看到自身、有机体、主体和精神，不论用什么术语，这表示一个因素与它周围的事物相互作用，产生一种经验。当自我被认为是经验的载体而不是被吸收的因素时，就同样是失败的，就和产生水的气体的例子一样。当经验的形成和发展需要控制时，我们必须把自我视为它的载体，我们必须承认自我的因果功效。但这种对自我的强调有特殊的目的，当不再需要控制在一个指定的预先确定的方向时，它就消失了。当它确实不存在于审美经验中时，即使它在艺术中是新鲜的，或许也只是一个初步的审美经验。

像理查兹那样智慧的评论家就陷入了谬论。他写道："我们习惯于说这幅画很漂亮，而不会说它会给我们带来一种经验，这种经验在某些方面是很有价值的……我们应该说的是，它们（某些物体）对我们产生了一种或另一种影响，当投射影响并使其成为起因的一部分时，谬误往往会重现。"被忽视的是，不是绘画作为一幅画（是审美经验的对象）给我们带来某些影响，绘画作为图画本身就是由外部和有机原因的相互作用所产生的整体效果。外部起因是帆布上的颜料产生的各种反射和折射光的振动。最终，物理科学发现了原子、电子和质子。这幅图是他们与头脑通过有机体所贡献的相互作用的整体结果。我同意理查兹先生的说法，"美"只是一个描述某些价值特性的术语，作为整体效果的内在部分，它和其他属性一样都是这幅图的特点。

对"在我们中"的提法是从总的经验中提炼出来的，而另一方面，它将把图像分解成仅仅由分子和原子组成的聚合体。即使是愤怒和仇恨，也一定程度上是由我们自己造成的，而不是"在我们中"。不是说我们是唯一的原因，而是我们是一个促成因素。在处理经验世界的"普遍"时期和与个人在现代艺术中所扮演的角色相比较时，的确是这样，直至文艺复兴时期，大多数的艺术在我们看来都是客观的。直到 19 世纪才意识到个人因素的合法地位在造型与文学的艺术中扮演了重要的角色。“意识流”的小说标志着在不断变化的经验中的一个确定的日期，如同绘画中的印象派一样。每一门艺术的更长的过程是以重点的转变为标志的。我们已经有了对非个人和抽象的反应。这些艺术的转变与人类历史上的大节奏有关。但即使是个性差异最少的艺术也不是机械的，比如说12世纪的宗教绘画和雕塑，它承载着个性的印记。而17世纪的古典主义绘画，就像尼古拉斯·普桑一样，反映了个人对物质和形式的偏爱，而最“个性化的”绘画却从不偏离客观场景的某些方面或阶段。

我们所说的个人与客观、主观和客观、具体和抽象因素的比率，可能是导致审美理论和批评的心理方面误入歧途的原因。每一时期的作家往往都把他们那个时期的最高艺术倾向作为所有艺术的标准心理基础。其结果是，那些与现有趋势最相似、与过去最相异的陌生的国度方面，经历了一波又一波的欣赏和贬值浪潮。天主教哲学认为，自我和世界在其实际内容的变化中有永恒的联系，它会使人的享受更广泛、更有同情心，于是我们可以欣赏黑人雕塑和希腊语，还可以欣赏波斯画以及16世纪意大利画家的作品。

无论何时，当连接生物及其环境的纽带断了的时候，就没有什么可以把各种因素和自我的时期结合在一起。思想、情感、感觉、目的和冲动都是分离的，它们被分配到我们的不同部分。当它们与环境发生积极的、可接受的关系时才能结合在一起。当经验中统一的元素被分离时，由此产生的美学理论必然是片面的。我可以从时尚的角度来说明，以狭义的方式理解的沉思的概念在美学中很享受。初看起来，用“沉思”这个词来表示通常在戏剧、诗歌或绘画经历中激动和热情的吸收似乎是不恰当的。细心的观察无疑是包括审美在内的所有真实感知中的一个基本因素。但是，如果这一因素仅仅变为沉思行为，那会发生什么呢？

就心理学理论而言，答案在康德的《判断力批判》中可以找到。康德是这方面的大师，他首先做出了区分，然后将它们划分为不同的分支。其对后续理论的影响是，宣称审美与其他经验模式的分离是人的本性构成中科学的基础。康德把知识归到我们本性的一个分支，即理解与感官材料一起工作的能力。他把普通的行为，如“谨慎的”，归为为它的对象带来快乐的欲望，把道德行为归为纯粹理性，作为纯粹意志的需求。* 在处理好了真理和美德之后，它仍然为美丽寻找一个壁龛，这是经典三重境界的另一术语。保持下来的纯洁的感觉，在被隔离和自我封闭的感觉中是“纯洁的”，感觉不受任何欲望的污染，严格地说，感觉是非经验的。因此，他想起自己的一种判断能力，这种判断力不是反射性的，而是直觉的，而且还与纯粹理性的对象有关。这种能力是在沉思中运用的，而独特的审美元素是参与这种沉思的乐趣。因此，心理之路被打开，通向“美丽”的象牙塔，远离所有的欲望、行动和情感波动。

---

* 对德国资本化思想的影响几乎没有得到应有的重视。

尽管康德在他的著作中没有任何特殊的审美敏感性，但他在理论上的强调反映了18世纪的艺术趋向。一般来说，那个世纪直到结束是一个“理性”的世纪，而不是“激情”的世纪，因此客观的秩序和规律性、不变的元素几乎是审美满足的唯一源泉。这种情况让人想到，沉思的判断和与之相关的感觉是审美体验的独特差异。但是，如果我们概括这个想法并将它延伸到艺术努力的各个阶段，它的荒谬就显而易见了。就好像是与它无关的，它不仅越过了艺术作品（以及欣赏反应中相应的活跃元素）生产中涉及的制造，而且涉及一个极其片面的关于知觉本质的概念。它的作用是理解感知的理解，它只属于承认的行为，仅仅是拓宽后者，包括在认知延长和广泛的时候参与其中的乐趣。它作为它的线索，去理解什么只属于认知行为的感知，当认知被延长并变得宽泛时，仅仅扩大后者使它包含乐趣。因此，当艺术的“典型”特性被特别标记，当表现的主题有“理性”的性质，即规律的和周期性的元素和存在的阶段时，这就是这个时代特别恰当的理论。

从最好的角度来看，也就是说，通过一个自由的解释，沉思指定了感知的方面，它的寻求和思考的因素从属于（虽然不缺席）感知过程本身的完美性。然而，独立于沉思的事物所激发的，而把审美知觉的情感因素仅仅定义为在沉思行为中所获得的愉悦，会导致一个彻底贫血的艺术概念。它的逻辑结论是，它会排除审美感知，即建筑结构、戏剧和小说的大部分主题都是受人喜爱的。

不是缺乏欲望和思想，而是将它们彻底融入感性经验中，这是审美经验的特征，是与“智力的”和“实践的”经验的区别。被感知的物体的独特性对研究者来说是一个障碍，而不是帮助。他对物体感兴趣，是因为他带着他的思想和观察到达了超越自身的事物。对他来说，这个物体是数据或证据。一个人的知觉是由欲望支配的，他也不会为了自己的利益而享受它。他对这一物体的兴趣是由于他的知觉可能导致的一种特殊的行为，这是一种刺激，而不是一种感知可以满足的对象。审美的感知者在日落、大教堂或一束花的存在中，不受欲望的影响，因为他的欲望在感知本身中得到满足。他不想为了别的东西而想要这个东西。

读济慈的《圣艾格尼丝之夜》，我们可以看出它的思想是积极的，但同时它的要求也得到了充分的满足。期望和满足的节奏在内部是如此完整，读者不会意识到思想是一个独立的元素，当然也不会意识到它是一个劳动。这一经验的特点是，所有心理因素的包容性大于一般经验，而不是把它们减少到一个单一的反应。这种减少是一种贫乏。一个既丰富又统一的经历怎么能通过一个排除的过程来达到呢？与愤怒的公牛站在一个地方的人，只有一个愿望和想法：到一个安全的地方去。一旦安全了，他可能会欣赏一种未被驯服的力量。与努力逃避相比，他对他现在行为的满意，可能被称为沉思的一种。但是后一种行为标志着许多模糊的主动倾向的实现，而所获得的愉悦并不是在沉思行为中，而是在对被感知的内容的这些倾向的实现中。

更多的意象和“想法”被包含进去，而不是去逃避。如果情感是一种有意识的东西，而不是逃避的兴奋能量，那就会有更多的情感。

康德心理学的一个问题是，它假定所有的“快乐”，除了“沉思”，完全由个人和私人的满足组成。每一次经历，包括最慷慨的和最理想主义的经历，都包含了寻求的、努力向前的元素。只有当我们对日常生活麻木和冷漠时，这种渴望才会抛弃我们。注意力是从这些因素的组织中构建出来的，沉思并不是一种被唤起和被强化形式的对物质的注意力，通过感官呈现的知觉中的沉思是一种懒散的凝视。

“感觉”必然牵涉其中，而不仅仅是知觉行为的外部事件。传统心理学把感觉放在第一位，把冲动放在第二位，这和实际情况是相反的。我们因为有想要去看的冲动，才会有意识地体验色彩，我们听到声音是因为我们在倾听中感到满足。马达和传感结构形成一个单一的装置，产生一个单一的功能。既然生活是活动，每当活动受阻时总会有欲望。一幅画之所以能让人满足，是因为它通常比我们周围的事物更能充分满足人们对色彩和光线场景的渴望。只有那些饥渴的人才能进入艺术和正义的王国。在审美对象中，强烈的感官品质的主导地位本身就证明了，从心理上来说，欲望在那里。

寻求、渴望和需要只能通过有机体的外部物质来实现。冬眠的熊不能无限期地靠自己的物质生活。我们的需求是在环境中绘制的草稿，起初是盲目的，然后就有了有意识的兴趣和关注。

为了满足他们的需要，他们必须从周围的事物中截获能量并吸收他们所抓住的。生物体所谓的多余的能量只会增加不安分，除非它能从某种客观的东西中获得力量。虽然本能的需要是急躁的和匆忙的放电（就像一只蜘蛛织网时被干扰了，它便会自己旋转到死亡），如果冲动成长为有意识，就会慢慢积聚、吸收和消化志趣相投的客观材料。*

感知因此是最低级、最模糊的，只有本能的需求才会起作用。本能反应过于匆忙，不太关心它周围的关系。然而，本能的需求和反应在转化为对适宜的物质有意识的需求后，有双重目的。许多我们没有特别意识到的冲动，给身体和宽度赋予了有意识的专注。更重要的是，原始需要是对象的依附源。当对物体和其品质的渴望带来了依附于意识的有机需求时，感知就产生了。如果我们在艺术作品的生产基础上，而不是在先入为主的心理学上评判，假设需求、欲望和情感被排除在了审美体验行为之外，这显然是很荒谬的，除非艺术家是一个没有审美体验的人。感知是为了自己的缘故而发生的，是完全认识到我们心理存在的所有要素。

当然，这是对平衡和镇静的解释，这是许多审美欣赏的特征。只要光只刺激眼睛，它的经验就会很贫乏。当人们把转动眼睛和头的倾向吸收进其他多个冲动时，他们就变成了单一行为的成员，所有的冲动都处于一种平衡状态。然后，感知取代了一

---

* 读者会注意到，我在这里用不同的术语所说的内容可以在《表达行为》中找到。

些特定的反应而出现，而感知到的是有价值的。

这种状态可以被描述为一种沉思。这是不实际的，如果“实践”指的是为某一特定的、专门的目的而非知觉或某些外部结果所采取的行动。在后一种情况下，知觉并不存在，但局限于一种出于未来的考虑而行使的认知。但这种“实践”的概念是其意义的局限性。不仅艺术本身是一种操作，还有诗歌中表达的创制，但是正如我们所看到的，审美感知要求有组织的身体活动，包括全面感知所需的运动因素。

联想通常与“沉思”一词有关，对联想的主要异议当然是因为它从激情的情感中似乎表现出的冷漠。我说过在感知行为中发现的某种冲动的内在平衡。但即使是“均衡”这个词也可能产生一种错误的观念。它可能暗示了一种平衡，平静而稳重，以便被吸收的物体排除狂喜。实际上，它表示只有那些不同的冲动相互激发并加强，以排除一种远离情感化知觉的公然的行动。从心理上来说，如果没有情感和喜爱，就无法激发深层次的需求完成感知，最终形成体验的统一。而且正如我在其他联系中所指出的，被唤起的情绪参与被感知到的主题，因此不同于原始的情感，因为它依附于主题的运动走向圆满。把审美的情感限制在享受沉思的乐趣中，就是排除一切最具特色的行为。

这里值得引述济慈的一段话：“至于诗性的本身…… 它不是本身，它没有自我。它是一切，什么都没有，它享受光与影。不管是公平的还是肮脏的，高的还是低的，富有的还是贫穷的，刻薄的还是高尚的。它生活在热情中。在构思一个伊阿古与一个伊摩琴时，它有很多乐趣。这位善良的哲学家所受到的冲击使善变的诗人感到高兴。它对事物的黑暗面没有伤害，至多是对光明面有伤害，因为它们都以思索（富有想象力的感知）结束。诗人是世上最无诗意的事物，因为他没有身份，他不断地处于、为了并充实其他人的身体……当我与其他人在一个房间里，如果我没有思索自己大脑的创作，那么我在回家时就不能回到自身，房间里的每个人的身份都开始向我施压，因此我短暂地消失了——不仅是从人群中消失；同样的情况会发生在照顾孩子的保姆身上。"

"不感兴趣""超然"和"心理距离"的概念大多数都能在最近的审美理论中找到，它们都是要以和沉思同样的方式来理解。"不感兴趣"不能意味着没有兴趣，但它可能被用作迂回的方式来表示没有专门的兴趣支配。"超然"是对非常积极的事物的消极名称。没有对自我的遣散，没有对自己的冷漠，而是有充分的参与。即使是"依恋"也未能完全传达出正确的想法，因为它表明自我和审美对象尽管有密切的联系，但仍然是分别存在的。参与是如此的彻底，艺术的工作是分离的，或者与我们被转移去消耗或占用一件事时的那种特殊的欲望隔绝开来。

"心理距离"这一短语被用来表示同样的事实。举一个恰当的例子，如喜欢看愤怒的公牛的人。他没有直接进入到现场之中 。他并不能在知觉本身之外激起某种特殊的行为。距离是参与的名字，它是如此亲密和平衡，以至于没有特别的冲动行为可以使一个人退缩，在知觉中完全放弃。享受海上风暴的人将他的冲动与汹涌的大海、咆哮的狂风和极速跌落的船只的戏剧性结合在一起。“狄德罗的悖论”也体现了类似的情况。舞台上的演员不冷漠和无动于衷，但占据主导地位的冲动是他在场景中表现出来的，并通过与他作为艺术家的兴趣的协调而改变。不感兴趣、超然和心理距离都表达了对原始欲望和冲动的想法，但这与艺术组织的经验无关。

在“理性主义”的艺术哲学中隐含的心理学概念，都与感性和理性的固定分离相关。艺术作品显然是感性的，但它包含了如此丰富的意义，因此它被定义为取消分离，作为宇宙的逻辑结构的感觉的体现。根据理论，通常除了美术，感觉隐瞒和歪曲了一个理性的实质，即表象背后的现实，所以说感觉是有限的。想象通过艺术对使用材料的感觉做出了让步，然而却用感觉来暗示潜在的理想的真理。因此，艺术是拥有理性的大蛋糕，同时也享受着吃它的感官快感。

但是事实上，质量是感官的，意义是概念的，它们的区别不是主要的，而是次要的和方法论的。当一种情况被理解为存在或包含一个问题时，我们一方面会通过感知来设定一些事实，另一方面会为这些事实设定可能的含义。这种区别是反射的必要手段。作为理性的主题元素和其他感性元素之间的区别总是中介的和过渡的。它的作用是最终导致感知经验，这个感知经验克服了区别，曾经的概念变成了通过感觉来调节的物质的内在意义。即使是科学的概念也必须在感官知觉中得到体现，才能不仅仅是作为思想而被人们接受。

所有被观察到的物体，识别时都没有反射（尽管它们的识别可能会引起进一步的反射），它们在一个牢固的质地中展现出感觉特性和意义的整体结合。我们通过眼睛识别出大海的绿色，它是大海的颜色，不是眼睛的颜色，和叶子的绿色是不同的；而岩石的灰色与生长在它上面的苔藓的特性是不同的。在所有被感知它们是什么的物体，不需要进行反思性探究，性质就是它所意味的东西，也就是它所属的对象。艺术有能力加强和集中这个性质和意义的结合，使两者都生动起来。这不是取消感觉和意义之间的分离（声称在心理上是正常的），它以一种强调和完美的方式体现了许多其他经验的结合特征，通过找到精确的定性媒体与所表达的内容完全融合。先前就两个因素的不同比率做出的评论适用于这种联系。有整个的艺术时期中，也有个别的作品中一个元素与其他元素比较占主导地位。但当结果是艺术时，融合总是会产生。在印象派绘画中，一种直接的品质起支配作用。在塞尚的作品中，关系、意义及其必然的抽象倾向占主导地位。然而，当塞尚在审美上达到成功时，他的工作完全是通过定性和感性的媒介完成的。

普通的经历通常受到冷漠、倦怠和刻板印象的影响。我们既没有受到通过感官获得的性质的影响，也没有受到通过思想获得事物意义的影响。“世界”对我们来说太过沉重，有太多纷扰。我们没有太多的精力去感受感觉的味道，也无暇被思想感动。我们被周遭的环境压迫，或者对它们麻木不仁。我们对这种体验习以为常，所以也就理所当然地认为艺术取消了普通体验结构中固有的分离。如果不是因为压迫和单调的日常生活，梦想和空想的王国就不会吸引着我们。没有完全的、持久的情绪压抑，我们被糟糕的环境压迫，被世间的凄凉和冷漠打击，于是我们的情感退缩，将希望寄托于幻想。这些幻想是由一种冲动的能量建立起来的，在日常生活中找不到出路。许多人求助于音乐、戏剧和小说，从而轻而易举地进入一个情感自由流动的王国。但这一事实无法为哲学理论提供基石，哲学理论宣称感性与理性、欲望和感知的分离是与生俱来的。

然而，当理论要从驱使这么多人在纯粹的幻想中寻找解脱和兴奋的情境中总结出概念，“实践”的概念不可避免地应该与属于艺术作品的属性相违背。许多当前对物体的美和使用的反对，即使用最常用的对立面，是源于经济体制。庙宇有用途，里面的画有用途。许多欧洲城市美丽的市政厅被用来做公共事业，我们没有必要排练由我们称之为野蛮人和农民所做的事，他们吸引着我们的视觉和触觉，并为食物的获取和保护的公用事业服务。一种由墨西哥陶工制作的最普通的廉价家用盘子和碗有其独特的魅力。

然而，有人认为，为实际目的而使用的物体与有助于直接强度和统一经验的物件之间存在着心理上的对立。我们一直认为，在我们特有的结构中，在流畅的实践动作和审美经验生动的意识之间存在着对立面。据说商品的生产和使用涉及在行动中的工人和用户，这是一种很流畅的机械和自动的感觉，而艺术作品强烈和强健的意识要求阻止这种行动。* 关于后一个事实毫无疑问。

据说，“只有通过某种仪式上的努力或者从遥远的时间或国家进口的器皿，才能成为高度意识的源泉，因为我们从器皿中顺畅地流动到它所设计的行动中”。至于器皿的制造者，在所有时间和地点都有如此多的工匠花费时间使他们的产品在审美上令人愉悦，这一事实在我看来就是一个满意的答案。我看不出有什么更好的证据可以证明，工业在盛行的社会条件下发展，社会条件是决定器皿的艺术或非艺术品质的因素，而不是事物本质固有的东西。就使用器皿的人而言，我不明白为什么他用杯子喝茶时必然不会享受杯子的形状和精致的质地。并不是每个人都能在最短的时间内吞下他的食物和饮料，以服从一些必要的心理法则。

就像在现在的工业条件下有很多技工停下来欣赏他的劳动成果，把它拿起来，欣赏它的形状和质地，而不仅仅是审视它的实际效用。就像很多女帽商和裁缝因为对审美品质的欣赏而更加投入地工作，所以那些没有被经济压力压倒的人或者那些没有完全屈服于在加速发展的工业上形成的习惯的人，才会在使用器皿的过程中有生动的意识。我猜想我们大家都听过一些人夸耀自己的汽车之美和它展现的审美品质，尽管这样的人比

* 很多人支持精细艺术和有用的艺术之间存在区别。文中提到的心理学论点在马克斯·伊斯曼的《文学思维》中第 205 至 206 页可以找到。关于审美经验的本质，我惊喜地发现我与他的观点是如此一致。

那些吹嘘他们的汽车能在给定时间内行驶的英里数的人要少。

在分区化的心理学中，知觉经验的分离是固有的，心理学本身就是对主要社会体系的反映，它对生产、消费或使用都产生了深远的影响。当工人在与今天盛行的不同工业条件下生产时，他自己的冲动倾向于创造出能满足其经验的物品。在我看来荒谬的假设是，通过完全平稳运行的脑力自动性，以及对他是什么的加速意识为代价，对机械有效执行的偏爱在心理结构中根深蒂固。就环境是由使用的物体构成的来说，如果我们的环境是由对增强视觉和触觉意识有益的物品构成的，我认为没有人会认为使用的行为就像麻醉剂一样。

艺术家本人的行为是对这一观点的有力驳斥。如果画家和雕塑家有这样一种经验，行动不是无意识的，而是被情感和想象染了色，那就有一个事实证明了这个概念的无效，即行动是如此流畅，以至于排除了增加意识所必需的阻力和抑制的因素。可能有一段时间，科学调查者静静地坐在椅子上研究科学。现在他的行为发生在一个叫作实验室的地方。如果一个老师的动作流畅到不使人对他所做的事情产生情感和想象的感知，那么他毫无疑问就会被认为是一名呆板和敷衍的教师。任何专业人士、律师或医生也是如此。这样的行为不仅表现了心理学原理的虚伪性，而且它们的经验在本质上也变得绝对具有审美性。操作熟练的外科手术的美感，操作者和旁观者都能感受得到。

大众心理学和许多所谓的科学心理学已经完全被思想和身体分离的概念影响。这种分离的概念不可避免地导致了“思想”

和“实践”的二元论，因为后者必须通过身体来进行。这种概念至少一部分来源于这一事实，即在某个特定的时间里，如此多的思想是远离行动的。当这种分离被创造出来时，必定巩固了这样的理论：思想、灵魂和精神可以在有机体与环境不发生任何相互作用的情况下存在并运作。通过与繁重劳动的特点对比，传统的休闲观念完全受到这一概念的影响。

因此在我看来，“思想”这个词的惯用用法与技术方法相比更科学、更有哲学性。因为“思想”在非技术性使用中指的是对事物的兴趣和关注的所有模式和种类，包括实践的、智力的和情感的。它从不表示任何独立自主的与世隔绝的人与事，而总是用于情境、事件、物体、人和团体。考虑到它的包容性，它意味着记忆。我们会想起这个和那个。思想也表示关注。我们不仅把事情记在脑子里，还带着思想去解决我们的问题和困惑。思想也象征着目的，我们有这样做和那样做的想法。思想也不是纯粹智力上的东西。母亲照看她的孩子，她是带着爱照看孩子的。思想是挂念、焦虑，也是积极地照顾需要照顾的事物。我们充满情感地、深思熟虑地关心着我们的每一步行动。除了对行动和对象的留意，思想还表示听从，就像孩子们要听从父母的话。简而言之，“思想”指的是一种智力活动，从情感上注意某事，如关心和爱好，凭意志和实践有目的地行动。

思想首先是一个动词。它表示我们有意识地、清楚地处理我们的情况的所有方式。不幸的是，一种有影响力的思维方式已经将行为模式转变为一种潜在的物质，它可以执行这些活动。

它把思想看作一个独立的实体，它可以参与、打算、关心、注意和记忆。这种对环境做出反应的方式的改变是不幸的，因为它将思想从必要的与过去、现在和未来的必然联系中去除了，即响应活动具有内在联系的环境。只与环境有偶然关系的思想与身体有着相似的关系。为使思想成为纯粹的非物质（从器官的做与受中分离），身体不再是活着的，变成无生命的躯体。这种观念认为思想是孤立的，它奠定了审美经验仅仅“在头脑中”这种观念的基础，并强化了将审美与经验模式相分离的概念，在这些经验模式中身体积极地与自然和生命进行互动。它把艺术从活的生物的范围中取出。

“实质”一词的惯用意义有别于实质的形而上学意义，它是关于头脑的实质性的东西。无论什么时候，只要做了一件事，就会改变自我。这种改变超越了对更好的天赋和技能的获取。人们对事物的态度和兴趣是由他们所做的和经历过的事情的意义建立起来的。这些积存的和保留的意义成了自我的一部分。它们构成了资本，自我可以用它去注意、关心、参加和打算。从实质的意义上说，头脑形成了与周围环境的每一次新接触的背景。然而，“背景”这个词过于被动，除非我们记得它是主动的，而且在对它的新的投射中，有对两个背景以及被吸收和消化的东西的同化和重建。

这种主动而又热切的背景存在于等待中，并参与到它的任何方式中去，以便把它吸收到自己的生命中去。作为背景的头脑是由自我改变形成的，在与环境之前的互动过程中出现了愤怒。它的敌意是为了进一步的互动。因为它是在与世界的往来中形成的，并且是朝向世界的，所以没有什么比把它当作一个独立和封闭的想法离真理更遥远了。当它的活动自己打开时，就像冥想和反映的推测一样，它的退出仅仅是从世界的即时场景中来的，在这个世界里，它翻来覆去，审查从那个世界收集来的材料。

不同的思想是由不同的兴趣来命名的，这些兴趣驱动着人们收集周围世界的材料，如科学思想、行政思想、艺术思想和商业思想。每一种都有一种选择、保留和组织的优先方式。艺术家与生俱来的特质是对包罗万象的自然和人类有种特殊的敏感性，并有一种力量驱动着他用自己喜爱的媒介来重塑它。当这些内在的冲动与特定的经验背景融合在一起时，就变成了思想。传统形成了很大一部分背景，这是必不可少的，通过直接接触和观察是不够的。即使是一件带有原始气质的作品，当艺术家不了解它所承载的宽广多样的艺术传统，那么这件作品就可能相对单薄，并趋向于怪诞。否则直接场景接近的背景的组织不会坚固而有效。因为每一个重大的传统本身都是一个有组织的视觉习惯以及整理和传达材料的方法习惯。当这种习惯进入到原始气质中，它就成为艺术家头脑中的基本要素。对自然某些方面的特殊敏感性从而发展成一种力量。

雕塑、建筑和绘画中的艺术“流派”比文学流派更显著，但是没有一个伟大的文学艺术家，他不从戏剧、诗歌和雄辩的散文中汲取营养。这种对传统的依赖，艺术也是如此。科学调查者、哲学家、技术专家也从文化的洪流中获得他们的物质。这种依赖是原始视觉和创造性表达的一个重要因素。学术模仿者的麻烦并不在于他依赖传统，而在于传统没有进入他的思想，没有进入他自己看待和制造方式的结构中。对于要做的事情常常停留在表面，只是一些技巧，或是无关的建议和惯例。

思想不仅仅是意识，因为它是持久的背景，虽然背景是在不断变化的，而意识在背景的前方。思想是在兴趣和环境的共同指导下缓慢发生变化。意识总是在飞速变化，因为它标志着形成的性格和直接的情境接触和互动的地方。它是自我和世界在经验中的不断调整。“意识”在调整的程度上更为激烈和强烈，当接触是无摩擦和相互作用的液体时，调整就接近于零。当意义在一个不确定的方向上重建，意识就是混乱的；当一个决定性的意义出现时，意识也就变得清晰了。

“直觉”指的是旧与新的相遇，在这一过程中，每一种意识形式的重新调整都是通过一个快速而意想不到的和谐方式突然产生的，而这种和谐在其明亮的突然之间就像是一闪而过的启示，尽管事实上，它是经过漫长而缓慢的孵化准备的。通常，旧的和新的、前景和背景的结合只有通过努力，也许是痛苦的努力才能完成。在任何情况下，组织在一起的意义的背景单独就能把新情况从模糊转变成清晰和明亮。当旧的和新的吻合时，就像调整电极时产生的火花一样，这就是直觉。因此，后者既不是理解理性真理的纯智力行为，也不是通过其自身形象和状态的精神来领会的。

因为兴趣是选择和组合材料的动力，思想产品标志着个性，就像机械制造的产品标志着一致性。再多的技术和工艺也不能代替至关重要的兴趣，没有它的“灵感”是稍纵即逝和徒劳的。一个琐碎且秩序混乱的思想在艺术和其他地方完成的事情和它一样，因为它缺乏兴趣的推动和集中力量。当标准从技术发明领域中保留下来时，艺术作品是由精湛技巧的表现来衡量的。在纯粹灵感的基础上对它们进行判断，忽略了一直在表面上工作的兴趣所做的漫长而稳定的工作。感知者和创造者一样需要一个丰富而成熟的背景，无论是在绘画、诗歌领域，还是在音乐领域，如果没有始终如一的兴趣培养，这种背景是无法实现的。

在前面的内容中，我对想象力只字未提。“想象力”与“美”分享着令人怀疑的荣誉，即它们是热情无知的美学作品中主要的主题。也许比其他任何阶段的人类贡献都大，想象力被认为是一种特殊的、独立的能力，有别于其他拥有神秘力量的能力。然而，如果我们从艺术作品的创作中判断其本质，它就会指定出一种使制造和观察的所有过程充满活力并贯穿这些过程的品质。这是一种观察和感受事物的方式，因为它们构成了一个整体。它是兴趣的大而慷慨的融合，思想与实践在此接触。当旧事物和熟悉的事物被创造成新事物时就有了想象力。当新事物被创造出来时，遥远而陌生的事物成了世界上最自然的必然事物。在思想和宇宙的相遇中总有某种冒险的测量方法，而这种冒险就是想象。

柯勒律治使用了“有组织作用”这个词来描述想象力在艺

术中的作用。我理解他之所以使用这个词，是想唤起所有元素焊接在一起，成为一种新的、完全统一的体验，无论它们在普通经验中是如何多样。他说："诗人传播一种统一的基调和精神，这种基调和精神（似乎就是）将灵魂的官能与其根据相对尊严和价值的从属官能由那合成和神奇的力量融合在一起，对此只能用一个名称来表述，那就是想象力。"柯勒律治使用了他的哲学时代的词汇。他谈到了融合在一起的官能，还有想象力，仿佛它是把它们聚集起来的另一种力量。

但是人们可能会忽略他的语言模式，而在他所说的暗示中发现并非想象力，而是一种富有想象力的经验，是做某些事的力量，当各种各样的物质——感官品质、情感和意义聚集在一起成为一个整体，标志着一个新生命诞生于这个世界时，一切就发生了。我声称我没有确切地理解柯勒律治对想象力和幻想的区分。但毫无疑问的是，我们刚刚所说的经验和另一种经验不同，那就是一个人故意将熟悉的经验用不寻常的装束伪装起来，把它当作一种超自然的幽灵。在这种情况下，思想和物质不能相遇和相互渗透。思想大多数情况是远离物质的，它在摆弄物质而不是大胆地抓住它。这些物质太过微小，以至于无法召唤出价值和意义所体现的性情的全部能量。它没有足够的抵抗力，所以思想就会肆意妄为。幻想至多只能存在于文学中，在那里，想象很容易变成虚构。你只需想想绘画，看它离基本艺术有多遥远，更不必说建筑了。可能性是在艺术作品中，而不是在其他地方体现出来的，这种体现是想象力真实的本质的最好证据。

有一种艺术家自己经历的冲突，它对富有想象力的经验的本质具有启发意义。这个冲突已经在很多方面得到了阐述。一种表述它的方式是涉及内部视觉和外部视觉的对立。内部视觉有一个阶段看起来比任何外在的表现都要丰富和细腻。它有一种巨大而迷人的暗示光环，这是在物体的外部视觉中没有的。它领会的似乎比后者传达的要多得多，然后就出现了一个反映。与呈现出来的场景的坚固和能量相比，内在视觉的问题似乎像幽灵一样。客体被认为是简洁而有力的表达，而内在视觉是以弥漫的感觉模糊地表达，而不是有机地表达。艺术家被驱使着以谦卑的态度去接受客观视觉的纪律。但是内在的视觉并没有被抛弃。它仍然是控制外部视觉的器官，当后者被吸收进来时，它接受了结构。两种视觉模式的相互作用产生想象，随着想象力的形成，艺术作品就诞生了。哲学思想家也是如此。有些时候，他觉得自己的思想和理想比任何事物都要美好。但他发现，如果他的思索是身体、重量和远景，他就不得不回到物体上。然而，在向客观物质投降时，他并没有放弃自己的视觉。作为客体，物体只是物体，并不是他所关心的。视觉被置于思想的语境中，当它被这样放置时，后者获得了坚固并且分享物体的本质。

如果一系列被礼貌称之为想法的东西变得机械化，那么它们很容易遵循，太容易了。观察和公开的行动都受制于惯性，并在阻力最小的直线上运动。一个形成的公众群体已经习惯了某些看待事物和思考的方式。它喜欢想起熟悉的东西。意想不到的转变会激起愤怒，而不是给经验增添辛酸。言语尤其受制于这种无意识的倾向。如果一个作家以近乎机械般的顺序叙述而不至于太乏味，那么他就会得到思路清晰的声誉，而这仅仅是因为他所表达的意思是读者熟知的，而不需要读者去思考。任何艺术的学术和折中都是结果。当想象力的特质与减弱的习惯效应对立时，它能被最好地理解。时间是检验想象力与幻想的试金石。后者通过了，因为它是随心所欲的，想象力之所以经久不衰，是因为尽管一开始它对我们来说是陌生的，但就事物的本质而言它却持久地为人们所熟悉。

科学、哲学以及艺术的历史记录了这样一个事实，那就是富于想象的产品最初会受到公众的谴责，并且与它的范围和深度成比例。不仅仅是在宗教中，先知起初被石头砸了（至少是比喻），然后后世建造了纪念碑。关于绘画，英国风景画画家以近乎过度克制的语气陈述一个普遍的事实，他说："艺术有两个模式，而人们追求的是差别。一个模式是艺术家模仿他人的作品，仔细地挑选并把作品中各种美的东西结合在一起；另一个模式是艺术家追求作品的原始性。在第一种模式中，艺术家根据他所研究的图画形成了一种风格，产生了模仿或折中的艺术；而在另一种模式中，通过贴近本质的观察，艺术家发现了它以前从未被描绘过的特质，从而形成了一种原始的风格。一种模式的结果是，当他们重复着眼睛已经熟悉的东西时，很快就会被识别和估计。艺术家在新道路上的前进必然是缓慢的，因为很少有人能够判断偏离常规路线的事物，或者有资格对原始研究进行评判。”* 这是习惯的惯性和想象力的差别。思想寻求并欢迎那些感知中新的却持久的事物。艺术中的“启示”是经验的加速膨胀。哲学被认为在奇迹中开始，在理解中结束；而艺术从理解出发，以奇迹结束。最后，人类对艺术的贡献也同样是人加速的自然性的工作。

任何将人与环境隔绝开来的心理学也会切断他与他的同伴的外部联系。然而，个人的欲望在人类环境的影响下形成。他的思想和信仰的材料来自和他生活的其他人。如果传统没有成为他思想的一部分，风俗没有从他的外在行为渗透到他的意图和满足，他就会比旷野里的野兽还要贫乏。经验的表达是公开的和用于交流的，因为经验表达的是他们是什么，是活的和死的经验塑造了他们。沟通没有必要成为艺术家刻意的行为，尽管他永远也无法逃脱潜在观众的想法。但它的作用和结果是影响沟通，这不是由外部意外造成的，而是来自他与他人共有的本性。

表达打破了致使人类彼此分离的障碍，因为艺术是最通用的语言形式，尽管它由公共世界的共同特质组成，艺术是最通用也是最自由的沟通形式。每一次强烈的友谊和感情经验都能艺术地完成。艺术作品所产生的交融感会呈现出一定的宗教性。人与人的结合是从古人到现代人的仪式的来源，这些仪式纪念

* 也许风景画画家在这里用“自然”这个词的意义有些局限，这是与他的兴趣相对应的。但是当“自然”的意义被扩展为包括所有存在的阶段、方面和结构时，第一手经验与第二手模仿的经验之间的对比保留了下来。

了如出生、死亡和婚姻这样的重要时刻。艺术延伸了仪式和典礼的力量，通过一个共同的庆典，把人和所有事件和生活场景结合在一起。这间办公室是艺术的奖赏和印记。艺术使人和自然联姻是人们所熟知的事实。艺术也使人们意识到他们与其他人的结合是有渊源并命中注定的。

第十二章

对哲学的挑战

现在的经验和过去的经验必然存在明显的差距，但我们能够从曾经的经验中分析过往的意义，从而获得理解当前现状的认知基础。这个差距的存在，将所有的意识知觉置于风险中；差距的存在，意味着意识知觉将走向命运未卜的前方。现在与过去相融合的过程中也伴随着对过去的重建。倘若过去和现在完美的融合，且在两者重现时呈现出完全的一致，那我们从中获得的经验就是规律的，而不是处在感知阶段的意识。我们对当下意义的适应和从中得出的经验必然会让步于习惯的惰性，然而要是没有这一对抗过程，我们就无法产生意识——处于想象阶段的经验。

思想，是对我们有意义的当下事件组成的主体，不总是存在于当下的各个活动和经历中。有时，思想也会让人迷惑，甚至不知所措。这时，虽然与现在的经验并未开始接触，如条条小溪一般汇集起来的意义已凝聚成力，鼓励各种活动。随后，人类则开始去遐想，开始去梦想；各种各样的思绪层出不穷，不作为任何意义的财产和所有物而存在。丰富的情感会若即若离地萦绕在这些思绪的周围。情感所具备的慷慨给予的特性让它备受欢迎，让它能够占据我们的思绪；情感可以作为不切实际的空想附属品而存在，前提是情感能够和我们的精神和谐一致。

每件艺术作品的意义都存在于确定的物质中，因此，实际的艺术作品就是表达艺术品意义的媒介。这一组成所有经验特性的事实必然是与艺术品等审美相关的，我们将这一事实定义为审美事实。审美事实的想象特质占据主导地位，因其中的意义、价值比当下经验的特性要更加宽广，毕竟当下经验的特性依附并经由特定的表达方式呈现，而非通过一个物体和其他物体的实际联系呈现。

要是没有了想象，创造对人有用的物品根本就是无稽之谈。如果没有蒸汽机的发明，一些现有的物品仅仅是存在于人类脑海中的某种概念和不大的可能性。一旦想象中的可能性存在于新的自然物质的组合中，此时蒸汽机作为一个物体，便能够取代自然界的作用，和其他外在存在的物体一样，有着相同的物理效应。蒸汽机能够做物理工作，能够在特定的物理环境下借助煤气创造实际产品。唯一的区分之处在于场景和环境，即人类是否使用工具进行操作。

艺术品与机械不同，它不仅仅是想象力的产物，更是在想象的环境，而非现实物理的环境中被创造出来的。艺术的初衷即是为了集中和发散即时的经验。审美经验的组成物质直接表达了在脑海想象中所激发出来的意义。艺术非机械，通过机器开发新材料，单纯提供一种围绕产品执行而研发的解决方案。产品蕴含的意义经过想象后，经过组装，通过材料和物质体现，材料和物质的互动不需要通过情感介质，仅凭借自身即可实现。艺术品通过大脑想象去唤醒和组织创作要素，结果的好与坏对于想象者而言，必是一个挑战，而不仅仅是公开行动的激励或手段。

这一事实是组成审美经验独特性的基础，而反过来说，审美经验的独特性对于思考而言也是挑战。对于系统性思考，也就是哲学而言，是一个更大的挑战。审美经验是本质的经验。要不是“纯粹”这个词总出现在哲学作品中，总被用来形容减少、不洁的经验本质，总被用来指代超出经验之外的感受，我们永远也不会认为审美经验就是纯真的经验。因为正是经验本身，克服了妨碍经验发展的阻力，提升了经验原本处于的附属位置，从而发展自我。哲学家必须了解审美经验到底是指什么经验。

所以，一位哲学家研究出的审美理论，不仅仅是对有相关经验的研究对象在其主题、表达和写作方面的检验，而是更深层次的问题。这套审美理论的提出在于检验整个理论体系，是否能够通过这套体系领悟经验的本质。仅有这种检验，可以通过研究艺术和审美经验，准确地揭示出哲学的片面性。想象力是凝聚艺术品的基础，将各个因素和形态整合，创造出一个艺术整体。然而，不仅仅是人类，一切生物的形态，无关收获经验的种类，也无关收获经验的程度，所有经验都和审美经验融合在一起。每一个经验都完整地和整个经验体系融合在一起，以至于个体的区分不再明显：个体经验已不会显著地作为一个明显的区分因素而存在。

尽管审美哲学本身会有多种因素，但也会脱离其中一个组成经验的因素，也会尝试通过单一因素阐释或“解释”审美经验；这些因素有：感官、情绪、原因和活动。倘若想象力是一个人，他必然不会用“能够集中所有个体解决问题”的方式看待自己，而是“自己是一个独特的个体”。审美的哲理是繁复且多变的，只用一章是无法展示出全貌的。但是如果我们有正确的批判思维，好好利用，便可以跟着“思维导航”驶出哲理繁复的迷宫。我们应该带着疑问，探究到底是哪个组成经验的因素，它们的特点是什么，它们对每个系统为何能起决定性的作用。如果我们用这种方式去看待问题，所有理论都会自动纳入其对应的种类中，并且，对其中的某一个经验与审美经验做对比，就能够分析出整套审美理论中站不住脚的论点。通过这种分析，我们就能够证明，缺乏理论基础的系统把某种观点强加在了经验上，而不是鼓励审美经验自己发展、证明自己的观点。

因为人类能够将已有的思考与新的状况融合在一起，并对两者的融合进行更深层次的思考（新旧的融合即是指想象，详看前文定义），从而不断地培养自己有意识的经验，所以艺术是站在自己的理论上让别人信服的，是幻想的；所以也可以认为艺术理论自然而然地为艺术研究的起点。艺术理论作为一种经验、一种“真实的”经验，是超脱于、依靠于、区别于艺术品的。毫无疑问，因为审美经验格外突出的想象力特质，它的存在形式不是具体的土地或是海洋，而是如空气般飘荡着。最“实际”的一个作品，如果是艺术品，也不是那种平常实际生活中常见的、普遍的、普通的复刻品。“模仿”是艺术理论对艺术的一个定义,根据这一定义,再根据艺术品中的愉悦来自认同感,前文提及的“站在自己的理论上,让别人信服的”幻想艺术理论确确实实地掌握了审美的精髓。

另外,我不认为遐想的某种因素或是对于梦境的某种分析可以解释艺术品的创作,甚至是解释为何人们透过一件作品,在强烈的情绪状态下会产生不同程度的感同身受。相反,我可以放心地说,哲学中的“创造”理念以及科学恰恰是状态放松至遐想状态的人才能够掌握的。潜意识与我们的态度中储存的因素密切相关,如果人类的身体或思维受到禁锢,潜意识则无法发挥任何作用。如果我们为了解决某个难题或是特定问题,仅仅是调动与难题和问题相关的因素,而完全抑制了其他因素发挥作用,那么就意味着储藏这个过程被大大地限制了。画面也好,观念也罢,它们在我们的脑海中如灵光一般乍现,那一瞬间带给我们的感受是强烈的,是耀眼的,仿佛眼前就是金灿灿的火苗,而所谓的设立目标,所谓的全神贯注,根本无法实现我们脑海中的画面和观念。

艺术理论的成立是基于审美经验中缺少的因素,这一事实并不是导致艺术理论分支,即幻想理论和虚幻理论出现错误的原因。艺术理论之所以有缺陷,是因为它在分离组成整体的各个因素,它从正面或者反面否认其他因素的同等重要性。无论你眼中由各材料组成的这件艺术品多么充满想象力,这件作品的产生无非是出于人的需求、人的组织,无非是经历了从遐想到实际的过程，而最终作品的产出则无非是人的目的控制艺术品材料的创造和选择过程的一个结果。

梦想与遐想的特征就是大脑放弃有意识的控制。画面和观念一个接一个地按照自己的意愿快乐地浮现，这种一个接一个的快乐的感觉是整个过程中唯一体现意识控制的地方。用哲学术语来说，材料具有主观性。一件审美作品的创造前提是观念已从想象落到实际行动，表现在具体的作品上；但此时，作品的创作者会在与本次创作理念丝毫不相关的各种遐想海洋中漫游，直到脑海中的图像和心中的情感完全地表现在实际作品上，直到脑海中的一切与组成作品的分子都紧密地缠绕在一起。艺术创作的诞生仅仅通过最终物品来体现是不够的——为了使物品体现艺术创造的经验，艺术品的特质要展现得淋漓尽致。对于这件作品而言，淋漓尽致意味着这件作品本身的特质和它能够激发出的情感互相依托而存在。艺术作品的创作经验都是由作品本身去体现其价值的，这种创作经验同样也是值得去掌握的，绝非沉迷于无关痛痒的多愁善感。但是这种创作经验也不单纯是对作品的赞赏，虽然创作经验会被对作品的赞赏之情激发出来。

目的，作为控制作品生产和欣赏态度的决定要素，其重要性往往被人们忽视。究其原因在于我们普遍认为目的带有虔诚的心愿，是一种明确的动机。一个目的的存在必须依赖主题。诸如帮助马蒂斯创造了《生活的快乐》这幅画作的创作经验便是极富想象力的；目前为止还未有超过此幅画作的。这幅画的创作过程就是艺术似梦理论的一个展现。但是，无论作品中充满想象力的材料是由什么构成的，这材料也未曾且也不能持续如梦似梦的状态。材料要想成为作品的构成物质，其颜色必须能够作为一种表达方式而存在；就像舞蹈给我们带来的画面和情感一样，眼中的舞蹈动作其实被我们的大脑转化成了空间、曲线的韵律，甚至是光影和明暗的互相对抗。物品，即表达介质的材料，不仅仅代表目标已经实现，更是意味着创作从启动的那一刻就围绕着物品而开展。就算我们认为脑海中的画面起初会在梦境浮现，但实际上脑海中的画面必须在现实中有对应的材料，我们能够去组织，能够不断地调整，最重要的是能够做出一个成品，完完整整地呈现在大众面前。

同时，目的也会通过各种方式彰显自我的存在。就像演员会基于人类的自我实现和自我展示而想方设法愉悦大众，展现精湛的表演。外在物质本身对自己的控制其实是“大脑思想”的控制；这种自我控制其实还是融合了大脑思想内容的外在个性的控制。所有兴趣爱好都是个体基于对客观世界，以及包含人类的自然界的物质层面形成自我的辨识后得出的结果。目的就是这种内在辨认过程的外在表现。客观世界，以及通过客观世界实现目的的过程，其实就是证明目的真实性的一个过程，证明目的的能动性是否能够克服甚至转变阻力，证明目的是否能够管理外在物质，证明目的本身的结构和质量。我在上文已经说到，创作出来的最终成品是目的的结果，在这里，最终成品既是指意识层面的公正，也是指物质层面的真实。最终，在哲学范畴里的“主体”和“客体”（也就是我们说的个体和环境）的完全融合就是艺术品的特质。主客体的融合程度是衡量艺术品审美价值的一个测量仪。一件有缺陷的艺术品，要么就是主体多了，客体少了，或者相反，总之就是主客体不平衡，导致组成要素和最终形态无法达成一致。如此一来，既然批判幻想艺术理论的论点是分离艺术品的整体性，那么这种批判的合理性就不值一提了。批判论点很直接且实际地忽视了艺术的精华——客观物质的辨认过程及实际构建物质的过程。

将艺术形容为戏剧演出的理论与艺术的梦想理论如出一辙。但是演出理论承认行动，承认行为的必要性，让这套理论更倾向于审美经验的真实性。就比如说，孩子们在玩过家家，扮演不同角色的时候，我们总会说他们是在幻想。但是孩子在扮演的过程中确确实实地做出了行动，实施了行为，将他们的幻想具象化了。孩子们在角色扮演的时候，脑海中的观念和具体的行为完全融合在一起。对于艺术演出理论合理性的讨论会涉及多个因素，而针对这些代表演出形式的因素，我们则要按照前后顺序，一个个地去看待。一只在玩线团和圆球的小猫，看似随意，但其实任何活动都是有意的，动物所有的行为，尽管目前我们只能猜测是没有主观目的的，但都要遵循某种行为框架，小猫玩线团实际上就相当于成年的猫在捕猎。虽说小猫的活动和行为具有某种程度上的规律和顺序，并且这些活动和行为与生物的结构需求相符，但这些活动和行为并不会影响小猫面对的物体（譬如说线团或小球），除非物体被移到另一空间，当然这又是小概率事件了。线团，也就是活动对象，能够开始并刺激活动，是一种外在的存在，而非内部因素。

玩角色扮演时，孩子们所表现的与玩线团的小猫没有太大区别。但是随着经验越来越成熟，活动的最终结果就会越来越明显地调节活动过程；目的就像一根线，从行为开始时贯穿至停止；目的将行为转化为一整个系列，转化为一个有着明显开始、稳定过程和明确方向的活动过程。在认识到秩序是必需品的时候，角色扮演活动就演化成了有“规则”的游戏。当然这种转化过程是逐渐的，角色扮演不仅需要整个故事情节的结束，也需要调动各种不同的因素参与。在孩子们玩积木的时候，往往会把自己看成建筑师，建造房子或者灯塔。孩子知道自己在干什么，他们脑海中有一个“元信号”，根据不同的材质，放射出指导他们一举一动的“分信号”。过去的经验就是对我们行为意义的一种肯定。建成的塔楼抑或是堡垒，不仅仅体现了对孩子们行为选择和行为安排的管理，还体现了经验的价值。扮演等行为作为一种活动有其即时性。但是扮演的内容是经过过去经验提炼出的观点和当代因素调解后产生的。

但如果工作的性质不是辛苦的劳作，调节期间的过渡期则会导致扮演活动向工作的转变。如果活动的方向要受明确达成的物质结果引导，那么活动就会转变成工作，且如果活动太过辛苦，那么活动就会被认为是劳作，工作与劳作都要经历仅凭方式确保结果这一过程。艺术活动的产物被称为艺术作品。艺术演出理论的真实在于其强调审美经验不受限的特性，而不是突出某一活动不受客观约束的局限性。艺术演出理论的虚假在于其无法辨认审美经验里包含对客观物质实实在在重建的过程；重建过程标志着艺术成型，也象征着舞蹈和音乐艺术。我们以舞蹈为例，舞蹈动作的变化要求身体改变原本“自然”的状态。艺术家认为，实施活动需存在一个确定的客观参照物；把某外物看成客观参照物也是为了把这件物品转化成一种表达媒介。与劳作相反，扮演依旧怀抱着解放因外界需要而被迫屈从的态度，但是扮演能够把依附客观产品而实施的活动转换成为工作。在看小孩子们扮演角色、表现意图的时候，没人不会注意到整个表现既有娱乐性，也有严肃性，两者完美融合。

演出理论的哲学内涵可在自然与必然、自发和有序的对立中找到。这种对立可从主客体的双重性对艺术幻想理论的影响中找到源头。这种对立的内在源于审美经验是“现实”压力的释放和逃脱。有理论认为自由的存在前提是个人活动不受客观因素的限制。艺术品的存在就能够明显地说明个体的自发性与客观秩序法则间的对立是不存在的。在艺术领域里，愉悦的态度能够刺激外物的转变，完成一个正在进行中的经验创作。只有通过客观物质，欲望与需求才能获得满足（即情绪的满足依靠物质），所以愉悦之情也能刺激客体。

艺术为表演的一个理论成因在于表演是生命体过剩能量的一个排散渠道。但是这种观点避开了两个问题：能量是如何测量的？基于什么标准可以判断能量过剩？演出理论认为在一个必要的活动中，能量会过剩，因为过剩的能量可以保证环境的需求被完全满足。但是孩子们自己是无法意识到玩乐与工作之间的对立性的。对比概念是成年生活的产物，在这段时期，行为活动相对于辛苦劳作的工作而言，明显是娱乐消遣。艺术的自发性并不会与任何事情相对立,但确实代表了在有序发展过程中的完全专注。这种专注是审美经验的特质；但是也是所有经验都希望达到的理想状态，这种状态在科研人员的活动中能够实现，此时自我的欲望和渴求已完全融入客观完成的事物中了。

自由与外在强制活动的比较是一项经验事实。但是这种比较往往是社会条件下的产物，并且应该尽可能地消除它们，而不是任由这些比较概念去对比区分艺术的定义。在经验中，闹剧和消遣也是可以存在的，“一些不伤大雅的胡话也会赢得优秀人物的喜爱”。戏剧之外的艺术品总会让人的思绪飘向别的地方。但是上述事实不是定义艺术具有转移性的理由。艺术的转移性——这个概念的起源在于个体和世界（个体在对抗世界的环境中生活，逐渐成长）之间存在一种内在本能、不可分离、深入骨髓的对抗，只有逃离对方才能实现另一方的自由。

既然自我的需求和欲望早已无法和世界达成一致，艺术逃离理论的出现就显得恰逢其时。斯宾塞曾说过：“诗歌能带我们远离世界的痛苦、忧伤和混乱，去往幸福旅店。”在整个艺术领域里，真正的问题与世界怎么样并无关系，重要的是艺术通过哪种方式实现了自由和解放。重中之重在于解放的实现形式，是没有任何阻碍的实现，是转移到完全陌生的领域，还是在条件允许的情况下展示实际存在的变化状况？实际上，艺术就是产出，就是必须借助客观物体的产出，而且客观物体要满足可控和尊重内在发展逻辑这两个条件。事实上，对艺术的明确定义除了产出，要更多地考虑客观物体的因素。正如歌德的名言："艺术形态先于艺术之美存在。人，自有其形态，一旦确认存在，便用行动展示自我……形态活动会在单独、个体、独立、粗心、无知等所有未曾接触过的状况下展开，最终结果无论是生而粗野，还是后天教养，都是完整且生动的。"不以自我的角度看待活动，接受不断演变的客观物质的约束和原则。

我们会特别关注比较后感受到的愉悦，就跟我们的满足感会经历从自然到艺术品，再从艺术品到自然的比较过程一样。有时，我们乐意从美学转向工业、科学、政治，以及家庭生活。这时候布朗宁就说了：

> "那就是你的维纳斯——转向
> 那边，看那位跨过小溪的姑娘。"

士兵们斗志昂扬地去战斗，哲学家兴致勃勃地思考哲学，诗人满心欢喜地跟同伴分享诗作。比起其他类别的经验，想象经验更能够通过经验的运动过程和内在结构明确地展示出自己是什么类型的经验。但是我们也想看到公开对抗的刺激性，感受困境引发的冲击。甚至可以说，它们是艺术材料的来源；这个事实比起所谓的玩乐和工作、自发性和必要性、自由和律例间的对抗，更能说明审美理论的重要性。毕竟艺术是两大因素：

必然条件对自我的压力，以及个体自发性和新颖性融合出来的经验。*

个体的独特性原本就是一种可能性，只能通过与环境的相互作用真正实现。在这交互的过程中，天生的能力，即包含独特元素的成分，逐渐转化为自我。另外，通过一次次与环境的对抗，自我的本质也彰显无遗。自我是通过与环境的交互而逐渐成形并被赋予意义的。艺术家的独特性也是如此。如果他们的活动仅仅是愉悦的，是自发的，是自由的，没有遭遇现实环境中的对抗与挑战，艺术品根本无法成行。从孩子们冲动而画的创作到伦勃朗的杰作，自我的实现也是创作对象的实现，创造需要自我不断地去适应外在物质，也需要创作者主动改变自我，用自我的观念和表达方式融合外界与外物，从而克服外界的必然性，向外部借力。

用哲学观点来看问题，我看不到通过哪种方法能够解决古典和浪漫哲学主义之间的互相批判，也看不到通过何种方式解决艺术理论中不断的冲突，只能将他们看成是代表真正艺术品的发展趋势。所谓“古典”，意指作品中蕴含的客观秩序和关系；所谓“浪漫”，意指自我展示的独特性和自发性。在不同的时

---

* 席勒在《审美教育书简》中明确地解释了艺术演出理论蕴含的哲学理念。他还限制了解放受理性（超经验）观念要求而被控制的道德行为的自由程度。席勒提出的思想，即演出与艺术在必要的现象和超越的自由之间处于居中位置，即一过渡区间，这一区间的存在能够教育人去认识和承担自由的责任。他的观点是一种勇敢的尝试，表达了艺术家想要挣脱康德哲学的严格限制，但依旧希望留在康德哲学框架下的愿望。

期，从不同的艺术家身上，我们能看到古典发展到了极致，也能看到浪漫发展到了极致。如果作品中出现了两者的明显失衡，该作品就是残次品了。古典不再具有活力，单调单一，而且矫揉造作；浪漫完全是古怪的幻想。但是，纯粹的浪漫因为是经验承认的因素而得以及时成立，所以认定所有的浪漫主义不过为已取得认同的艺术品是确凿的。

浪漫艺术总是向往奇妙、非凡，远离当下时间与空间的事物。然而，从熟悉的环境到异域，通常被认作是扩大相对经验的手段，因为浪漫艺术的分离性能够保证艺术可以及时通过相对应的经验去中和不熟悉的东西，从而创造出新的感受。德拉克洛瓦这位画家，简直不能更浪漫，至少影响了两代艺术家。受其影响的艺术家们使不常见的阿拉伯场景成了绘画中常使用的背景材料，而且由于他们的创作形式比德拉克洛瓦更遵循现实物质，他们创作出来的画作并不会激发出超出经验自然范围之外的情感。斯科特爵士在文学分类中属于浪漫主义者。然而在他生活的时代，哈兹里特野蛮地抨击了斯科特的反动政治观点，称其作品"跨越了世纪与时间，以未开化的地区为故事场景，这一切在现今发达时期都显得过于新奇"。"现今发达时期"可释义为"一切都像直接来源于自然那样清新"。其意指把浪漫性的奇异与当下环境中存在的意义融合的可能性。确实，因为所有的审美经验都是想象性的，想象力的提升也许不需要到过分或古怪的程度，毕竟想象力的程度是通过大脑思想、实际行为决定的，而不是伪古典主义的先验规则决定的。哈兹里特曾评价过查尔斯·兰姆“厌恶新面孔、讨厌新书籍、反感新建筑、发对新风气”，“固守怪癖，脱离现实”。兰姆对此的回应是“于我，现实即为虚幻”。然而，佩特在引用话语的过程中也说兰姆从旧事物中收获诗意；但佩特也说，旧事物“是当下实际生活的残存部分，是远离我们、不同于诗意的另一种存在，是老旧的古董”。

评价这两个被批判的艺术理论（以及在“表现行为”一章中所批评的自我表现理论）是因为这两个理论是孤立个体、“主体”的哲学代表。一个选择像梦一样的私有材料，另一个就只选择个体活动。这些理论相较而言是现代的；它们和过分强调个体和主体性的现代哲学相呼应。从过去到现在都很流行的艺术理论已经走向了与它对立的极端，而且在这个理论发展的过程中，很多艺术家将艺术中的个人主义看作异端产物。这套艺术理论认为个体仅仅是一条渠道，越透明越好，这样客观物质就能够更好地传递。这古老的理论认为艺术是种再现，是种模仿。其理论拥护者推崇亚里士多德为最高权威。然而，每位研究亚里士多德的学生都知道，他的思想内容与模仿特定时间和特定情形完全相反——与当下场景中的“真实”再现完全不同。

对亚里士多德来说，以形而上学的角度看问题的话，普遍比特殊更真实。至少从他列出的诗歌比历史更具哲学性的理由中，能够说明他的理论要旨。“诗人的工作不是描述已经发生的事情，而在于描述即将或可能发生的——是否可能，是否必要。”……诗歌告知普遍，而历史告知特殊。

因为没人能否认艺术与可能性之间的关系不成立，亚里士多德就需要站在自己的体系上对必然性和可能性进行阐释。根据他的理论，事物单纯就是因为它们不特别，才在种类或形式上有必然或可能性。某些事物种类在本质上就是必要且永恒的，另一些则是可能性的。照理，一般来说，必要的事物一直如此，可能的事物一般如此。两种事物都是广泛存在的，因为两者都是被内在形而上学的本质造就的。因此，亚里士多德接下来引用那句话，恰好可作为一短文的结语。他是这么说的："普遍存在的事物能够必然地或者可能地从具有某种秉性的人口中听到，也能够从他的行为中看到。这也是诗歌希望达到的效果，虽说诗歌中的人物都有名字。而具体的事物，举例来说，就是阿尔西比亚德斯经历和发生在他身上的事。"

"性格"这一经翻译而来的术语很可能会完全被现代读者误解。亚里士多德同意小说、戏剧和诗歌等作品中人物流露出的行为和话语很有可能或者必须来源于实际生活中的个体做过的事、说过的话。但是，他认为性格是一个独特体，虽然本段中的"性格"意指普遍存在的本质或性质。对于亚里士多德来说，麦克白、彭登尼斯、菲利克斯等人物的审美意义在于能够真实地描述出其人物对应阶级的整体形象。对现代读者来说，人物审美意味着忠实于个体形象，忠实于这个个体做过的事、经历过的事和说过的话。这是我们做出判断最根本的出发点。

亚里士多德对后世艺术思想的影响，可从乔舒亚·雷诺兹爵士演讲集的简短引文中窥见一斑。他说，绘画的职责是"展示事物的一般形式”，因为“在客观物体的每一类别都有一个共同的思想与中心形式，是对其所在类别中所有个体的抽象变现”。这种一般形式一般先存在于自然界，当然这里的自然是指忠实于自然本身的自然，而且在艺术中可以被再次创造或者“临摹”。“无论种类如何变化，美丽的本质都是恒定的”。

按照相对的观念看问题，乔舒亚·雷诺兹爵士绘画作品的缺陷其实是他本身艺术能力（绘画技巧）的缺陷，而不是他学习的艺术理论有缺陷。在造型艺术和文学艺术领域，总有人持相同的理论，甚至还会更加完善这个理论。在某种程度上，该理论其实是长期以来艺术品实际状况的一种映射，因为理论是对典型的研究，也会避开被认为是偶然性或暂时性的任何事物。这套理论在 18 世纪的流行反映了那个世纪要遵循的法则（一套在 18 世纪前期影响了整个法国除绘画之外的所有艺术领域的法则），反映了对巴洛克和哥特艺术的谴责。*

但是这是一个普遍会被提出的问题。如果仅仅是说明各类别的现代艺术倾向于搜寻、表达物体和场景的独特性，或者是说这些现代精神展示的是与真正艺术相反的东西，只求出名和出位，都不算对上述普遍问题的回答。我们已经看到了，如果艺术品能更多地包含众多个体都有的经验，就更具有表现性。确实，没有考虑到客观物质所实施的控制，正是近期讨论的对

---

* 作为消遣，我们在这儿稍微提一下真诚善良的贝莱克主教，他在谴责任何反对他观点、行为和艺术的见解的时候都会用极其夸张的方式将这些反对观点形容为“哥特式”。

主观主义理论批评的基础。因此，哲学思考关注的问题不是这类客观物质是否存在，而是这类客观物质的本质，及其在审美经验发展过程中的作用方式。

艺术品中客观物质的性质与客观物质发挥作用的方式不可分割。在真正意义上，其他经验的物质进入到美学经验的过程中，就体现了其他物质的艺术本质。但是，也要注意到术语一般与共同的意思模棱两可。它们在亚里士多德和雷诺兹心中的意义，不同于当代读者眼中自然呈现的意义。亚里士多德和雷诺兹指的是客观物体的种类，甚至是基于自然组成而形成的存在。那些不了解客观物质其形而上学含义的普通读者，他们对术语的理解更加简单、直接，也会更偏向实验性。“共同”是指在一群人的经验中可以找到的共性；只要一件事有许多人共同参与就证明了共同的事实。在形成经验的过程中能融入更多的行为和经历，这个经验就会更具一般或普遍意义。我们生活的世界是一样的；自然的这一特质是我们所共享的。冲动和需要也是人类的共性。“普遍”不是某种先于形而上学存在的东西，而是一条在经验中把特殊事件与场景联系起来的纽带。任何在自然或人联想中存在的东西都潜带“共同”；它是否真正的共同，要靠不同的条件去辨别，尤其是那些影响交流过程的条件。

正是因为我们通过共同的活动、语言及其他方式互相交流，性质与价值才能够成为一类人群经验里共同的东西。当下，艺术是最有效的交流手段，所以在意识经验中共同或一般要素的存在也是艺术发挥的作用。我说过，世界上的一切，不管其内在多独特，都具有潜在的共同性。因为一切都存在个体与环境或环境中的一部分相交互的过程。但是它也会经过艺术品而非其他表现形式逐渐成为意识的共同所有物，或者成为共享意识。另外，一般性的组成依靠固定的事物种类的存在这种陈旧观念，已被物理学和生物学等科学的进步摧毁了。思想是文化情境的产物，与知识的状态有关，也与个人及不仅依附艺术和哲学、还依附政治性质的社会组织有关。

想解决潜在的共同物质融入艺术这一问题，就要考虑其他材料，特别是表现性对象与媒介的本质这两要素。与原始物质不同，媒介是一种语言方式，也是一种表现与传达的方式。颜色、大理石、青铜和声音本不是媒介，只有与个体的内心和技巧相互影响后才成为所谓的媒介。我们偶尔在画画中会察觉到颜料的存在；重复性的动作；但这些动作并没有融合起来成为艺术家口中带领我们清晰地感受客观物体的组织、衣服的褶皱、人类的肉体、天空等等。就连伟大的画家也不总能实现这种融合，譬如说塞尚。但话说回来，在更大众的艺术家创作出的作品中，我们不会主动意识画家使用的材料。其实，既然提供给交互的有意义的物质也不多，作品自然也是缺乏表现力的。

上述事实提供的铁证表明，艺术中的表现媒介既不是客观的，也不是主观的。这是一种新的经验，主观与客观相互合作，均不独立存在。再现理论的致命缺陷在于它把艺术品的物质定义为了客观的物体，忽视了客观物质只有经过转化，融合了个体的性格特征、特殊视角和独特的经验后才能成为艺术客观物质。就算我们假设所有特例的存在（实际上不可能）必须依赖固定存在的物种，客观物质也无法成为艺术物质。只有在与个体融合、经过变化得出新的物质后，才有可能成为艺术物质，甚至是最好的艺术物质。因为用于生产艺术品的物理物质不是媒介，提前制定物理物质的使用规则也是不可能的。限制审美可能性还处在试验阶段，也可以由艺术家的实践探索决定；这是另一条证据，证明表现媒介既不主观，亦不客观，而是两者结合而成的新物体。再现理论的哲学基础强制性地对定性新颖性——这一决定艺术品真正特质的因素视而不见。

这种忽视其实就是在实际操作中否认个性作为一种艺术品物质对艺术品的作用。现实理论，根据固定种类定义真实的含义，注定无法意识到新颖性的必然性，以及它跟审美之间的联系，虽然它们在现实中是如此显而易见。另外，那些备受偏见的、倾向普遍的本质和“特质”的哲学派别总是将永恒且不变的东西看作真正的真实。然而，从来不存在靠着重复以前存在的事物就能创作出东西的情况。但是，的确有一些作品的创作就只是靠对从前的作品的挑选和重组。但是这是教条的——即机械的，而不是审美的。除了批评家，艺术历史学家也会被固定不变概念的人为影响误导。他们通常会把各个时期的艺术品解释成历代作品的组合，认为新颖性只是一个新出现的“风格”，甚至就连这个“风格”都很不愿意承认。旧与新的相互渗透，在一件艺术品中的彻底融合，是艺术给哲学思想的另一个挑战。这个挑战为事物的本性提供了哲学体系很少坚持的一条线索。

感觉自己的理解力在审美经验的作用下不断增长，对自然与人的客观对象的理解更加深刻。这种感觉让哲学理论家们视艺术为一种知识，并引导艺术家（尤其是诗人）将艺术理解成揭示其内在性质的唯一手段。但这让艺术成了一种不仅高于普通生活而且高于科学研究的知识形式。艺术是一种知识形式（尽管不高于科学研究）的观念也隐含在亚里士多德口中的诗歌比历史更具哲学性的陈述里。众多哲学家都积极表达过这样的主张。可是，一旦将不同哲学家的哲学理念联系起来看，就会发现他们要么没有过审美经验，要么对结果先入为主，后来才进行理论阐述。毕竟所谓的知识基本不可能按亚里士多德说的那样，和固定的知识出现在同一时间内，除了亚里士多德，我再举几个突出的哲学案例。叔本华所说的柏拉图式的理念、黑格尔笔下具有理性结构的宇宙，以及克罗齐所说的心灵的状态等，这些名家的哲学境界都是所谓的知识无法实现的。众多互不相容的哲学观点证明，哲学家们迫切希望成型过程中未受艺术影响的、辩证发展的观念能够融入美学经验里，却不愿意让这种经验为自己发声。

尽管如此，还是要解释为什么解开世界的谜、让世界更好地被理解是有意义的。作品自身能够证明知识深刻且紧密地融合进了作品生产的过程中。理论上讲，知识有必要遵守以下描述中出现的内容，一个是经大脑控制，有意义价值；另一个就是在审美创造和审美眼光中与已经有先验的主动融合，有些艺术家的作品明显被那时的科学影响，比如卢克莱修、但丁、弥尔顿、雪莱。列奥纳多与丢勒的绘画中也存在大量的科学成分，尽管这也不会为画画本身带来好处。但是，在想象和情感观点下产生的影响知识的转换，与感觉物质和知识合作产生的新表现下的转换是完全不一样的。华兹华斯公开说："诗歌如气息，是所有知识持续发展的前提，是所有知识精华的体现；在所有科学面前，依旧能充满活力地表现自我。"雪莱说："诗歌……既处在所有知识的中心，也在知识的边缘徘徊；它能解释所有的科学，所有的科学也都会参考诗歌的内容。"

但是，那些诗人会用想象的语言说话。知识的"气息与精华"，无论如何解读字面意义，都不是得出知识这个结论。华兹华斯接下来说的是，诗歌"把感觉带到科学对象里"。雪莱也说："诗歌可以结合数不清的未被理解的思想，让它们变得能够被我们接受，从而使心灵清醒与充实。"在这些话语中，我没发现有任何意图表达了审美经验被定义为一种知识方式的概念。在我心中，无论是艺术品的产出，还是有意识的欣赏，知识都已经改变了；变成了一种融合了非理性因素的、超越知识的、作为经验存在的一个经验。我总是会提出，知识是"工具性的"。批判家们则用奇怪的意义去定义这个观念。但它实际很简单：知识是通过控制直接经验活动而使这种经验更加丰富的工具。我不会像那些我批评的哲学家一样，硬是要把这种解释与华兹华斯和雪莱提出的思想融合杂糅起来。但是，一个思想在能用与上述被批判相反的方式表达出来的话，便自然而然地能够解释两位诗人的思想。

审美经验可以理解混乱的生活场景，但不是指经验作为一种概念形式而存在，通过对思辨与科学的归结而帮助理解事物，而是将事物的意义呈现为一种清晰、连续、强烈或“热情”的经验。我认为，审美的再现与认识理论的问题是它们犯了与虚幻理论相同的错：孤立看待整体经验中的一条线索。这条线索能够存在是因为它能够作为整体的一个部分存在于整体里。这些理论将它这个部分看成整体了。这些理论在有审美经验的人看来是一个中止标志，一种被大脑幻想的存在而造成的中止，又或者代表了一种已忘却的实际经验，以至于能够证明某些哲学家、诗人很明显地被早已存在的、一直信奉的哲学观念影响。

还有第三种一般类型理论的存在，这种理论结合了第一种哲学类型中的脱离阶段和第二种艺术特性的过度理智。第三种类型的起源可追溯到柏拉图。他的理论出发点为基础，但他认为每一个模仿都包含着欺骗的成分，每一个自然或艺术对象中的美，起着将我们的感觉带往与它们所指向的东西之外的作用。柏拉图曾特别真挚地做了一个论述：“……艺术成分，就如同微风吹拂美景，节奏和谐，兴许从童年开始，就让我们学会安然地与通情达理之美共存；一个人如果浸泡在这种思考方式下，他会比别人更欢迎理性时代的到来，会理智地理解时代存在的意义。”根据这一看法，历史对象教导我们抛开艺术，感知纯粹的理性。就像是有一个阶梯，需要我们不断往上，不断地跨越台阶。第一层台阶是感知对象带来的美；这一层阶的美会诱惑我们，让我们停留，这里的美会败坏我们的道德。从这一层，我们要努力，要向上朝心灵美前进，不断地跨越阶梯，走过法律层阶的美，再到制度层阶的美，再到科学层阶的美，然后一直向上爬，直到掌握绝对本能层阶的美的相关知识。不仅要不断向上爬，柏拉图的阶梯是一条单向通道；没有从最高层的美到低层知觉经验的回头路。

那么，变化中的事物的美——所有经验包含的事物都是这样——仅被认作一个潜能，被理解为柏拉图永恒之美的灵魂，但甚至对于美的直觉也不是终点。“只要回想一下那种情景，用心灵之眼注视美，人便能够展示美的形象，甚至实现美的具象。因此，不断培养向上审美的人，一定能够成为上帝之友，具备凡人能够被赋予的最高神性。”在柏拉图时代之后那段被吉尔伯特·默里称为“失去勇气”的时代，普罗提诺推进了这一说法的逻辑含义。比例、对称，以及各部分间的和谐适应，已不同于感性魅力，无法构成自然与艺术对象的美。这些事物的美是由普照在它们之上的永恒的本质或特征所赋予的。万物的创造者，也就是最高的艺术家，通过这些本质或特征“创造生命体”，让它们成为美。普罗提诺的这个生命体不是绝对存在的，而应该将它设想为有限生命的个体。基督教则不会如此顾虑重重，在新柏拉图主义的基督教之中，自然与艺术构成的美能够通过现实世界中可感知的圣灵存在来体现，而这种圣灵总是在自然之上且超越感知。

卡莱尔对上述哲学的反应为“在艺术中，无限和有限被混合在一起；它仿佛能够被看到，仿佛能够实现这种操作。所有真正的艺术品就是这样；从它们身上（前提是我们能够正确区分艺术品和涂鸦乱画），我们能够分辨出时间的永恒性，看到神圣在艺术上的展现”。德国传统的现代唯心主义学家鲍桑葵说得很明确，他认为，艺术精神体现了“生活与神性”的信任，“它是外在世界的投射，也能够启示外在世界。所以，‘理想化’是艺术的特征，与其说它是脱离现实的现象的产物，不如说它能够展现生活和神学的完全真实性”。

当代已经放弃了神学传统的形而上学家们认为，逻辑本质能够独立存在，不需要任何心灵与精神的支持，也不需要它们作为基础。当代哲学家桑塔亚写道：“美的事物能够更好地体现本质的特性，此时，本质是一种精神，而不是惯例加上的一个模糊的名称。在人们可以感受到美的形式中，一种明显的复杂性组成了明显的统一；而强烈的张力与性格则被认为是极端的物质性，在现实中只能感受到情感而非实体。这种神学上的美在物质世界里清晰可见、转瞬即逝、不可捉摸，且无家可归；但是不可否认，它有自我个性，会自我充实。虽然会短暂地消失，但会永恒地存在；作为一种永恒，我们却偶尔才能感受到它的存在。”他还说：“一旦最物质的事物被认为是美的，它就不再具有物质性了，它升华成了个人不能接触到的、融入到了一个新的适合它存在的领域，已成为一种本质。”这个观点的含义也包含了本质，即“有意义才有价值，有物质存在不代表就有价值；意义是指事物能够无限接近最完美的状态，而不是构成物质过程时人投入的精力”。

我觉得，甚至就连审美经验的概念里也应该会体现一种经验性的事实。我可能多次说到一种强烈的审美经验的特质，它非常直接，直接到反而让人们难以说明、愈加神秘了。对这种直接特性的经验，我们能做的理智化方式，便是将它翻译成一种类似梦——形而上学这种术语。无论如何，当这种最终本质的观念与具体的审美经验比较时，两个致命缺陷就暴露了出来。所有的直接经验都是性质的，而性质让生活经验值得珍视。但是，反思研究的是直接性质之后的阶段，重视关系，忽视性质上的安排。哲学范畴内的反思甚至将这种忽视恶化成了厌恶。它被看作真理的遮蔽物，现实的盖纱。背离直接感觉的欲望——所有性质都通过某种感觉中介来体现——因为道德主义对感觉的畏惧之情而被强化了。我们似乎会认为柏拉图说的是一种诱惑，它引导人们分割精神。但人们会容忍欲望的存在，因为它是一种直觉手段，通过它，人们就能够直接探索非物质和非感觉的本质。在组成艺术品的材料里包含无形价值的这一事实面前，我除了说它是无形态的形而上学，与实际的审美经验无关，已无法做出更多的理论评价了。

“本质”这一术语的内涵是混乱的。平常情况下，它表示物质的本质；经过缩短、精简等一系列手段之后剩下的内容就是最后的本质。去掉无足轻重的，保存必不可缺的。这个前提下，所有真正的表现形式都是逐渐“本质化”的一个过程。但在艺术哲理范畴，本质指的是分散后的、伴随着各类经验而模糊了意义的一种构成物质。本质中不可缺少的东西也与一个意图相关。究竟是什么原因让针对意图的考虑存在可有可无和必不可少的区别？各类事物的本质对不同人来说含义也不同，律师、科研人员和诗人眼中的本质都是不同的。一件艺术品能传递出多个本质，有时甚至是让人惊奇的密集程度。本质的可选择与简单化出现的前提是以表现本质性为目的。库尔贝常常表达渗透在风景中的流动本质；克劳德则表达地方特色与田园景色中的本质；康斯泰布尔表达的是简朴的英国乡村景色中的本质；郁特里罗表达的则是巴黎街道建筑物的本质。戏剧家与小说家塑造人物的过程，其实就是从所有偶然的人物形象中，抽取形象本质的过程。

既然一件艺术品是经过提升与强化后的经验的主体物质，对审美本质起决定作用的意图就恰巧成了组成经验的构成物质。经验的构成物质不是在形而上学范畴内的物质，而是包含了新经验的物质。不仅如此，当下我们形成的对人与物的本质特征的感觉在很大程度上是受艺术影响后的结果，而这里所探究的理论认为，依托于本质且能够代表本质的艺术是已经存在了的，这其实是一个颠倒实际的过程。假设我们现在能够知道本质的意义，是因为不同领域里的艺术家们将本质抽了出来，然后再通过题材去生动地表现这些本质。柏拉图提出的形式与理念是现在事物的模式与样式的思想实际上源于希腊艺术，因此，他对待艺术家的态度是不重视知识的一个明显例证。

“直觉”是思想范畴里最具侵略性的一个术语。在上述理论中，直觉合理的研究对象可以是本质。克罗齐将直觉与表现的观念结合在一起。这两者的相互等同，以及将这两者等同为艺术都给读者带来了困扰。然而，从克罗齐学习的哲学理念出发，这种误解是可以被理解的。并且，当这位理论家将哲学偏见与停滞的审美经验重合时，反而为产生的结果提供了一个出色的例证。克罗齐是那种只相信心灵是最真实的哲学家，“对象在被发现之前是不存在的，必然无法与感知者的精神分开”。在普通的感知行为中，对象是与心灵区分的外在存在物。因此，意识到艺术对象与自然之美不是对感知的阐述，因为感知对象本来就是内心的活动。“一件艺术品呈现给我们的是创作者的一个完整想象，相当于内心装上了衣服，让人们看得到”。“直觉因为是自我情感的真实表现，而成了自我”。因此，创造一件艺术品的心灵状态表现的就是心灵状态本身的表现，表现的就是心灵的直觉。我在这里说明这个理论，不是出于反驳，而是想让大家注意到，哲学可以被带到一种非常极端的状态，可以把预想的理论强加在审美经验之上，形成一种武断且扭曲的哲学观点。

从很多资料中，我们发现叔本华跟克罗齐一样，对艺术品非常敏感，而且他对艺术的敏感只会更强。虽然，叔本华对于审美知觉的思考、对艺术反思的挑战并没有形成一套被认可的哲学理论，但他的哲学理论仍值得好好研究。在他研究时，康德已经提出了感觉与现象、理性与现象之间的明确区分，提出了自己研究的哲学问题，并且整个问题的解决也深远地影响了后世。叔本华的艺术理论中有他对问题的敏锐见解，但也只是对康德解释的知识与现实、现象与现实之间关系的一种辩证发展而已。

康德认定，道德意志为实现最终现实的唯一路径，且这种道德意志是由超越场景和经验的责任感主导的。在叔本华看来，他将意志命名成带有积极含义的“意志”，不仅是自然的源头，也还是道德生活中所有现实的创造新来源。而意志代表了不安分、难满足的个人精神对现状的抗争，注定会遭遇挫折。要想安分和满足，只能是脱离意志，脱离与意志相关的一切。康德已经通过沉思给审美经验下了定义。叔本华宣称，沉思是脱离的唯一方式，并且在沉思艺术品时，我们会思考意志的客观化，这是一个能够让我们从被意志控制下挣脱开的途径，且这在所有经验形式中都是成立的。意志的客观化是普遍性的；它们与柏拉图理论中的永恒形式与图式类似。因此，在纯粹地沉思那些形式和图式的过程中，我们的自我逐渐消失了，获得了一种“意志感渐弱的幸福”。

叔本华自己对其理论的发展就能够批评他的理论。他认为魅力不属于艺术，因为魅力等同于吸引，但是吸引意味着实现欲望的手段。这样一来，原本是积极意义的欲望就被一种带厌恶情感的消极方式表达了出来。更重要的是叔本华设置的固定等级。因为欲望通过人，能比通过自然实现更高程度上的客观化，所以自然的美比不上艺术的美。而且这种等级秩序还存在于自然和艺术两者内部。我们在沉思草、树、花时获得的感悟，要少于沉思动物的生命发展时获得的感悟；因为欲望在人类身上的表现完全脱离了被动状态，所以人类的美位于整个等级系统的最高点。

在艺术作品中，建筑的等级最低，这也是根据其所在体系推导出来的。建筑的实现仅需最低等级的人类意志力，主要依靠牢固的建筑材料所需的凝聚力与物理重力。因此，建筑物是缺乏美的。而且，人类为建筑物买的装饰品也要从整个审美效果中排除出去，因为装饰品是人类欲望的体现。雕塑的美则比建筑物高，因为虽然雕塑也主要依赖物质的凝聚力和物理外力，但人的雕刻技巧赋予了雕塑丰富的美学含义。绘画依赖于所展现形象的形状和轮廓，因此更接近形而上学的标准美学。在文学，特别是诗歌中，人类的思想、想象和意志最接近纯粹的本质，所以是意志结果产出的杰作。

音乐是最高级的艺术。音乐不仅证明了人类意志能被客观实际表现出来，而且还能够探究人类意志具象化的过程。另外，“音阶间的差距与意志客观化的层级相似，可划分自然界中物种的排列”。低音符代表活动中需要较低的能量，稍高音符代表生命体在活动中付出了较多的能量，旋律则意味着人类对智能的开发，而智能是最高阶能量具象化后的客观表现。

从提供信息的角度来看，我所做的概述是远远不够的；而且正如我已说过的，叔本华那些不经意间说过的话不偏颇，具启发性。但是，从他身上体现出的是一位哲学家并没有把自己的反思建立在一个艺术品的实际经验上，没有跟随艺术的发展而发展，只用起初的观点概括最终成型的艺术品，尽管在这整个过程中他也反映了许多人欣赏的证据。我写本章的目的，不是批评各种艺术哲学，只是想抽象出艺术对哲学的普遍意义。即，哲学也像艺术，存在于心灵和想象媒介里。而且，艺术得出的是各种经验的经验；所以，研究艺术的方式，哲学也可以大胆、冒险地尝试。

将艺术视为经验时，实际和可能或理想、新与旧、物质材料与主体活动、特殊与普遍、表层与深层、感觉与意义都融入了经验里。进入到整体经验中的这些因素已经改变了它们的内在意义，和单独存在时的意义不再相同。歌德说："自然既没有核，也没有壳。"这句话成立的前提是在审美经验的范畴里。视艺术为经验时，自然不是主观存在，也不是客观存在；既没有特殊性，也不具普遍性；既不是感性的，也不是理性的。因此，艺术即经验的意义与哲学思想的发展演化不同。

第十三章

批评与感知

无论从理论上，还是词源上来看，批评都是一种判断。因此，关于批评性质的理论的首要条件是理解判断。无论是对物理性质，还是就政治或传记所做的判断，感知均为其提供了素材。唯一能对随后的判断产生重要影响的因素就是感知的题材。野蛮人与牛顿或爱因斯坦之所以会就同样的自然事件做出截然不同的判断，关键就在于他们能否控制感知的题材，确保为判断提供恰当的材料。由于美学批评的质料是对审美对象的感知，自然批评和艺术批评的水平总是由亲身感知的性质所决定。无论进行了多么广泛而大量的学习，或是掌握了多么正确的抽象理论，都无法弥补感知上的迟钝；也无法阻止人们将判断排除在审美感知之外，或至少阻止其随附于第一眼定性且未经分析的总体印象。

因此，从理论上来说，应当可以立即根据直接的审美体验做出相应的判断，判断的线索一方面来自感知中艺术作品的成形质料，另一方面来自根据其自身结构的性质所做的判断。然而，事实上，我们首先应该做的事情是摒弃杂念。在判断的性质这一问题上所存在的不可调和的差异在各种批评理论中得到了体现，而艺术领域中的不同趋向也带来了各种相悖的理论，其发展与主张皆是为了在证明某项运动正确性的同时谴责另一项运动。我们的确有理由认为，在与艺术领域某些特殊运动相关的争论中，通常都能找到审美理论最重要的问题，比如建筑中的“功能主义”、文学中的“纯”诗或自由诗、戏剧中的“表现主义”、小说中的“意识流”“无产阶级艺术”以及艺术家与经济环境和革命活动之间的关系等。也许这些争论带着怒气与偏见。但是，它们更有可能着眼于具体的艺术作品，而非研究审美理论的抽象专著。然而，外部的派别运动所形成的观念与目标使批评理论变得更加复杂化。

我们不能从一开始就想当然地假设，判断是为了获得更充分的感知而针对直接感知的问题做出的理智行为。因为，判断也带着墨守法规的意味与含义，正如莎士比亚所说的那样，“批评家，不，是守夜人”。根据法律实践所提供的含义，法官或批评家是宣布权威判决的人。我们经常能够听到批评家与历史对艺术作品做出的判决。批评似乎被视作一种基于优缺点来宣布无罪或有罪的过程，而不是从实质和形式上就对象的内容做出的解释。

司法意义上的法官拥有社会权威。他的判决可以决定一个人或一项事业的命运；有时，他也可以决定未来行动方针的合法性。人们渴望获得权威（并且受人敬仰），这种渴望赋予了人类生机与活力。我们在生命的大部分时光中都在适应赞扬和责备、辩解与否认的论调。因此，理论界出现了一种赋予批评“批判性”的倾向，这也是实践中的普遍趋势。如果你阅读了大量该流派的公开评论就必然能够发现，大部分评论都源于心理补偿机制——人们因此嘲笑批评家，认为他们都是创作失败的人。批判性批评大多源自潜意识中的自疑，以及随之而来的希望获得权威保护的诉求。记忆中颇具影响力的规则以及用先例和声望代替直接体验的做法，都会阻碍和切断感知。对权威地位的渴望使得批评家说起话来就像是拥有毋庸置疑的权威的既定原则的代理人。

不幸的是，这些活动已经污染了批评这一概念。判断最终是要解决问题的，更多的是与顽固不化的人类本性一致，而不仅作为一种发展过程反映人们真切意识到的感知。获得充足的原初体验并不容易，这是对于天生感受力以及因广泛接触而逐渐成熟的经验的考验。作为一种受控的探究行为，判断需要丰富的背景与受过训练的洞察力。“告诉”人们应该相信什么要比辨别与统一容易得多。那些习惯听从别人的意见，而非进行深度探究的观众喜欢直接接受他人提供的信息。

只有以适用于所有案件的一般规则为基础，才能做出批判性判决。具体而言，批判性判决的特例所造成的伤害，远不如发展这一概念所带来的最终结果严重，而且人们还可以根据先前的权威标准和先例做出判断。18 世纪所谓的古典主义声称，先人为我们提供了可以从中推导出规则的范例。这一信念的影响从文学延伸到了其他艺术分支。雷诺兹推荐艺术专业的学生遵循翁布里亚与罗马画家的艺术形式，警告他们不要向其他人学习，并且认为丁托列托的作品“狂野、反复无常、放肆且荒诞”。

在历史范例的重要性这一问题上，马修·阿诺德的看法较为温和。他说，发现“真正优秀并*因此对我们最为有益*的诗歌”的最佳方式，“是牢记大师所写的诗句与所用的措辞，将其作为检验其他诗歌的试金石”。他否认自己将其他诗歌贬为了模仿之作，但是他认为，大师的诗句是“检测诗句是否具有诗意的万无一失的试金石”。除了我冒昧地以斜体标记的语句中含的道德因素之外，如果采纳了这种“万无一失的”测试思想，它必然会限制感知中的直接反应，引入自我意识与对外部因素的依赖，这些都会对至关重要的鉴赏造成有害的影响。此外，这里还涉及这样一个问题，即就其本身而言，过去的杰作是否因为个人反应或传统与习俗的权威而为人所接受。实际上，马修·阿诺德是在假设，人们最终需要依赖可以进行公正感知的个人能力。

批判性批评学派的代表似乎无法确定大师之所以被称作大师，究竟是因为他们遵守了某些规则，还是因为现在人们所遵守的规则源自他们的实践。总的来说，我认为可以大胆假设，之前人们对大师作品更为直接的赞赏以及最终演化出的逢迎态度在经过弱化与缓和之后，就变成了现在对规则的依赖。然而，无论是自行设定，还是源于杰作，标准、规定和规则都具有普遍性，而艺术的对象则具有个体性。由于前者没有时间轨迹，人们便天真地称之为永恒。它们既不属于此处，也不属于彼处。

它们适用于一切事物，因此并不适用于任何特定的对象。为了获得具体性，在提到它们的时候必须以“大师”的作品为例证。因此，这些规则实际上在鼓励人们模仿。大师自己往往也经历过学徒期，但是在日渐成熟的过程中，他们将学到的东西融入了自己的个人经历、视野和风格之中。他们之所以能够成为大师，正是因为他们既不照搬范例，也不遵循规则，而是能够驾驭两者，从而扩大自己的个人体验。托尔斯泰曾以艺术家的身份说道，“没有什么会像批评所树立的权威那样扭曲艺术。”一旦某位艺术家被视作大师，“人们便认为他的所有作品都令人钦佩，值得模仿……每一件受到赞美的虚假作品都是向艺术的伪君子敞开了大门”。

批判性批评家号称自己尊重过去，如果他们没能从这些过去中学会谦逊，那一定不是因为他们缺乏学习的素材。在很大程度上，他们的历史写满了惊人的错误。1933 年夏在巴黎举办的雷诺阿纪念画展就为我们提供了发掘 50 年前的官方批评家所做的某些评判的机会。从这些画作会引发晕船般的恶心感、它们是病态思想的产物（这种说法颇受欢迎），它们将最强烈的色彩胡乱堆砌在一起，到它们“否定了绘画所允许的 [独特的词]，否认了明暗、透明度与阴影、澄明度与设计等一切”，这些批评家做出了五花八门的评论。直到 1897 年，一批学院派（始终赞同批判性批评）就卢森堡博物馆接收雷诺阿、塞尚和莫奈的画作一事表示抗议。其中一人声称，博物馆居然会接收一群疯子的作品，面对这样的丑闻，该机构不可能保持沉默，因为它是传统的守护者——批判性批评的又一典型观点。*

然而，法国式批评往往带着一种轻松感。如果想要了解真正气势十足的声明，也许可以看看一位美国批评家就1913年举办的纽约军械库展览所做的公开评论。这份以“无能的塞尚”为题的评论将其评价为“一位二流的印象派画家，偶尔能在运气不错的时候创作出一幅还算不错的画作”。凡·高“粗糙”的绘画风格得到了这样的评价：“还算有点水平的印象派画家，笨手笨脚，不懂什么是美。他用粗糙、琐碎的图画糟蹋了许多画布。”马蒂斯则被说成是“完全不尊重技法，不在意绘画载体的感受；仅仅满足于用粗糙的线条和色调在画布上乱涂乱抹。他的作品否定真正的艺术所蕴含的一切，这是自以为是的表现……它们不是艺术作品，而是无力的鲁莽”。提及“真正的艺术”是批判性批评的特征，但是再也找不到比上述评论更不明智的例子了，它完全颠倒了几位艺术家的重要特征：凡·高极具爆发力，而不是笨手笨脚；马蒂斯的画技极其精湛，他的画作天生具有装饰性，一点也不粗糙；而用“二流”这两个字来形容塞尚的做法更是不言而喻了。然而，这位批评家此时早已认可了马奈和莫奈的印象派画作——那是1913年，而不是20年前。这种精神的传承人无疑又会将塞尚和马蒂斯作为谴责未来绘画艺术运动的标准。

上述引证的“批评”出现之前，就已经有一些其他评论反

---

* 现在这批藏品大部分都在罗浮宫——这是对官方批评家能力的充分评注。

映出了批判性批评时常涉及的谬误的本质，即将独特的技法与审美形式混为一谈。上例中的批评家引用了一位参观者所发表的评论，而此人根本不是专业的批评家。后者说："我从未遇见过一群人撇开技法、明暗调、色调、素描、透视以及对蓝色与白色的研究等内容，大谈意义和生活的情况。"那位批判性批评家随后补充道："感谢他为我们提供了关于这种谬误的具体证据。这种谬误更有可能误导轻信的观察者，使其完全陷入迷惑之中。忽略技法却带着对'意义'和'生活'的关注去参观这个展览，不仅是在以未经证明的假定进行狡辩，而且也完全放弃了这个问题。艺术并没有'意义'和'生命'这两项要素，除非这位艺术家已经掌握了能够将其创造出来的艺术技法过程，不论他在这方面是否具有天赋。"

对于评论的作者试图将技法问题排除在外的暗示极不公正，这种不公正性是所谓的批判性批评的典型特征，它之所以值得注意，仅仅是因为它表明，只有在技法与某种过程的范例之间画上等号，批评家才能够彻底想到技法。这一事实意义重大。它指出了批判性批评失败的根源（即便最优秀的批评也是如此）：它无力应对新的生活方式以及需要新的表达方式的体验。所有后印象派画家（塞尚例外）的早期作品均表明，他们已经掌握了前一辈大师的绘画技法。库尔贝、德拉克洛瓦，甚至是安格尔的影响在他们的作品中随处可见。然而，这些技法只适合表现旧题材。这些画家成熟之后就会形成新的视角；他们会以老一辈画家未曾发现的方式看待世界。他们的新主题需要一种新的形式。而且，由于技法与形式之间的相对性，他们不得不尝试开发新的技法过程。在物质与精神上均发生了变化的环境需要新的表现形式。

我在此重申，我们已经揭露了哪怕是最优秀的批判性批评的固有缺陷。在所有的艺术领域中，一场重要的新运动的真正意义就在于，它表达了人类体验中某种新的东西，人类与其周围环境之间某种新的互动模式，并因此释放出先前受到限制或处于惰性状态的力量。所以，人们无法判断运动的表现情况，只能在其形式与某种熟悉的技法相同时对其做出错误的判断。除非批评家一开始就能敏锐地意识到，“意义与生活”这两种质料需要拥有自己的形式，否则他在面对具有独特的新特征的体验时就会感到无能为力。所有专业人士都会受到习惯和惰性的影响，只有刻意对生活本身抱有开放的心态，才能保护自己不受影响。那位批判性批评家将其职业中存在的风险变成了原则与规范。

* * *

许多自称批判性批评的评论既愚蠢又荒谬，因此引发了陷入另一种极端的反应。这种主张以“印象派”批评的形式出现。事实上，它否定了批评是判断的可能性（虽然未曾明确将这一观点付诸文字），同时断言，应用描述艺术对象所唤起的感觉上与意象上的反应的陈述来取代判断。理论上（尽管实践未必总是如此），从现成规则与先例的标准化“客观性”，到缺乏客观控制的主观性混乱，该流派的批评会对这些现象做出反应，并且会在遵从逻辑的情况下，导致互不相关的事物——有时它们之间存在关联——混杂在一起。儒勒·勒迈特曾就印象派的观点做出过一个近乎典范的陈述。他说："不论如何标榜，批评都绝不能跨越界定印象的这条界限，这种印象是一件艺术作品在某个特定时刻留给我们的，而艺术家自己则在这件作品中记录了他在某个特定时刻从世界获得的印象。"

这句话包含着一个暗示，如果将其公开，就会远远超出印象派理论的意图。界定一个印象不仅仅意味着将它说出来。印象是事物和事件对我们产生的定性且未经分析的总体影响，是所有判断的前提与开端。新思想的诞生就是一种印象（也许在进行了广泛的探究之后，这一思想最终会成为一个复杂的判断），即使对于科学家或哲学家而言，亦是如此。然而，要界定一个印象就必须对其进行分析，而只有超越印象并引用它所依据的理由和它所导致的结果，才有可能对其进行分析。而这一过程就是判断。即使印象的传达者将其对此所做的阐述、划分与界定局限在了其个人气质与历史范围之内，向读者袒露了心迹，他仍然超越了单纯的印象，提到了某些客观的东西。因此，他为读者提供了形成"印象"的基础，就他自己而言，这种印象比仅仅建立在"我似乎觉得"这类基础之上的印象更加客观。有经验的读者就可以根据提供印象的人的偏好与体验来辨别不同人产生的不同印象。

提及客观依据的陈述往往始于个人历史，但是绝对不会止步于此。对于能够界定自己印象的人而言，他的一生并未记录在他自己的身体和思想里，而是由其与外部世界的互动所写就的，在某些方面与某些阶段，他与他人共享这个世界。如果这位批评家够聪明，就会通过思考导致该印象出现在其个人历史中某一时刻的客观原因对其做出判断。除非他这样做了，至少暗中这样做了，否则具有鉴赏力的读者就必须替他完成这项任务——除非他盲目地沉醉在印象本身的“权威”之中。在后一种情况下，印象之间就不存在什么区别；有教养者的洞察力与不成熟的狂热人士的冲动就处在了同一水平上。

引自勒迈特的这句话还有另一层重要含义。它提出了一种客观的比例：题材之于艺术家，就如艺术作品之于批评家一样。如果艺术家十分迟钝，如果他无法赋予某些即时印象从先前丰富的体验中所获得的意义，那么他的作品就会很贫乏，其形式也会显得机械。对批评家而言也是如此。在提到艺术家的印象出现在“某时”而批评家的印象产生于“某刻”时，其实是在做出一种非法的暗示，即由于印象存在于特定的时刻，只有在那段短暂的时间里，它才有意义。这是印象派批评的一种基本谬误。每一次体验，甚至是那些在经历了长期探索与反思之后已经得出结论的体验，都存在于“特定的时刻”。从这一事实推断出它的意义与有效性十分短暂，就是在把所有体验都简化为一个由无意义的事件所构成的不断变化的万花筒。

此外，将批评家对艺术作品的态度与艺术家对其主题的态度进行比较的做法对印象派理论而言是致命的。因为，艺术家心中的印象的组成要素并非印象，而是通过想象力呈现的客观质料。主题被赋予了在与共同世界交流的过程中所产生的意义。艺术家在以最自由的方式表现自身反应的同时，也处于客观强制的重压之下。除了印象主义的标签之外，许多批评的问题在于批评家对待其所批评的作品的态度与艺术家对待“他从世界获得的印象”的态度截然不同。较之于艺术家，批评家更容易做出不着边际且无端的权威论断。与批评家比起来，艺术家如果无法令主题在视觉与听觉上抓住观众的心，他们的失败就更加明显。批评家倾向于生活在一个与众不同的世界里。无论如何，这种巨大的倾向不受任何特殊理论的约束。

要不是批判性批评家犯了大错，要不是这些错误源自其所持的理论，就不可能唤醒印象派理论的回应。由于前者建立了有关客观价值和客观标准的错误观念，印象派批评家很容易就能全盘否认客观价值的存在。前者实际所采用的关于标准的概念具有外在性质，而且在使用针对实际目标的标准的过程中发展起来并得到法律界定，而后者则假定不存在任何种类的标准。确切地说，“标准”的意思是明确的。它是量化的度量标准。码为长度标准，加仑为液体容量标准，两者都实现了法律定义所能达到的最高精确程度。例如，在英国，1825 年的一项议会法案确定了液体的度量标准：在气压计指示 30 英寸、华氏温度计指示 62 度的条件下，在空气中称重所得到的一个装有 10 磅蒸馏水的容器。

标准具有三个特征。它是存在于特定物理条件下的特殊的物理对象；它不是一个值。码是一把码尺，而米则是存放在巴黎的一根棍子。其次，标准是确定实物长度、重量和体积的度量。被度量的东西不是价值，尽管能够对它们进行度量这一点具有巨大的社会价值，因为实物在大小、体积、重量等方面的属性对商业交易而言十分重要。最后，作为度量标准，标准根据量来定义事物。对量进行度量的能力对做出进一步判断大有帮助，但它本身并不是一种判断模式。标准是一种外在且公共的东西，得到了人们的实际应用。需要将码尺放在其所度量的物体上才能确定它们的长度。

因此，当"标准"一词被用于艺术作品的判断时，只会产生混乱，除非人们注意到如今赋予标准的意义与其作为度量标准的含义存在根本的区别。批评家实际上是在判断，而非测量物理事实。他关心的是某种个性化的东西，而不是像所有的度量那样，关注它的比较性。他的主题是定性而不是定量的。不需要实际应用在任何外在且公共的东西上，根据法律定义，这些东西在所有交易中必须保持一致。如果孩子会使用码尺，他就能像最有经验、最成熟的人一样用其进行测量，因为度量不是判断，而是旨在确定交易价值或实施进一步的物理操作——就像木匠测量其即将使用的木板那样。对一个想法的价值或一件艺术品的价值所做的判断就不一样了。

由于批评家未能认识到标准一词的含义在度量与判断或批评领域之间的区别，格鲁丁认为，对于深信艺术作品存在固定标准的批评家而言，"他会尽可能地寻找词语和概念来支持自己的主张；而且不得不依赖于他在各领域所找到的零碎信息中所读到的含义，并将其汇集在一起，临时充当批评的信条”。而且，他以不太严肃的口吻补充道，这是文学批评的惯常做法。

然而，这并不代表由于缺少公开确定的统一的外部对象，对艺术做出客观的批评就是不可能的。它指的是，批评是判断；与所有判断一样，它会涉及风险，涉及假设的成分；它所关注的是在其他情况下这些未必能够算作是特性的对象的特性；它与个别的对象有关，而不是通过预先制定的外部规则对不同事物进行比较。由于风险这一因素的存在，批评家会在批评中暴露自己。一旦他离开了判断的对象，就会意外进入另一个领域，将不同的价值混作一谈。在美术中进行比较的行为最令人厌恶。

欣赏被说成与价值有关，而目前批评则被认为是一个估价的过程。当然，这种观念并非完全错误。但是根据目前的解读，这其中充斥着大量模棱两可的表述。毕竟，人们关心的是一首诗、一部舞台剧、一幅画的价值。人们意识到它们是定性关系中的性质。当时，人们并没有把它们归为价值。人们可能会说一出戏十分精彩或是“烂透了”。要是如此直接的描述也可以算作评价，那么批评就不是评价。批评不同于脱口而出的感受。批评需要搜寻也许可以证明批评者直接反应的对象的性质。然而，如果这种搜寻真诚、可靠，那么它在搜寻时所关注的内容就不是价值，而是所考虑的对象的客观属性——就一幅画而言，涉及它的色彩、明暗、位置、体积之间的关系。这是一项调查。最终，批评家可能会，也可能不会就对象的总体“价值”明确表态。如果他表明了自己的态度，那么他的声明将比之前更为明智，因为他的感知鉴赏能力得到了更多的指导。但是，如果谨慎的话，他就会以总结客观调查结果的方式来概括自己就对象做出的判断。他会意识到，他在不同程度上做出的“好”与“坏”的判断指的是某种好的或是坏的性质，而这本身将由其他人在他们与对象的直接感性交流中得到验证。他的批评就像是一份社会文件，接触到相同的客观材料的其他人可以对该评论进行核查。因此，如果批评家够聪明，那么即使是在宣布对象好或坏，价值高或低的时候，就会更多地强调支持其判断的客观特征，而不是价值上的优劣。这样，他的调查也许就有助于其他人的直接体验，就像对一个国家的考察对在该国旅行的人有益一样，而关于价值的论断会限制个人体验。

如果不存在衡量艺术作品的标准，批评的标准也就不复存在（就其度量标准的意义而言），尽管如此，判断确实存在标准，因此批评不仅仅属于印象主义的范畴。对形式与质料的关系、艺术中媒介的意义以及表现对象的性质的讨论，是作者为探索这些标准所做的一种努力。然而，这些标准不是规则或规定。它是为了找到“艺术作品作为一种体验（即构成它的那种体验）究竟是什么”这个问题的答案，人们付出的努力所收获的结果。只要该结论有效，它们作为个人体验的手段就是有用的，而不是作为命令所有人应该采取何种态度的指令。说明艺术作品作为一种体验究竟是什么，可能会使特定艺术作品的特定体验更切合所体验的对象，更了解其自身的内容和意图。所有标准都能做到这一点；假如，并且只要结论无效，就应该通过对整体而言，艺术作品作为人类体验模式的性质进行优化后的检验来设定一个更好的标准。

批评就是判断。判断离不开材料，这些材料就是作品与对象，然而，这一对象通过与批评家自身的感受力、知识以及过去的体验之间的相互作用进入了批评家的个人体验之中。因此，就其内容而言，判断会随着引起判断的具体材料的变化而变化，而且中肯、有效的判断必须得到这些材料的支持。然而，由于需要实现一定的功能，判断具有一种共同的形式。这些功能是辨析和统一。判断必须能够唤起对组成部分的更清晰的认识，并能发现这些部分是如何连贯地结成一个整体的。理论将这些功能称作分析与综合。

两者密不可分，因为分析揭示的部分是整体中的一部分；是属于整体情景或整个讨论范围中的细节与具体表现。这种操作与严厉批评或解剖相反，即使为了做出判断需要进行后一种操作时也是如此。对于像确定整体中的重要部分及其各自在整体中所占的位置和分量这类需要谨慎处理的行为表现而言，根本无法为其制定任何规则。这也许就是为什么研究文学的学术论文往往只会罗列细节，而所谓的绘画批评则会由专家对笔迹进行分析的原因。

分析判断是对批评家思维的一种测试，因为思维是负责辨析的器官，它可以组织从过去与对象的交流中所获得的意义感知。因此，批评家的屏障是一种强烈的有见识的兴趣。我之所以使用了“强烈”这个词，是因为如果缺乏与对某些主题的强烈爱好相关联的天生的感知力，学识再广的批评家也会变得十分冷漠，无法走进艺术作品的内心。他只能停留在表象。然而，如果感情中缺少了丰富而充实的体验所带来的洞察力，判断就将是片面的，或者无法超越感情用事的水平。学习必须成为能替兴趣供暖的燃料。对艺术领域的批评家来说，这种有见识的兴趣意味着熟悉这门独特艺术的传统；这种熟悉不仅仅是了解与它们有关的知识，因为它来自个人与构成传统的对象之间的亲密接触。从这个意义上来说，对杰作以及仅次于杰作的作品的了解程度是感知力的“试金石”，尽管它不是评判的唯一标准。因为只有将杰作放入它们所属的传统中时，才能对其进行批判性的欣赏。

没有哪个艺术领域只存在单一的传统。不了解各种传统的批评家必然存在局限性，他的批评将是片面，甚至是扭曲的。前文引用的对后印象主义绘画的批评来自那些自诩为专家的人，因为他们仅仅接受了一种传统的启蒙。在造型艺术中，黑人、波斯人、埃及人、中国人和日本人的传统与佛罗伦萨以及威尼斯的传统并存——这里只列举几个突出的例子。正是由于缺乏对各种传统的感知，始终在左右摇摆的艺术方式成了不同时期对艺术作品的态度的标志——例如，对于拉斐尔与罗马学派的过高估计是以牺牲一度十分流行的丁托列托与埃尔·格列柯为代价的。许多只坚持“古典主义”和“浪漫主义”的批评家之间无休止且毫无结果的争论都有相似的起源。艺术领域有许多艺术家已经建好了的大厦。

通过了解各种形态，批评家开始意识到艺术可以使用各种材料（因为已经有人使用它们了）。他可以避免因为作品中存在他不熟悉的质料，仓促对这件或那件作品做出在审美上错误的判断，当他遇到一件没有先例可以参考的作品时，他会保持谨慎，避免立刻对其做出谴责。由于形式总是与物质密不可分，如果他自己的体验真正具有审美性，他也能欣赏现存的大量特殊形式，谨防将形式等同于他开始逐渐喜欢的某些技法。简而言之，他不仅可以拓宽自己的背景，而且还能彻底了解一种更为基本的质料，不同体验模式的主题走向实现的条件。这一运动构成了所有艺术作品的客观性与公众可理解的内容。

了解各种传统与辨析本身并不对立。虽然我大多在谴责批判性批评，但是如果将赞美放错了地方，很容易就会被人当作惊人的错误加以引用。由于对许多传统缺乏心怀赞同的了解，批评家更愿意欣赏技法娴熟的学院派的艺术作品。17 世纪的意大利绘画仅仅因为将在早期意大利艺术中受到限制的技法推到极致就获得了过高的赞誉。广泛了解各种传统是实现严格且严厉的辨析的条件。只有通过此类知识，批评家才能发现艺术家的意图以及他是否充分实现了这一意图。批评史中充斥着对粗心与任性的指责，如果对传统有着足够的了解，这种指责就永远不会出现。正如在这段历史中，那些除了以熟练的技法处理材料之外毫无长处可言的作品也同样收获了赞美之词。

在大多数情况下，只有了解艺术家的发展历程（这一点可以通过他的一系列作品体现出来），批评家才能做出辨析。只有在极少数情况下，才能够根据一位艺术家的单次活动的样本做出批评。批评家之所以无法这样做，不仅是因为智者千虑必有一失，也是因为理解艺术家发展的逻辑对于辨析他在任何一件作品中所要表现的意图而言是必不可少的。这种理解可以拓宽和改善批评家的背景，离开了这些背景的判断是盲目和武断的。塞尚关于传统范例与艺术家之间关系的表述也适用于批评家。“对威尼斯画家，尤其是丁托列托的研究，使人们开始不断寻找一种表现手法，它必将引导人们从自然之中体验其自身的表达方式……罗浮宫是一本很好的参考书，但它也只是一个中间物。多变的自然风景才真正需要我们不断研究……罗浮宫可以教会我们应该如何阅读。但是我们不应满足于停留在杰出的前辈们留下的公式上。将它们放到一边，研究美丽的自然，根据个人气质寻找表现它的方式。时间与思考会慢慢改变你的视角，最终你能够理解这一切”。更改那些需要做出改变的术语，批评家所使用的方法就能凸现出来。

批评家和艺术家都有自己的偏好。自然与生活既有坚硬的一面，也有柔软的一面；既有艰苦，甚至暗淡的时刻，也有散发着迷人魅力的时刻；既有令人兴奋的部分，也有使人平静的部分；如此等等，无穷无尽。大多数艺术“流派”都呈现出了这样或那样的趋势。

然后，某些具有独创性的视觉模式捕捉到了这种倾向，并将其发挥到极致。例如，“抽象”与“具体”（即更为熟悉）之间就存在对比。一些艺术家致力于极度简化，认为内在复杂性过度发展之后会分散注意力；另一些人则认为他们的问题是内部规范倍增到了与组织相一致的极限点。* 同样，坦率、开放的方法与以象征主义的名称处理模糊质料的间接、暗示的方法之间也存在区别。一些艺术家偏爱托马斯·曼恩所谓的黑暗与死亡，而另一些人则喜爱光明与空气。

不用说，每个方向都存在困难与危险，越接近自身极限，困难与危险就越多。象征性也许会在晦涩难懂与陈腐的直接方法中迷失。“具体”与“抽象”的方法各自在单纯的示例与科学的训练里终结。但是，一旦形式和物质达到平衡，两者便都是合理的。危险之处就在于，在个人偏好或是更为常见的党派因循性的引导下，批评家就会将某种步骤作为自己的判断准则，将所有背离它的行为都视作对艺术本身的背离。随后他会错失所有艺术的关键，即形式与质料的统一，原因就在于由于自身与习得的片面性，他对生物与世界之间的丰富多样的互动缺乏足够的理解与赞同。

判断之中存在着一个既统一又辨析的阶段——从技术上讲，这一阶段被称作综合，以区别于分析。与分析阶段相比，这一统一的阶段更能体现批评者个人的创造性反应。这就是洞察力。我们无法为其表现制定任何规则。正是在这一点上，批评自身成了一门艺术——或是根据现成的蓝图所制定的规则运作的机

---

* 尽管关于动物艺术的两个例证主要用来表示艺术中“本质”的性质，但是它们也对这两种方法做出了说明。

制。分析和辨析必须带来统一。作为判断的一种表现，它必须就细节和部分在完整体验中所占的分量与起到的作用对两者进行辨析。如果观点无法统一，基于艺术作品客观形式的批评最终只能罗列细节。这位批评家会像鲁滨逊那样坐下来，将自己的幸福和烦恼列成一张清单。批评家指出了一堆堆的瑕疵和优点，最后达到一个平衡。既然对象是一个完整的整体，如果它又是一件艺术作品，这种方法就会显得既无聊又不着边际。

批评家必须发现贯穿所有细节的某种统一的线索或模式，但这并不意味着他自己必须创作出一个完整的整体。有时，优秀的批评家会用自己的作品代替他们需要评论的作品。其结果也许是艺术，但绝不是批评。批评家所追寻的统一必须作为艺术作品的特征存在于作品之中。这种说法并不意味着一件艺术作品中只有一种统一的思想或形式。讨论的对象越丰富，此类思想或形式就越多。这里想要表达的意思是，批评家应该抓住实际存在的某种张力或线索，将其清晰地展现出来，以便使读者能在自身的体验中获得新的线索与指导。

一幅画可以通过光线、平面、色彩在结构上的关系实现统一，一首诗则可以通过占支配地位的抒情性或戏剧性达到统一。同一件艺术作品在不同观察者的眼中会呈现出不同的设计与特征——正如雕塑家可能会从一块石头中看到不同的人物一样。就批评家而言，不同的统一模式具有同样的合法性——只要它能够满足两个条件。其中之一就是作品真正呈现了兴趣所选择的主题与构思，另一个则是这一最高条件的具体表现：主导论题在作品的各个部分始终保持一致。

例如，歌德对哈姆雷特性格特征的评价就是“综合”批评的一个著名范例。他对哈姆雷特基本性格的理解使许多读者看到了原本可能不会引起他们注意的东西。这就形成了一条线索，或者更确切地说是一股凝聚力。然而，他的解读并不是吸引人们关注剧中元素的唯一方式。看过埃德温·布斯所饰演的哈姆雷特的观众也许都会认为，理解哈姆雷特的关键是他在盖登思邓没能吹响牧笛之后对他说的一段话。“怎么啦，你看，你是如何的小觑了我！你想玩弄我，仿佛你早已熟悉了我的指孔；你想挖掘我心灵深处之奥秘，想教我奏出我的整幅音阶；可是，在此区区一把风琴，虽然它拥有着无限的音乐、美妙之歌喉，你却无法让它发声。混账！难道你觉得我比一根笛子还容易玩弄吗？”

人们习惯将判断和谬误紧密联系在一起进行处理。审美批评的两大谬误是范畴的简化和混淆。简化谬误是过度简化的结果。一旦艺术作品中的某些组成部分被孤立，随后整体被简化为这个孤立的元素时就会出现这种谬误。前文已经讨论了简化谬误的一般化例证：例如，将某种感觉品质，如色彩或色调从关系中分离出来；孤立纯粹形式元素；或者一件艺术作品被简化为其独特的代表价值。当技法与形式脱离时，也会出现这种情况。在从历史、政治或经济角度所做的批评中可以找到更为具体的例子。毫无疑问，艺术作品的内部和外部都存在文化环境。它是作品真正的组成部分，承认它的存在是实现公正辨析的因素之一。威尼斯贵族阶层与商业富豪的奢华是提香绘画的一个真正的组成部分。但是，将其简化为经济文献的谬论（我遇见的一位列宁格勒冬宫博物馆的“无产阶级”导游就是这样做的）的做法太过明显，要不是因为此类简化往往表现得太过巧妙因而不易察觉，这个严重案例显然不值一提。另一方面，法国12世纪雕像和绘画在宗教上的简朴性与严谨性源自其所处的文化环境。这些性质与作品对象严格的可塑性一道，被认为是作品基本的审美特性。

当人们依照偶然出现在艺术作品中的因素对它们作“解释”或“阐释”的时候，就会出现一种更极端的简化谬误。许多所谓的精神分析“批评”就具有这种性质。那些也许在艺术作品创作过程中起到一定作用的因素——也许它们根本没有发挥作用——被视作对艺术作品本身的审美内容进行“解释”的因素。然而，后者相当于在说作品创作的过程中是否注入了恋父情结、恋母情结，或是对妻子脆弱情感的特别关注。如果提到的因素真实存在，而不是一种猜测，那么，它们也只与传记有关，与作品本身的性质毫无关系。如果作品存在缺陷，也只是在对象本身建构的过程中发现的瑕疵而已。如果恋母情结是艺术作品的一部分，无需借助批评我们也能发现它的存在。但是，精神分析批评并不是唯一落入这种谬论的批评。每当艺术家生活中的某些所谓的机缘、某种传记性事件被认为可以作为诗歌欣赏的替代物时，这种谬误就会兴盛起来。*

这种简化谬误盛行的另一个主要模式是所谓的社会学批评。霍桑的《带有七个尖角阁的房子》、梭罗的《瓦尔登湖》、爱默生的《文集》、马克·吐温的《哈克贝利·费恩历险记》无疑与其各自的创作背景有着密切的关系。历史与文化信息也许有助于揭示它们产生的原因。但是，归根到底，每件作品都是艺术作品，它在审美上的所有优缺点都存在于作品之中。如果对于其创作时所处的社会环境的了解准确无误，此类信息是真正有价值的。但是，它不能替代就对象自身性质和关系的理解。偏头痛、视疲劳、消化不良也许在某些文学作品的创作中起到了某种作用；从因果关系的角度来看，它们甚至可以解释文学作品所具有的某些特性。但是，它们仅仅补充了具有因果关系的医学知识，而不是对所创造的内容做出了判断，尽管如果缺少了这种知识，我们就不会对作者产生同情。

因此，我们被引到了审美判断的另一大谬误，事实上，它与简化谬误混杂在一起：范畴的混淆。历史学家、生理学家、传记作者、心理学家都有自己的研究问题和控制其所从事的研究的主要观念。艺术作品为他们的特殊研究提供了相关数据。不将希腊艺术的典范考虑在内，研究希腊生活的历史学家就无法撰写出关于希腊生活的报告；就其目的而言，这些作品至少

---

* 马丁·舒尔兹在《学术幻觉》一书中，为这种谬误提供了中肯而详细的例证，显示出它们是审美阐释诸学派所共有的手段。

和雅典与斯巴达的政治制度一样重要和珍贵。对于研究雅典精神生活的历史学家来说，柏拉图和亚里士多德对艺术的哲学阐释是不可或缺的文件。但是，历史判断不是审美判断。一些范畴——它们可以控制探究的观念——适用于历史研究，但是如果将其应用到艺术研究领域就会产生混乱，因为艺术也拥有自己的思想。

历史研究的方法也适用于其他领域。雕塑、绘画和建筑都需要用到数学知识。杰伊·汉比奇曾发表过一篇研究希腊花瓶中的数学的论文。一部关于诗歌中数学要素的独创性作品也已问世。如果歌德或梅尔维尔的传记作者在描绘他们的生活时不提及他们的文学作品，他的作品就会无人问津。对于某些心理历程研究来说，艺术作品创作过程中涉及的个人过程是极其珍贵的数据，就像科学研究人员记录的流程单对智力活动研究领域而言十分重要一样。

“范畴的混淆”这个短语听起来有些唯智主义的味道。实际生活中与之相对应的就是价值观的混乱。* 批评家和理论家都试图将这种独特的审美转换成其他类型的体验所用的术语。这种谬误最常见的形式就是假设艺术家最初使用的材料已经在道德、哲学、历史或其他领域获得了公认的地位，他们只不过是为其加上情感的调料和想象的酱汁，使其变得更加可口。艺术作品被视为对早已在其他体验领域流行的某种价值观所做的重

* 伯迈耶的《审美经验》中有一章十分重要，他用的就是这个标题。

新编辑。

例如，宗教的价值观无疑对艺术产生了无与伦比的影响。在欧洲历史上的一段很长时间里，希伯来和基督教的传说成为所有艺术的素材来源。但是，这一事实本身并没有反映出独特的审美价值。拜占庭、俄罗斯、哥特式和早期的意大利绘画都以“宗教”为主题。但是从审美的角度来看，它们各有千秋。毫无疑问，形式上的不同与宗教思想和实践的不同息息相关。但是从审美的角度来说，马赛克这种形式所产生的影响是一个相关度更高的考虑因素。这里所涉及的问题是之前的讨论中经常提到的材料与质料的区别。媒介和效果是重要的质料。因此，后期未以宗教内容为题的艺术作品同样实现了深刻的宗教效果。我想，当人们对《失乐园》中新教神学主题的抗拒逐渐淡化与遗忘之时，就会有更多人阅读和认可这部伟大的作品。这种观点并不意味着形式独立于质料存在。它意味着艺术的实质与其主题不同——就像《古舟子咏》的形式不同于其主题故事本身一样。弥尔顿所描绘的具有巨大力量的戏剧性行动场景与《伊利亚特》一样，都不会给现代读者造成审美上的麻烦。艺术作品的载体与作品的质料与形式之间有着深刻的区别，前者是艺术家接受其主题并将其传递给直接受众的智力载体。

科学对艺术价值的直接影响远远小于宗教。如果哪位批评家敢断言，但丁或弥尔顿作品的艺术性受其所接受的不具备科学性的宇宙起源论的影响，他就是一位勇敢的人。至于未来，我认为华兹华斯说得很对：“……如果科学工作者的劳动在我们所处的条件下和我们习惯接受的印象中直接或间接创造出任何物质革命，那么诗人沉睡的时间不会比现在更长……他将站在自己这一边，将知觉带入科学本身的对象之中。化学家、植物学家或矿物学家最细微的发现都将成为诗人恰当的艺术对象，就像一旦我们熟悉了这些事物之后，会将其应用到任何场合一样，各门科学的追随者所设想的关系对我们这些痛并快乐着的人来说都是看得见、摸得着的材料。”但是，诗歌不会因此成为科学普及的工具，它的独特价值也不会是科学的价值。

有些批评家将审美价值和哲学价值，尤其是哲学道德家所提出的价值混为一谈。例如，艾略特说，“最真实的哲学是最伟大的诗人的最佳素材”，并暗示诗人所做的事情是通过增加感性与情感特性使哲学内容更通俗易懂。单单“最真实的哲学”这句话就存在争议。然而，在这一点上，该学派的批评家并不缺少明确，更不用说教条的信念。他们在没有任何特殊的哲学思考能力的情况下，就准备宣布具有宗教权威的判断，因为他们相信过去流行的人与宇宙关系的观念。他们认为，恢复这种关系是将社会从眼下邪恶状态中解救出来的关键。从根本上说，他们的批评只是一剂道德药方。由于伟大的诗人信奉不同的哲学，接受他们的观点就意味着如果我们认可但丁的哲学，就必须谴责弥尔顿的诗歌，而如果我们接受卢克莱修的诗歌，就会发现另外两人的诗歌都存在可悲的缺陷。在这些哲学的基础上，歌德的位置又该摆在何处？然而，这些是我们伟大的“哲学”诗人。

最终，所有价值的混淆都源于同一个源头：忽视媒介的内在意义。使用一种独特的媒介，一种有其自身特点的特殊语言，是所有艺术、哲学、科学、技术和审美的源泉。科学、政治、历史、绘画和诗歌的艺术最终使用的都是相同的材料：由生物与其周围环境的相互作用所构成的东西。它们的不同之处在于传达和表现这种材料时所用的媒介，而不是材料本身。每一门学科都根据其目的将体验这一原材料的某个阶段转化为新的对象，每一门学科的目的都需要特定的媒介来实现。科学使用的媒介适应于旨在控制和预测以及增加力量的目的，这是一门艺术。* 在特定条件下，它的质料也可以具有审美性。审美艺术的目的是增强直接体验本身，它使用适合的媒介来实现这一点。批评家首先需要的是体验，然后是根据所用媒介抽引出其中的要素。缺乏任何一方，都不可避免地会导致价值观的混乱。由于诗歌具有特殊的材料，就将其视为一种哲学，甚至是一种新的哲学，与假定文学因其材料而具备语法性是一回事。

当然，艺术家可以形成一套哲学，这种哲学可能会对他的艺术作品产生影响。因为文字媒介已经是社会艺术的产物，并且孕育着道德意义，文学领域的艺术家比使用造型媒介的艺术家更容易受到哲学的影响。桑塔亚那是一位诗人，同时也是一位哲学家和批评家。此外，他提出了他在批评中所使用的标准，而这个标准大多数批评家从未提起，显然甚至从不知道它的存

---

* 我曾在《确定性寻求》中对这一点加以强调，见第四章。

在。关于莎士比亚，他说："……他远离宇宙；似乎不觉得有必要形成与之相关的想法。他描绘了人类丰富多彩的生活，但没有为这种生活提供一个背景，因而没有为它提供意义。"因为莎士比亚所呈现的场景和人物都有其各自的背景，这段话显然暗示他的作品缺乏一个特定的背景，即一个完整的宇宙背景。他没有暗示这种缺失，留给人们去猜测；而是对其进行了明确表述。"没有任何关于自然或道德力量的固定观念支配和超越着我们作为凡人的力量。"他的抱怨是缺乏"整体性"；完满性不是完整性。"理论的完整性所需要的不是这个或那个体系，而是某种体系"。

与莎士比亚不同，荷马和但丁都怀着一种信念，要"把经验的世界包裹在一个想象的世界里，在那里，理性、幻想和心灵的理想都具有自然的表现。"他的哲学观点，也许可以用一句对布朗宁的评语进行概括："经验的价值不在于经验，而在于它所揭示的理想。"据说布朗宁所采用的"方法是通过同情进行渗透，而不是用智慧来描绘"——人们可能会认为这句话是对一位富有表现力的戏剧诗人的赞美，而不是一种怀有敌意的批评。

既有各种各样的批评，也有各种各样的哲学。有观点认为，莎士比亚有着自己的哲学，相比那种将哲学的理想想象成是将经验封闭在其中，他的哲学更适合艺术家的作品，并用一种超越的，只有超出经验之外才能构想的理性来主宰多样的丰富性，对艺术家的作品更为贴切。存在着这样一种哲学，它认为自然与生活以其充分性提供了许多的意义，并且能通过想象得到多种显现。尽管伟大的历史哲学体系具有广大的范围和崇高的地位，一位艺术家却可能会本能地对接受任何体系都需要具有的限制持反感的态度。既然重要的“不是这个或那个体系，而是某种体系”，为什么不像莎士比亚那样，接受自由而多样的自然本身的体系，仿佛经验的活动与运动处于价值的多种多样的组织之中呢？与自然的运动和变化作比较，“理性”所规定的形式也许会具有独特的传统，它是根据单一与狭隘的经验而构成的一种早熟而片面的综合。符合多种组织潜力的艺术，集中于多种多样的趣味与目的，自然所提供的——像莎士比亚的作品中那样——也许不仅仅是一种完满性，而是一种完整性和精神上的健全，从而脱离封闭性、超越性和不变性的哲学。批评家的问题是从形式到本质的充分性，而不是有没有任何特定的形式。经验的价值不仅仅在于它所揭示的理想，而是在于它揭示许多理想的力量；这一力量本身比所揭示的理想更根本、更重要，因为它将理想包含在自身的行进之中，打碎它们，又再造它们。人们甚至可以将这个命题颠倒过来，说理想的价值存在于它们所引导的经验之中。

艺术家、哲学家和批评家都必须面对一个问题：永恒和变化之间的关系。在更为正统的哲学发展阶段，哲学偏见一直没有发生变化，这种偏见对更为严肃的批评家产生了影响——也许正是这种偏见催生了批判性批评。人们忽略了一个事实，在艺术中——以及在自然里，只要可以通过艺术媒介对其做出判断——永恒是它们相互维持关系变化的一种功能，一种结果，而不是一种先行原则。在我看来，布朗宁论雪莱的文章中可以找到一种与批评最为接近的东西，一份关于统一和“总体”之间、变化和运动之间、“个人”和“普遍”之间的关系的公正陈述，因此我将详细引用这段文字。“如果主体性是每个时代的终极目标，那么从最严格的意义上来说，客体性仍必须保持其原始价值。因为在这个世界上，不管是作为起点还是基础，我们总是要关注自身；我们不应在了解世界之后将其扔到一边，而是应该反复学习。精神上的领悟也许无限微妙，但其原材料必须保持不变。”

“存在着这样一个时期，可以说普通人的眼睛已经完全吸收了周围或精神或物质的现象，渴望了解它所拥有的更确切的意义，而不是去接受它所强化的观点。随后，具有崇高视野的诗人就有了通过强化细节的重要性并且完善普遍意义，从而带领只能领悟一半的同伴提升到他自身所在境界的机会。这一成就的影响不会很快消失。一群或多或少怀着同样精神后继者（荷马氏族）关注他的发现，并重新推动他的学说，直到不知不觉中，发现世界已经完全依赖于现实的阴影、被冲淡的激情、事实的传统、道德的惯例、陈年的干草。后来就有了呼唤另一种诗人出现的迫切要求，他将立即用新鲜的食物代替对咽下许久的食物的精神反刍；通过将假定的整体分解成独立且未揭示价值的部分来获得新的物质，全然不顾重新组合它们所需的未知法则（这将是另一位诗人的工作，下文将会提到），在人们的外在而非内在视觉上挥霍浪费，为使用它们塑造一种与以前不同的新的创造，用生而非死的权利取代它们——在不可避免的过程中不断忍受，直到它自满自足的本身最终要求展示一种与某种更高层的东西类似的东西。”

“你会发现，世界上所有糟糕的诗歌（因为亲缘关系而被当成了诗歌）都源自诗人灵魂属性之间无限差异中的一种。这种差异会导致他的作品与自然的多样性之间缺乏一致性——无论以何种形式出现的诗歌，都是错误的，它向人们展示的不是一般意义上的事物，也不是特定的描述者，但它应该是介于真实与虚假之间的非真实的中性情绪，对任何人都没有价值，接受它的人懒惰而不能对欺骗做出谴责，它只能通过这种方式获得短暂的存在。”

自然和生命不是流动的，而是连续的，而这种连续包括经历了变化考验的持久的力量和结构；至少当它们发生变化时，它们的变化速度比表面事件更慢，因此相对来说，更为稳定。但是变化不可避免，即使不是每次都会越变越好，我们也必须认真对待。此外，变化并非总是渐进的；它们会在突变中达到顶点，在当时看来是革命性的转变，尽管在后来的观察中可看出，它们在逻辑的发展中占据了一席之地。所有这些都是艺术。批评家对变化的迹象不如对反复出现和持久存在的信号那样敏感，他们在使用传统标准时并未理解它的本质，他们试图从过去寻找图式与模式，却不知道每一个过去都是其过去的直接未来，现在不是绝对的过去，而是构成现在的变化。

每一个批评家，就像每一个艺术家一样，都有自己的偏见与偏好，它与个性的存在息息相关。他的任务就是将其转化为敏感的感知与理智且具有洞察力的器官，并且在这样做的时候不放弃自己本能的偏好，而这种偏好正是方向和真诚感的来源。但是，如果放任他特殊且具选择性的反应模式在一个固定的模式中硬化，他就无法作出判断，甚至在面对因为偏好而吸引他的事物时也是如此。因为我们必须从一个如此多样、如此丰富的世界的角度来看待它们，这个世界中包含着无限多样的吸引人的其他性质与其他反应方式。即使是我们生活的世界中那些令人困惑的方面，只要它们找到了表达自己的形式，也能成为艺术素材。对体验材料的无数互动非常敏感的经验哲学，是批评家可以最安全、最肯定地从中获得灵感的哲学。否则的话，一位批评家如何能被通往不同整体经验的各种运动的敏感性所激励，从而使其能够引导他人对艺术作品的客观内容进行更充分、更有序的欣赏？

批判性判断不仅源自批评家对客观质料的体验，也不仅依赖于这种经验的有效性，还能够深化他人的这种体验。科学判断的结果不仅是控制力增强，而且对于那些能够理解科学判断的人来说，科学判断赋予了日常生活中感知和处理的事物更大的意义。批评的功能是对艺术作品感知的再教育；这是学习看和听的过程中的一个辅助，这个过程十分困难。认为它的任务是欣赏，是从法律与道德的意义上做出判断的观念，吸引了那些假定批评具有此项任务的人的注意。批评的道德作用是间接的。一个体验丰富、迅捷的人应该对自己进行评价。可以帮助他的方式是通过艺术作品扩展他的体验，批评只是一种辅助。艺术本身的道德功能是消除偏见，消除阻挡视线的污垢，揭开习惯和习俗的面纱，完善感知的能力。批评家的任务是促进这种艺术对象所起的作用。干涉他自己的赞同与谴责、评价和评级，是未能理解和实现真实个人经验发展中一个因素的功能的迹象。只有当我们自身经历了艺术家在创作作品时所经历的过程之后，我们才能把握住艺术作品的全部意义。促进这个积极的过程是批评家的一项重要特权。他们也常常因为阻碍这一过程而受到指责。

第十四章

艺术与文明

艺术是一种渗透到经验中的性质，除了比喻中的说法以外，它并非经验本身。审美经验总是超越审美。在审美经验中，大量的物质与意义，不在它们自身的美学，当它们进入一种朝向圆满的、有序的、节奏的运动的时候，就变得具有美感了。在广泛意义上，物质本身具有人的属性。因此，我们回到第一章的主题上。审美经验的物质与它的本质有关，都是社会属性的一部分。审美经验是文明生活的表现形式，是对文明生活的记录和庆祝，是促进文明生活发展的方式，同时也是对文明素质的终极评判。因为审美经验是由个体产生，又是由个体欣赏的，这些个体的经验内容由参与其中的文化决定。

《英国大宪章》对盎格鲁—撒克逊文明来说，在政治上具有稳定作用。即便如此，大宪章在想象力上发挥了作用，而非在其文字内容上起作用。它们是短暂的，同时又是文明中的永久元素。持久的因素并非孤立的，它们是许多过往的事件的功能，因为过往的事件被组织到形成思想的意义当中。艺术就是在这一强化的过程中生成的。有思想的个体一个接一个地消逝。那些意义得到客观表达的作品经受住了考验。它们成为环境的一部分，与这个阶段的环境的互动是文明生活延续性的轴心。宗教的仪式和法律的权威是有效的，因为它们享有壮观、威严和权威——恰是想象力的成果。如果社会惯例超越了统一的外在行为方式，那是因为它们包涵大量的故事和传播的意义。在某种程度上，每一种艺术都是它传播的媒介，而艺术品却是这种渗透内容的重要部分。

对于我们大多数人来说，对几乎所有的历史学者来说，“辉煌当属希腊，伟大当属罗马”这一表达总结了这些文明；“辉煌”和“伟大”都是美学的。对于除了古文物研究者以外的所有人来说，古埃及的重要特色就是它的古迹、庙宇和文学。文化的传承，从一种文明到另一种文明，都是以艺术为前提而非其他的事物。对我们来说，特洛伊仅活在诗歌和从废墟中恢复的艺术品之中。米诺斯文明如今是其艺术的产物。异教神和异教徒的仪式已经过去并消散，然而却在焚香、灯、长袍和现在的节日中依然存在。如果字母为某一目的——为了促进商业交易而设计，可能没有发展成文学，那么它们可能依然是一种技术设备，我们自己可能生活在并不比我们野蛮先祖高级的文化层次之中。除了仪式和典礼，从哑剧到舞蹈再到由它们发展而来的戏剧，从舞蹈、歌曲到伴奏器乐，从器皿到日常生活的用具，这些都形成了图案并贴上了社区生活的徽章，这些都类似于那些在其他艺术中呈现的事物，遥远过去的事情现在都将被人遗忘。

在古文明中，想为关于艺术的功能除了概要之外再做点什么是不可能的。但是原始民族通过铭记和传播他们的风俗和制度，艺术是公共的艺术，是所有艺术发展的源泉。具有武器、地毯和毯子、篮子和罐子这些特征的图案是部落联盟的标志。今天人类学家通过雕刻在棍子上的图案，或者画在碗上的图案来辨别它的起源。仪式、典礼以及传说将生者与死者联系在一起。它们具有审美的特点，但它们又不仅仅是有审美的。哀悼仪式表达的不仅仅是悲伤；战争和丰收的舞蹈不仅仅是为了执行任务而进行的能量的聚会；魔法不仅仅是按照人的旨意召唤自然的力量；盛宴不仅仅是为了满足饥饿的人。这些公共活动的方式将实践、社会和教育结合在一起，融入一个具有审美形式的整体之中。它们以最令人印象深刻的方式将社会价值观引入到经验之中。它们把那些明显很重要，明显与社区充实的生活相关的事物联系在一起。艺术在它们之中，因为这些活动符合最强烈、最容易被掌握、最长久被牢记的经验的要求和条件。但它们不仅仅是艺术，尽管美学无处不在。

在被我们视为杰出的史诗和抒情诗、戏剧、建筑和雕塑艺术故乡的雅典，为艺术而艺术的思想不可能像我说过的那样被充分地理解。柏拉图对荷马和赫西奥德的严肃性似乎有些牵强，但是他们都是人们的德育教师。他对诗人的攻击，就像今天一些批评家对《圣经》某些部分经文的攻击一样，这些经文受到了邪恶的道德的影响而出现。柏拉图对诗歌和音乐进行审查，是对这些艺术所产生的社会和政治影响的赞美的证明。在宗教节日上上演戏剧，出席是公民崇拜的行为的本质。所有重要形式的建筑都是公共的，而非家庭的，更不是致力于工业、银行或者商业的建筑。

亚历山大时期艺术的衰落，退化成对古老艺术模型的拙劣模仿，这是伴随着城邦的衰落和帝国主义的兴起，公民意识普遍丧失的标志。关于艺术的理论，语法和修辞的培养取代了创造的位置。关于艺术的理论也证明了一些巨大的社会变化的发生。自然之美和艺术之美被认为是一种超越现实的回声和提醒，而非将艺术与社群生活的表现联系在一起。这种超越现实，存在于社会生活之外和宇宙之外——这是此后所有将艺术当作某种从外部引到经验之中的东西的理论的最终源泉。

随着教会的发展，艺术再次与人们的生活相联系，成为人们之间联系的纽带。通过教会的礼拜和圣礼，教会以令人印象深刻的形式恢复和改造了在以前的所有仪式和典礼中最感人的形式。

在罗马陷落后罗马帝国解体的过程中，教会甚至超过了罗马帝国成为团结的焦点。研究精神生活的历史学家将强调教会的教义，研究政治制度的历史学家会强调凭借教会制度法律和权威的发展。但是，我们可以大胆推测，那些对人民群众日常生活有价值以及给他们团结一致的感觉的东西，不是其他的某个东西，而是出于审美线索中的圣礼、圣歌、图画、仪式和典礼。在敬拜的场所发现雕塑、绘画、音乐、信件。对于那些聚集在神庙的礼拜者而言，这些物品和行为远远超过了艺术品。这些艺术品的艺术性，对于他们而言很可能比对于如今的信徒和不信的要少得多。但是由于审美的缘故，宗教教义更容易传达，它们的影响也更为长久。但宗教教义中的艺术，它们从教义变成了生活经验。

教会对艺术这种额外的审美效果的充分意识，表现在其控制艺术的努力上。因此在公元 787 年，第二届尼西亚会议正式颁布下述法令：“宗教场景的实质不再通过艺术家的主动性来处理；它源自天主教会和宗教传统所制定的原则……艺术性本身属于画家，宗教场景的结构和安排属于神职人员。”柏拉图所希冀的审查制度占据了统治地位。

马基雅维利的一段话，对我而言，似乎象征着文艺复兴的精神。他说，当他结束了一天的事情后，回到他的书房，沉浸在吸收经典的古典文学之中。这种说法具有双重象征意义。一方面，古老的文化不可能存活，只能被研究。正如桑坦亚纳所言，希腊文明现在是被赞赏的理想，而非可以实现的理想。另一方面，对希腊艺术的了解，尤其是对希腊建筑和雕塑的了解，彻底改变了艺术和绘画的实践。事物的自然形状感以及事物在自然景观中的环境都被恢复了。在罗马学派，绘画几乎是尝试产生由雕刻引起的感觉。而佛罗伦萨学派发展了线条固有的独特价值。这一改变影响了美学的形式和实质。缺乏透视、教会艺术的扁平、轮廓线的品质、黄金的使用以及大量其他的特征，并不仅仅是因为缺乏技巧。它们与渴望作为艺术结果的人类经验的特定互动有机联系。文艺复兴时期出现的世俗经验，从古老文化中汲取营养，必然混合艺术新的形式的产生。这种主旨的扩展，从《圣经》的主题到圣人的生活，再到希腊神话场景的描述，再到社会意义令人印象深刻的当代生活场景，都是不可避免的。

这些言论仅仅是为了说明每一种文化都有其自身的共同性质的事实。就像艺术品的个人有个性一样，这种共同的个性会对所产生的艺术留下不可磨灭的印记。正如南太平洋岛屿上的人、北美印第安人、黑人、中国人、克里特岛人、埃及人、希腊人的艺术，希腊化时期的、拜占庭人、穆斯林人、哥特人以及文艺复兴时期的艺术，艺术具有重要的真实意义。不可否认，共同文化的起源和艺术品的传入说明这一事实，即先前提及的，艺术是经验的个性特点而非经验的本质。然而，最近思想学派提出了一个问题。有人认为，由于我们不能真正复制遥远时间和异国文化中的一个人的经验，所以我们不能真正欣赏它所产生的艺术。即使是希腊艺术，我们也断言：希腊人对生活和世界的态度与我们对生活和世界的态度截然不同，以至于希腊文化艺术作品对我们来说在美学上一定是未知之物。

在某种程度上，这一争论已经有了答案。毫无疑问，希腊人在希腊建筑、雕塑和绘画面前的全部经验与我们的经验完全不同。他们文化的特征是短暂的，他们不存在于当今，这些特征体现在他们艺术作品的经验中。但经验是艺术品与艺术自我交互作用的问题。因此即使在今天，对不同的人来说，经验也不会两次都一样。在不同的时间，它会随着同一个人而改变，因为他将不同的东西带入了艺术品。但是没有理由，为了保持美感，这些经验应该也是一样的。就每一种情况而言，都是一种由经验到满足的有序的运动，都有一种主导的审美品质。实际上，审美品质对于希腊人、中国人和美国人都是一样的。

然而，这个答案并不能解释一切，因为它并不适用于文化艺术对全人类的影响。尽管被错误的框定在关于独特的审美的问题，但这个问题却提出一个问题：另一个民族的艺术对我们的整体经验可能意味着什么。泰纳和泰纳学派的论点——在“种族、环境和时代”方面我们必须理解艺术，虽触及这一问题，但也只是“触及”这个问题而已。因为这一理解可能是纯粹智力水平上的，以及与之相关的地理学、人类学和历史学知识水平上。它留下了一个悬而未决的问题：关于外来艺术对当代文明经验特征的重要性。这一问题的本质是由休姆先生提出的理论：一方面关于拜占庭和穆斯林艺术的基本区别，另一方面关于希腊和文艺复兴艺术的基本区别。他说，后者是有生命的、自然主义的，前者是几何的。他继续解释这一差异，这种不同与技术能力的差异不相关，而是由态度、欲望和目的的根本差异造成的。我们已经习惯一种满足方式，我们将我们自己对欲望和目的的态度当作人类本性中所固有的，并用来衡量所有的艺术品，构成了所有艺术品应该满足的需求。我们的欲望根植于对通过与“自然”形式、运动进行愉快的交流来增加经历丰富的活力的渴望。拜占庭艺术以及其他形式的东方艺术，源自一种经验：不会对自然感到喜悦，也没有生命力追求的经验。他们表示一种面对自然时表现出来的分离的感情。这种态度把物体描绘成与埃及金字塔和拜占庭的镶嵌画不同的特点。这种艺术和具有西方世界独特特点的艺术之间的不同不在于被解释为抽象中的兴趣。它体现了人与自然的分离及不和谐的理念。

休姆先生总结道:“艺术不能以自身来获得理解,但我们必须把艺术作为调整人与外在世界过程中的一个元素。”不管休姆先生对东方艺术和西方艺术之间特征差异的解释的真实性(这几乎不适用于中国艺术),他陈述问题的方式,依我看来,在合适的背景下提出了大致的问题,并给出了解决方案。仅仅因为艺术,从集体文化对艺术品的创作和享受的影响的角度谈论,艺术是一种深层次的关于调整态度的表现,是一种潜在的一般人类态度的观念和理想,一种作为文明特征的艺术和谐地进入遥远且陌生的异国文明的最深元素中。通过这一事实也解释了人类为自己输入艺术品。它们对我们的经验产生了深远的影响,使其随着我们的逐步掌握对其他经验形式的基本态度变得更少具有地方性和本土性。除非我们到达了另一种文明的艺术表达的态度,否则艺术品要么仅仅关注“审美”,要么在美学上没有给我们留下深刻的印象。中国的艺术似乎有点“奇怪”,因为它有着不寻常的视角;拜占庭的艺术给人僵硬、笨拙的影响;黑人艺术给人怪诞的印象。

在对拜占庭艺术的引用中,我把“自然”这个术语用引号标示出来。我这样做是因为“自然”一词在审美文学中具有特殊的意义,尤其是在使用“自然主义的”这个形容词时。但是,“自然”也有一个含义,它包含事物的整体计划——在这个计划中,自然充满有着想象性与情感性的“宇宙”一词的力量。在经验中,人类的关系、制度和传统都是自然的一部分，自然是我们得以生存的物质世界。自然在这里的意思不是“外在的”。自然在我们里面，我们又在自然里面，同时又是自然的一部分。有很多方式参与其中，这些方式不仅是具有同一个人的各种经历的特点，而且也是对属于文明在集体方面的渴望、需求和成就的态度。艺术品是我们通过想象和它们所唤起的情感，进入其他形式的关系并参与其中，而非通过我们自己。

19 世纪末的艺术特点，从严格意义上说是“自然主义”的特点。20 世纪初最具特色的作品受到埃及、拜占庭、波斯、中国、日本和黑人艺术的影响。这种影响体现在绘画、雕塑、音乐和文学上。“原始”和早期中世纪艺术的影响同样是这个一般运动的一部分。18 世纪把高贵的野蛮人以及遥远民族的文明理想化。但是，除了中国艺术风格和浪漫文学的一些阶段外，对外国艺术的回归并没有影响到真正的艺术创作。客观而言，所谓的英国“前拉斐尔派”艺术是当时所有绘画中最具维多利亚时期特色的艺术。但最近几十年来，从 19 世纪 90 年代开始，遥远文化艺术已经从本质上影响了艺术的创作。

对许多人来说，这种效果毫无疑问是肤浅的，仅仅提供了一种令人愉悦的物品，因为它们独特、新颖，另一部分的原因在于新增的装饰性。但是这一观点解释了当代艺术品的创作，仅仅对不寻常、古怪的甚至是有魅力的渴望，比这种享受更肤浅。在某种程度上，运动的力量是真正地参与其中，原始的、东方的、早期中世纪的艺术作品就是这种经验的表现。这些作品仅仅是外国作品的仿制，它们是短暂而微不足道的。但是在最好的情况下，它们带来有机混合的，具有我们时代和遥远民族经验的特点。因为这些新特征不仅仅是装饰性的增加，而且是进入艺术品的结构，因此引起更广泛、更丰富的经验。它们对那些感知和享受的人的持久影响将变成它们同情、想象和感觉的扩展。

艺术上的新运动展示了所有真正认识由其他民族创作的艺术的影响。我们在某种程度上理解它，我们把它视为我们自己态度的一部分，而不仅仅是通过关于它创作的环境的集体信息。从伯格森那里借用一个术语，当我们将自己置于理解最初对于我们来说是陌生的自然模式中时，就会达到这一结果。在某种程度上，我们自己变成了艺术家，因为我们进入这种整合，通过它传递我们重新调整的经验。当我们进入黑人或者波利尼西亚人艺术的精神世界时，所有的障碍都将消失，所有的限制性偏见也将消融。这种缓慢的融化比理性的改变更加有效，因为它直接进入了态度之中。

真正交流发生的可能性是一个已经处理过的、更广的问题：类别问题。这是发生的事实，但是经验共同体的实质是最严肃的哲学问题，这个哲学问题是如此的严肃，以至于一些思想家否认这一事实。沟通的存在是如此不同于我们身体上的分离以及个人的内心精神生活，以至于将超自然的力量归结于语言。社群团体被赋予神圣的价值，不足为奇。

此外，我们熟悉的、习以为常的事情，就是那些我们最不可能怀疑的事情；我们认为它们理所应当。它们也是最难观察的，因为它们通过姿势和手势与我们密切相关。通过演讲、口头和书面形式的交流是社会生活中熟悉且不变的特征。因此，我们倾向把它看作一种在任何情况下我们都必须无条件接受的现象。我们忽略了一个事实：它是所有活动和人类彼此之间独特的内在联系的基础和来源。我们之间的大量接触都是外部的、机械的。它们所发生的“领域”，一个由法律和政治机构来确认和维持的领域。但是，这个领域的意识并没有进入我们的共同行动，因为它是整体的、控制的力量。国与国之间的关系、投资者和劳动者之间的关系，以及生产者和消费者之间的关系，都是一种轻微程度上的交流互动形式。参与其中的当事人之间的互动，但是他们又是外在的、局部的，以至于我们体验着它们的后果却没有将它们融入经验中。

我们听言语，但就好像我们在听嘈杂声。我们不能完全领会其中的意义和价值。在这种情况下，就没有交流，也没有经验共有的结果。只有当语言在完全传入时，打破物理隔离和外在交流时——与很多相互难以理解的形式相比，艺术是更普遍的语言形式。必须习得艺术的语言。但是艺术的语言并不受那些标志着人类语言不同模式的历史事件的影响。尤其是，音乐的力量将不同的个体融合在一个共同的屈服、忠诚和灵感，在宗教和战争中使用的力量，证明了艺术语言的相对普遍性。当艺术说话时，英语、法语和德语的不同所形成的障碍被克服了。

从哲学上讲，我们所面临的问题是分离与连续的关系。它们都是顽固的事实，在任何超越动物性交往之上的人类联系中相遇并融合在一起。为了证明连续性，历史学家经常采用一种错误命名的“发生学”方法，在这种方法中并没有真正的起源，因为所有的事情之前已经被解决了。但是，埃及文明和艺术不仅仅是为希腊文明和艺术做了准备，希腊的思想和艺术仅仅是他们自由借用的文明的修订版本。每一种文化都有其独特的个性和将各部分结合在一起的模式。

然而，当另一种文化的艺术进入对我们的经验起决定作用的态度时，真实的连续性会受到影响。我们自己的经历并不会因此失去其个性，但是它需要成为它自己，并结合那些能够扩展其重要性的元素。不存在的社区和连续性被创造出来了。试图通过一些将一系列事件和一种机构变成超越时间的方法建立连续性的尝试注定要失败。只有经验的扩展才会吸收自身经验过的价值观，因为生活态度，而非那些我们自己人类环境所产生的价值观消除了不连续性的影响。

这个有争议的问题不像我们日常生活所经历的那样，为了理解另一个人，我们经常与之交往。友谊是所有问题的解决之道。友谊和亲密的感情并不是因为关于另一个人的信息而产生的，即使此人的知识可能会促进友谊的形成。但是只有当它通过想象成为同情的一部分时，它才会这样。正是当欲望和目标、兴趣和回应他人的模式成为我们自身扩展的一部分时，我们才会理解他。我们学会从他的角度看问题，从他的角度听事情，对他们的结果给予真实的指导，因为它们建立在我们自己的结构之上。我发现，即使是字典，也避免了定义“文明”这个术语。它定义文明是一种文明的状态，“文明的”和“处于文明状态的”。然而，动词“使……文明”被定义为“在生活艺术中指导，从而提高了文明的程度”。用生活的艺术作指导，与传达关于这种艺术的信息是不同的。它是通过想象来交流和参与人生价值观的问题，艺术品是帮助个人分享生活中的艺术最亲密、最有力的方式。文明变得粗野，因为人类被分成互不交流的教派、种族、民族、阶级和派系。

在这一章前面部分提出的关于艺术和社群生活联系的某些历史阶段的简要概述与现在的情况形成了对比。艺术和其他形式的文化的明显有机联系的缺失被解释为现在生活的复杂性和特殊化，被解释为许多不同国家、不同文化中心的共同存在，交换它们的艺术品，但是并不会形成一个包容性的社会整体。这些事情都是真实的，它们对文明的艺术地位的影响可能被轻易地发现。但普遍存在的分裂是重要的事实。

我们从过去文化中继承了很多。希腊科学和哲学、罗马法律、具有犹太教根源的宗教，对我们现在的制度、信仰和思考方式和感知方式的影响，对我们来说都太过熟悉，无须多提。在这些因素的作用下，两股力量相当晚地被注入源头，构成如今的“现代”。这两种力量是自然科学通过机器和非人类的能源方式在工业和商业的应用。因此，艺术在当代文明中的地位和作用问题，需要关注艺术与科学的关系以及艺术与机器工业的社会后果的关系。现在存在的艺术孤立不应被视为一种孤立现象。这是新势力产生的文明不连贯的一种表现形式，新势力如此新以至于属于它们的态度和由它们产生的后果并没有被整合，消解成经验的整体要素。

科学给它带来了全新的关于物理性质及我们与其关系的概念。这个新观念与世界和人类的观念是一致的，这是过去的遗产，尤其是基督教传统的遗产，通过这典型的欧洲社会的想象力已经形成。的确，物理科学剥夺了事物的特性，这些特性赋予普通经验所有辛酸和珍贵的对象和场景，只要与科学的渲染有关，这个世界便失去了那些始终构成直接价值的特征。但是，在直接经验的世界里，艺术起作用、仍然是原本的模样。物理科学也不能呈现给我们对人类欲望和抱负完全冷漠的事物，人类的抱负和欲望曾被用来暗示诗歌里即将来临的死亡。人们总是意识到在他们生活设定的场景有很多对人类目的充满敌意的事情。这些被剥夺权利的大众在任何时候都不会因为世界对他们的希望如此冷漠的宣言而感到惊讶。

这一问题很尖锐，影响广泛。所有可能解决的办法，不过是随事件进程得以实现的预见罢了。如今实践着的过于新颖的科学方法，不能融入经验之中。它要进入心灵深处而成为共同信仰和态度的组成部分，需要经历漫长的时间。在此之前，无论是方法还是结论，都为专家所有，仅通过外在对信仰的零散冲击和同样外在的实际使用产生影响。然而，即便如此，可能也会夸大科学和想象力的影响。诚然，自然科学剥夺了赋予普通经验对象和场景的强烈性、珍贵性，它在科学表述的范围之内，使世界失去构成直接价值的特征。然而，艺术在其中起作用的直接经验的世界，依然未变。这一事实——自然科学向我们呈现全然忽视人之欲望、抱负的对象——不意味诗歌面临死亡。我们经常感知到存在于其中的场景里，有许多异于自己目的的东西。大众被剥夺了权利，永远不会因周围世界中与自己的希望无关的声明而诧异。

科学往往表明人类是自然的一部分，当它实现了它的价值意义，当它的意义不再通过和从过去就相信的信仰形成对比被解读时，这一事实对艺术的影响是有利的而非不利的。因为人与物质世界越近，由他内在的本性所决定的冲动和想法就越清晰。人类在重要的行动中，始终按这一原则行事。科学给予这一行动以智力支持。人与自然的关系，在某种形式上，一直是艺术的驱动精神。

此外，抵抗和冲突一直是艺术产生的因素；正如我们所见，它们是形式的必要组部分。艺术不能从对人而言完全冷酷、阴郁的世界或者符合人心、满足人一切欲望的世界中产生。如果它们不再是童话故事，那么与这类情况有关的童话故事就会不再让人满意。摩擦是产生美学能量的必要条件，就像它提供驱动机械的能量一样。当旧的信念失去了对想象力的把握——并且它们总是坚信信念而非依靠理性，科学揭示了环境给予人类的阻力将为艺术提供新的材料。即使是现在，我们应该将人类精神的解放归功于科学。科学激发了更强烈的好奇心，大大提高了对那些我们不曾甚至没有意识到的事情的警觉和观察。科学的方法往往会产生对经验的尊敬，即使这种新的崇敬仍然局限于少数人，但它包含了一种需要表达的新经验类别的承诺存在其中。

当实验的前景已经彻底适应共同文化时，谁能预见将会发生什么。获得关于未来的见解是最困难的任务。在特定时间里，我们被赋予最突出、最麻烦的特征，就好像它们是未来的线索。因此，我们根据当下科学所具有的与西方世界伟大传统的矛盾与决裂的情况，来思考科学在未来的影响，仿佛这些条件必然而永恒地规定了科学的地位。但是为了进行公正的判断，当实验态度被完全自然化的时候，我们必须把科学看作事情将要成为的样子。当它缺少熟悉的事物做材料的时候，尤其是艺术将总是混乱的或者变得柔弱，或过分精巧。

到目前为止，科学对绘画、诗歌、小说的影响，一直是使它们的材料和形式更加多样化，而非创造一个有机的综合体。我怀疑是否在任何时候，有那么多“稳定地看待生活，而且看出其整体”的人。在最坏的情况下，它是从想象中解放出来的东西，与事情的本质相违背。拥有快速感知许多先前被拒之门外的事物的审美经验价值的能力，是处于混乱状态的现在艺术品的一些补偿。海水浴场、街角、鲜花和水果，婴儿和当代绘画的银行家，毕竟是一些事物，而非仅仅是分散的不连贯的事物。

因为它们是新视觉的产物。*

我认为，在任何时候，大量的创作的“艺术”都是琐碎的，充满逸闻琐事。时间之手已经筛掉了大部分的艺术作品，然而在今天的展览中我们看到了它的整体性。但是，绘画和其他包含那些曾经被认为太过普通或者太不寻常而不值得艺术认可的事物的艺术扩展是永久的收获。这种扩展不是科学兴起的直接影响。但它是导致科学过程革命同等条件的产物。

今天艺术中的漫无边际和不连贯是信仰共识瓦解的表现。在艺术物质和形式上的更大整合，依赖于文化和态度的总体变化，在文明的基础上，艺术和形式被认为理所当然，这就形成了有意识信念和努力的土壤。有一件事是肯定的，统一不能通过宣扬回归过去而得到。科学是新的综合，是必须考虑并将其涵括进来的摆在我们面前的事实。

在现代文明中，科学最直接、最普遍的呈现方式是在工业上的应用。我们发现一个比科学本身更为严肃的问题，即关于艺术与现代文明的关系以及前景。实用艺术和纯艺术的分离比科学与过去传统的分离意义更大。它们之间的区别并不是在现代形成的。这可追溯到希腊人，当奴隶开始从事“低下的机械

---

* 李普曼先生曾经写道：“一个人去博物馆，他的感觉是，一个人看到了奇怪的琳琅满目的裸体、铜壶、橙子、西红柿、百日菊、婴儿、街角和海水浴场，银行家和时尚的女士。我不是说这个人或者那个人没有发现对他而言意义重大的那幅画。我认为，任何人的总体印象都是一种混乱的奇闻逸事，观念、幻想和无关紧要的评述，这些本身也许看上去不错，但是这些不是持久的，很容易被抛弃。”——《道德序言》，第103–104页。

工作”时，实用艺术与奴隶一样，都不受到尊重。建筑师、建造者、雕刻家、画家、音乐表演者都是工匠。只有那些从事文字工作的人被视为受人尊敬的艺术家，因为他们从事不用手、工具和物质材料的工作。但是，通过机械手段大批量生产已经给了实用艺术区别于纯艺术传统一个明显的新转折。这种分裂是由于整个社会现在对工业和商业更加重视造成的。

机械处在与审美性相对的另一极，此时，商品生产成为机械的。随着机器的广泛使用，使那些依靠双手工作的手工艺人的选择自由几乎消失。生产对象享受那些在某种程度上有能力制作表达个性价值的有用商品的手工艺人的直接经验，已经成为一种有别于一般生产的特殊物质。这一事实可能是影响艺术在当代文明中地位的最重要因素。

然而，有一些因素应该阻止人们得出这样的结论：工业环境致使不可能在文明中融合艺术。我不能同意这样的一种观点，即认为有效而经济地使一个对象的各部分间形成一种与使用有关的相互适应，会自动产生“美”或者审美效果。每一个优质的事物和机器都有形式，但只有当有这种内在形式的事物适合更大的经验时，才会有审美形式。这种经验的材料与器具或者机器的相互作用不能被排除在外。但是关于最有效使用，各部分适当客观的关系至少带来一种有利于审美享受的条件。它除去了偶然和多余的东西。在美学上，有一些东西是干净，对于具有适应其工作的逻辑结构的一台机器，对良好性能至关重要的钢与铜的光洁，在本质上都是令人愉悦的。如果把现在的商业产品和20年前的商业产品相比，人们会被形式和颜色的巨大效益震惊。从旧的、带土气累赘装饰物的木制普尔曼车厢到现在的钢铁汽车的改变是典型的，这就是我的意思。城市公寓的外部结构就像一个盒子，但是在内部，几乎没有什么能比一场审美革命更能带来更好的适应需求了。

一个更重要的原因是工业环境致力于创造更大的经验，让特定的产品适合这样一种使它们获得审美品质的方式。自然地，这种说法不是指丑陋的工厂和它们周围的环境对自然美景的破坏，也不是指机器生产之后随之而来的城市贫民窟。我的意思是，眼睛作为一种感知媒介的习惯正在慢慢地改变，习惯了典型工业品的形状，适应了属于城市与乡村生活截然不同的事物。出于利益，有机体习惯性地做出反应的颜色和平面开发新的材料，奔流的小溪、绿地、与乡村环境相关的形式，正在失去它们作为原始经验材料的地位。至少在过去的几年里，人们对绘画中"现代主义"人物态度的部分转变证实了这一变化的结果。即使自然景观的对象变得"感知的"，空间关系的特性的设计是由机械生产方式、建筑、家具、商品形成的。在这些饱含价值的经验中，有自身内部功能性适应能力的事物将符合产生审美效果的方式。

但是，由于有机体在物质经验中自然地渴望满足，也因为在现代工业的影响下人类所创造的环境提供了比以往任何时候都少的满足和比以往任何时候都多的排斥，很明显这个问题还没解决。通过眼睛来获得有机体满足的渴望几乎和迫切渴望事物一样。的确，许多农民更关心花卉的培育，而不是为了食物而种植蔬菜。在工作中一定有影响机械生产方式的力量，这与机械本身的运作无关。当然，在谋取私人利益的生产经济体系中发现了这些力量。

我们如此敏锐地意识到的劳动和就业问题，不能仅仅通过工资、工作时间和卫生环境的改变而得到解决。在彻底的社会变革中，没有任何永久性的解决办法，这影响工人在生产和社会配给他所生产的物品的程度和参与。只有这样的改变才能真正地改变经验的内容，使之成为实用艺术创作的对象。这种对经验本质的修改是事物经验产生的审美品质的最终决定因素。认为基本问题可以通过增加休闲时间得以解决的想法是荒谬的。这样的想法仅仅保留了劳动与休闲之间古老的二元对立。

重要的是一种改变：在生产过程中减少外部的压力，增加自由和个人兴趣。在过程和工作产品之外的寡头政治的控制是阻止工人对自己所从事的工作密切关注的主要力量，这是审美满足的必要前提。机器生产本身并没有什么实质上的东西，这是一个不可逾越的障碍，阻碍了工人们对他们所做事情意义的认识，以及享受陪伴的满足和完成有价值工作的满足。这种心理状态是由于为了私人利益而对他人的劳动进行私人控制，而非任何固定的心理或者经济法律导致而成，是伴随生产过程、在经验中压抑和限制审美品质的力量。只要艺术是文明的美容院，不管是艺术还是文明都是不可靠的。大城市里的建筑为什么对于完美文明这般毫无价值？原因既非缺乏材料，也非缺少技术能力。然而，因为缺乏想象力，贫民窟和富人公寓都在审美上让人厌恶。在其适用或者不适用土地的目的，都是为了增加利润，这种经济制度决定其特征。美的建筑可能偶尔在土地摆脱经济负担之前建造，然而，能成为高贵文明的一般建筑结构，没有什么希望出现。对建筑物构成的限制，也能间接影响许多相关艺术种类，而对我们生存和工作在其中的建筑物构成影响的社会力量，影响了全部的艺术种类。

奥古斯特·孔德曾说，我们时代的最大问题是无产阶级的社会制度。这句话现在比以前更真实了。任何革命都不可能完成这项任务，因为任何革命都不会停止对人类想象力和情感的短暂影响。导致生产和艺术智力享受的价值必须被纳入到社会关系体系中。在我看来，许多关于无产阶级艺术的讨论都偏离了这一点，因为它们将一位艺术家的个人的、深思熟虑的意图与艺术在社会中的位置与作用混淆起来了。真实的情况是，艺术本身在现代环境下是不安全的，直到大量从事世界有用工作的男人和女人有机会自由开展生产，被赋予享受共同工作的成果的能力。艺术的材料应该从所有来源中提取，艺术的产物应该面向所有人，这是一个要求，而艺术家个人的政治意图是无关紧要的。

只有在这种文化背景下才能理智地讨论道德职责和人类的艺术功能。特定的艺术品可能在特定人或者特定群体有明确的影响。狄更斯和辛克莱·刘易斯小说的社会效应是不容忽视的。但是，一种较少意识到、但却更大量而经常的经验的调整，来自由一个时代的艺术整体所创造的总体环境。就像物质生活离开赖以生存的物质环境就不能存活，所有没有道德环境支撑的道德生活也难以继续下去。即使是技术性艺术，在总数上，也做了很多而非仅仅提供一些单独的便利和设施。它们塑造了集体职业，由此决定兴趣和关注的方向，进而影响欲望和目的。

居住在沙漠里最高贵的人，吸收了沙漠严酷与贫瘠的事物；然而当与周围的环境隔绝时，大山养育的人的怀念证明环境已经深深地成为他生命的一部分。无论是野蛮人还是文明人，不是他本身的身体特征而是他参与其中的文化确定了他是谁。文化品质的最终衡量标准是艺术的蓬勃发展。与它们的影响相比，通过言语和戒律直接教导的东西是苍白无力的。如果我们把“诗歌”扩展到包含具有想象力的经验作品时，雪莱并没有夸张，他说伦理学仅仅是“安排诗歌创作的元素”。与建筑、小说、戏剧、生活等方面的影响相比，当“智力”产品形成这些艺术的倾向并为他们提供智力基础时，所有理论反思专著的影响是十分重要的。“内在”理想的检查是脱离现实的标志，除非它反映了实质的环境力量。也许可以提供安定和力量的政治和经济艺术并不是富裕充足的人类生活的保证，因为它们受决定文化的艺术繁荣的影响。

文字记载了所发生的事情，并根据请求和指令为未来的特定行动指明方向。文学传达了对现在经验非常重要的过去的意义，文学是未来更大行动的预言。只有富有想象力的视觉才能激发出在真实中相互交织的可能性。第一种不满的情绪和第一种对美好未来的暗示都出现在艺术品中。一段时期典型的新艺术，带着一种不同的价值观，而非那些流行的价值观；这就是为什么保守主义者认为这种艺术是不道德的、肮脏的，这也是为什么他会诉诸过去的艺术品来满足审美的原因。事实科学也许可以收集数据并制作图表。但它的预测，正如之前所说的那样，与过去的历史相反。想象力的变化是改变的前兆，它不仅仅影响着生活的细节。

将直接的道德效应和意图归功于艺术失败的理论，因为它们没有考虑艺术品创作和享受的环境——集体文明。我不是说它们倾向于视这些艺术品为一种升华了的伊索寓言。但是从那些所选作品和特殊个体之间严格的个人关系来看，它们都倾向于从其环境中提炼特别的、被视为有启发性的作品，倾向于思考艺术的道德作用。它们关于艺术的观念是如此的个人化，以至于错过了艺术实践其人文功能的方式。

马修·阿诺德的名言"诗歌是人生批判"就是很好的例子。它向读者揭示的是人的道德意图和读者的道德判断。它没有看到，至少没有说出，在所有的事件中诗歌的人生批判不是直接的，也就是说，是通过揭露，通过富有想象力的视角去描述那些与实际情况相反的想象经验的可能性（而不是去判断）。没有意识到的可能性和可能意识到的可能性，当它们与现实情况形成对比，后者最深刻的"批评"才可以实现。那是在我们面前呈现的可能性，我们开始意识到限制我们的压迫和束缚我们的负担。

无论从哪方面来说，加罗德都是马修·阿诺德的一位追随者，他曾经机智地说过，我们对说教诗的抱怨之处不在于它教导了什么，而在于它没教导什么，在于它的不足。他补充道，诗歌说教就像朋友和生活教导一样，通过做而非表达意图。他在其他地方也说过："毕竟，诗学价值是一个人生命中的价值。你不能把它们从其他价值中区分出来，就好像人类的本性是建立在隔板之上一样。"我不认为济慈在他的一封信中所说的关于诗歌作用的方式的话会被超越。他问道：如果每一个人都从他那像蜘蛛网一样的"梦幻的城堡"想象经验，"在空中美丽地旋转"，结果将会是什么样？他说："人不应该争论或断言，而应该小声地将结果告诉邻居，每一个精神的胚芽从轻飘的霉菌里汲取汁液，这样每个人都变得伟大，人性将成为一棵参天的民主林木，而不是成为大片茂盛的荆豆和荆棘，远处有松树和橡树。"

通过交流，艺术成为教导无与伦比的器官，但是这种方式与通常与教育理念相联系的方式相差甚远，这种方式将艺术提升至我们习惯认为的教导之上，这种方式击退了我们关于艺术学习和教学的任何建议。事实上，我们的反抗是教育的一种反应，通过文字的方式排除想象力，而不触及人类的欲望和情感。雪莱说过："想象力是伟大的德行工具，诗歌通过对事业起作用而产生效果。"因此，他继续说，"一个诗人会因为自己的时间和地点而在诗歌创作中动手脚，以体现他自己的对错观念。通过承担这个低级的功能……他将放弃对这个目标的参与"——

即放弃对想象的参与。那些不那么重要的诗人“经常影响道德目的，他们诗歌的影响被精确地削弱，因为他们迫使我们注重这一目的”。但是想象投射的力量是如此的大，以至于他称诗人是“公民社会的奠基人”。

艺术和道德关系的问题往往被认为好像只有艺术有问题。事实上，人们认为道德在思想上是令人满意的，而事实上唯一的问题是：艺术是否应该符合已经发展的道德体系，又该以何种方式符合。但是雪莱的观点成了问题的核心。想象力是道德最重要的工具。这或多或少都是老生常谈的，一个人的思想和对待同伴的方式取决于他设身处地为他人着想的能力。但是想象力的首要作用远远超过了直接人际关系的范围。除了用在传统顺从上的“理想”，或者作为感性幻想的名称之外，在每一个道德观和人类的忠诚里的理想因素都是富有想象力的。宗教和艺术的历史联盟根植于这一共同特点。因此艺术比道德更有道德。因为后者要么是，要么倾向于成为现状的仪式、习俗的反思、既定秩序的重新分配。关于人性的道德预言家总是诗人，尽管他们用自由诗或者寓言来说话。然而，他们对各种可能的设想很快就转变成事实的公告，并被强化为半政府机构。他们对理想富有想象力的描述被视为政策工具的思想和欲望。艺术一直是保持超越证据的目的鲜活的方式，也是保持超越根深蒂固习惯的意义鲜活的方式。在理论和实践中，道德被赋予一种特殊的区分，因为它们反映了政治和经济制度中的分歧。只要存在着社会分歧和障碍，与之对应的实践和思想就会修复界限，从而使自由行动受到限制。创造性的智慧以不信任的目光看待，个性的本质的创新使人感到恐惧，而慷慨的冲动则被控制住，以免扰乱了平和的状态。如果艺术是人际结合的公认力量，而不是被当作空闲时间的愉悦或者是一种炫耀的手段，如果道德被理解为与共享经验价值的各个方面相同，艺术与道德关系的“问题”就不存在了。

道德观念和道德实践渗透到人们源自赞扬和责备、奖励和惩罚的观念之中。人类被区分为绵羊和山羊、邪恶的和善良的、守法的和犯罪的、好的与坏的。超越善和恶对人来说是不可能的，然而只要善意味着被赞美和奖励，恶意味着被残酷指责或者违法的，道德的理想因素总是超越善和恶，并无处不在。因为艺术完全超脱于来自赞美和责备的想法之外，它被习俗的监护者投以怀疑的目光。只有艺术本身是如此的古老和“经典”，才受到了勉强承认。莎士比亚就是这样的例子，与传统道德的迹象可以巧妙地从他的作品中提炼出来。然而，对赞扬和责备的漠视，因为对想象经验的专注组成了艺术道德力量的核心。艺术解放与统一的力量，就是从这里开始的。

雪莱曾说：“道德的最大秘密在于爱，或者是一种出于我们本性的、我们自己对存在于思想、行动或人物之中的美好事物的认同，而不是我们自身。一个非常好的人，必须是具有丰富而广泛想象力的人。”对个人而言，真实的是在思想和行动上的整个道德体系的真实。虽然艺术品中可能与现实结合的看法本身就是一件好事，善不会随着它所拥有的直接的、特殊的场合而终止。在感知中呈现的结合对冲动和思想的重塑中依然存在。对欲望和目的的大范围重新定位的暗示是必要的想象力。艺术是一种在图表和统计中无法发现的预言模式，它暗示了在规则和箴言、告诫和管理中无法发现的人类关系的可能性。

“但是艺术，绝非一个人对着另一个人倾诉
向着所有人，艺术说出一条真理：
含蓄委婉地，行动孕育思想。”